春秋左传通注 上

隐公 桓公 庄公 闵公 僖公 文公

焦作森 译注

吉林大学出版社

图书在版编目（CIP）数据

春秋左传通注 / 焦作森译注 .—长春：吉林大学出版社，2019.11

ISBN 978-7-5692-5903-2

Ⅰ . ①春… Ⅱ . ①焦… Ⅲ . ①中国历史 - 春秋时代 - 编年体②《左传》- 注释 Ⅳ . ① K225.04

中国版本图书馆 CIP 数据核字 (2019) 第 270075 号

书　　名　春秋左传通注
　　　　　CHUNQIU ZUOZHUAN TONGZHU
作　　者　焦作森　译注
策划编辑　孙群
责任编辑　刘子贵
责任校对　孙群
装帧设计　焦作森
出版发行　吉林大学出版社
社　　址　长春市人民大街 4059 号　邮编：130021
发行电话　0431-89580028/29/21
网　　址　http://www.jlup.com.cn
电子邮箱　jdcbs@jlu.edu.cn
印　　刷　辉县市文教印务有限公司
开　　本　880mm×1230mm　1/32
印　　张　31.5
字　　数　640 千字
版　　次　2019 年 11 月第 1 版
印　　次　2019 年 11 月第 1 次
书　　号　ISBN 978-7-5692-5903-2
定　　价　128.00 元

战国时期的驷马三人战车

序言

关于《春秋左传》

《春秋左传》本是两本书，即《春秋经》和《左氏传》。在《春秋》和《左传》两书之源流、思想、价值等等方面，前人论述甚多，在此笔者仅阐明个人认可的观点及陋见。

至今，许多《春秋左传》的著作上仍旧标明《春秋》的作者是孔子，这是不正确的。襄公二十五年："大史书曰：'崔杼弑其君。'崔子杀之。其弟嗣书而死者二人。其弟又书，乃舍之。南史氏闻大史尽死，执简以往。闻既书矣，乃还。"这是古之史官以生命捍卫职守之写照。宣二年："大史（董狐）书曰'赵盾弑其君'，以示于朝。"时隔百年左右，孔子在读此史时，嘉之曰："董狐，古之良史也，书法不隐。"昭二年"观书于大史氏，见《易》、《象》与《鲁春秋》"，可见太史家亦藏有《鲁春秋》之副本。昭元年："使大史书其名（即书其名于史策），且曰'七子'。"以上诸例可明证——诸侯之太史实司各国之正史。《传》例曰："凡诸侯有命，告则书，不然则否。虽及灭国，灭不告败，胜不告克，不书于策。"所谓之"策"即是《春秋经》。又曰"凡崩、薨，不赴，则不书；祸福不告，亦不书"，如此之例不可胜数，诸如"不告，故不书"、"不书，不告入也"、"不书，亦不告也"、"不书，讳之也"、"赴以名，则亦书之，不然则否"、"君举必书"等等，由此可见《春秋》的作者其实是春秋时期两百多年的鲁国太史。文十五年"君之先臣督得罪于宋殇公，名在诸侯之策"、襄二十年“名藏在诸侯之策，曰‘孙林父、甯殖出其君’”，可见，诸侯有大事，致告诸侯，诸侯之太史记之以为各国之正史，此诸侯记史之通例，非鲁一国之变例。诸侯有大事，以及通使、致告之所记，皆各国太史所司，以孔子一人之力，断不能作两百四十余年之《春秋》。杨伯峻认为，不但《春秋》的作者非孔丘，孔丘亦不曾修过《春秋》。

最先提出《春秋》是孔丘所修的，是《左传》作者。成公十四年：“君子曰：‘《春秋》之称，微而显，志而晦，婉而成章，尽而不污，惩恶而劝善，非圣人，谁能修之？’”这君子说的圣人，就是孔子。是《左传》作者认为，我们今天读的《春秋》是经由孔子修过的。杨伯峻又举僖公二十八年《传》来证明此观点，其《传》曰：“是会也，晋侯召王，以诸侯见，且使王狩。仲尼曰：‘以臣召君，不可以训，故书曰：“天王狩于河阳。”言非其地也，且明德也。’”然此例不可取。“书曰”二字，当读作“史书之曰”，而非“孔子书曰”。《传》屡载有“孔子曰”“仲尼曰”之言，多是孔子对《春秋》事件之讥评、解释或说明，如上文引宣二年孔子曰“董狐，古之良史也，书法不隐”；此例亦然。但杨伯峻认为孔子未曾修过《春秋》，且举用大量例证来证明。这里就之再补充一点，就是《春秋经》上有明显的脱字、日期错误、历法错误、史记之阙漏等。若孔子确实修过《春秋》，为什么不对其进行追书或刊正？如哀十二年《经》曰：“冬十有二月，螽。”孔子在《传》中讥评之曰：“火伏而后蛰者毕。今火犹西流，司历过也。”孔子既明言其《经》之误，为什么不对其进行刊正？将错就错，怎么能说是修《春秋》？且《春秋》者，不刊之书也，纵使把握生杀大权的诸侯国君都无权对其进行删改、篡改，此亦史之所以为史之权威所在，孔子又有什么“资格（权力）”

对其进行修改呢?

杜预曰:“《春秋》者，鲁史记之名也。”用今天的话来说，“春秋”就是“国史”之义。《春秋》主要记载鲁国之大事,并且诸侯国之大事凡来使致告的,亦必记于“国史”之内，示与鲁有关。

《左传》与《春秋》记事同始于鲁隐公——公元前722年，而《左传》记事多于《春秋》十一年，止于哀公二十七年，即公元前468年，且略及战国时事。

王接曰:“接常谓《左氏》辞义赡富，自是一家书，不主为《经》所发。”刘逢禄、皮锡瑞认可此观点。刘知几曰:“寻左氏载诸大夫辞令，行人应答，其文典而美，其语深而奥;述远古则委曲如存，征近代则循环可覆。必料其功用厚薄，指意深浅。谅非经营草创，出自一时;琢磨润色，独成一手。斯盖当时国史已有成文。”笔者很认同此观点。就《左传》翔实丰富的文史记载来说，如果没有翔实的官方典籍作为史料依据，《左传》是没有人能够完成的，更非小说家凭空想象所能完成。但其又云:“丘明但编而次之，配《经》称《传》而行也。”则不敢苟同。杨伯峻认为《左传》的作者并非左丘明，此说可信。

春秋时各国史官非止一班，比如大史(太史)、左史、内史、外史,晋有董史、齐有南史。诸史官之职务盖各执一面,如《象魏》即当有专职史官担任。且齐太史被杀之后，南史氏“执简以往”，可见必要时偏史亦可间摄太史之事。

窃以为《左传》之蓝本出于春秋时鲁史官之笔下——实亦鲁史记之书也。《传》例曰，“夫诸侯之会，其德刑礼义，无国不记”、“勋在王室，藏于盟府”、“藏在周府，可履视也”……诸侯对史之所记十分详细，委之诸史，任之诸司，以为经纬之志，训索之法。太史记经，即《传》

谓之“策”。经者，史记之纲领，不刊之书也。故其言简，往往单字独句以记事。何也？窃以为，天下之大事，以史为最难记述。一件大事，尤其是突发的敏感事件，史官（太史）身居一个极为特殊的职业，等不得长篇大论，必须于第一时间对其加以准确记载。故就其事目以记，宣谕朝庙，入府典藏，甚至遍告诸侯，用最大限度地避免事件记载产生阙漏、失误，或被强权干涉。太史对史目记载之后，左史仍要对事件进行发掘性地详细记述，包括对国、家、诸侯之大事，甚至太史被强权禁书、篡改之史都要尽可能地详细记述。但左史记事不须宣谕朝庙，时限约束亦不甚严。因太史所记为不刊之书（包括国君都无权对其进行删改，因其已致告神、人，甚至遍告诸侯），故经史中但凡有阙漏、过缪之处，左史有义务在己之笔下对其做出指正。此外诸侯尚有内史、外史等等史官，盖职各部门各领域之史务。《汉书·艺文志》：“古之王者，世有史官，君举必书，所以慎言行、昭法式也。左史记言，右史记事。事为《春秋》，言为《尚书》。帝王靡不同之。”“右史”即《左传》之“大史”，然《左传》不言右史之官。盖古人尚“右”，太史为正史，下辖诸史，故《传》不以“右史”称之。

但毕竟《左传》是由谁整理、润色成书的呢？或即左史氏之后人？则不得而知。

至于《左传》的成书年代，杨伯峻先生认为应在公元前 403 年之后至公元前 389 年之前。

关于本书

本书编写主要参考资料：杜预《春秋经传集解》、杨伯峻《春秋左传注》。

本书的写作初衷是致力于杜预、杨伯峻注解所遗留的疑难、疏漏、错讹之处进行进一步地深入研究，并侧重于其疑误部分之注解。

编写方面，就前人之经典译注则直接引用，有采纳引用的，亦必注明原作者。至于地名及日期之注解，多采用杜预、杨伯峻之成果，书中多未予注明，因非本书之主旨，且避免繁琐。

本书采用简体字排版，但因个别字简化之后容易产生歧义，秉着学术的严肃性，本书仍适当保留部分繁体字，比如“徵”字，本无“征伐”之义，若简化为“征”，则萌生歧义，如此类则不予简化；另外在人名、地名上亦保留有繁体字写法。特此说明。

2018 年 6 月

共•百泉

目录

隐公

隐公，杜预“让国之贤君”，名息姑，鲁惠公庶子，母声子。

【传】

惠公元妃孟子。惠公，名弗皇，鲁孝公之子，前 768 年—前 723 年在位。鲁，姬姓国，侯爵，周公旦子伯禽之后。元妃，杨伯峻“第一次所娶之正夫人”；杜预“始適夫人”。孟，排行也。言伯仲叔季、孟仲叔季，伯、孟同谓“老大”之义。子，宋国之姓。**孟子卒，**杜预：“不称薨，不成丧也。”**继室以声子，**非聘，不能为夫人，故为继室。声，谥也。声子，孟子之媵也。诸侯嫁女常以嫁者之侄（侄女）、娣（妹）媵（陪嫁），晋且有以虞公及其大夫媵秦穆姬者，则凡陪嫁之属皆可曰媵。**生隐公。**惠公与声子所生也。

宋武公生仲子。宋，国名，子姓，公爵，成汤之后裔。周灭商，卒封帝乙长子纣王之长兄微子启于商丘，是为宋国。武公，宋戴公子，名司空。仲子，盖即孟子之母娣，故曰“仲”。**仲子生而有文在其手，曰为鲁夫人，**文，字也。宣十二年“夫文，止戈为武”、宣十五年“故文，反正为乏”。文本同纹，春秋时书篆体文字，此言其手之纹理若“鲁夫人”之字。**故仲子归于我。**女子谓嫁曰归。我，《春秋》为鲁史，我即鲁。**生桓公而惠公薨，**惠公与仲子生桓公，仲子为正夫人，桓公为適子，隐公之异母弟也。**是以隐公立而奉之。**立，摄立为君。奉，戴也，奉戴。之，指桓公。杜预谓隐公立桓公为太子，误。《传》曰“惠公之薨也，有宋师，大子少”，桓公为適子，于惠公薨前已立为太子，非隐公所立。

隐公元年

【经】

元年春王正月。（公元前722年。）春秋时诸侯所用历法不同（夏、商、周历），鲁奉周礼用周历，故曰“王（周）正月”。周正月当商历十二月（今公历十二月）、夏历十一月（农历十一月）。

三月，公及邾仪父盟于蔑。杨伯峻：“公，即鲁隐公，凡《经》文单称‘公’者皆鲁君。”邾，国名，曹姓。仪父，邾君字。蔑，姑蔑，鲁地。

夏五月，郑伯克段于鄢。郑，姬姓国，伯爵。周厉王生宣王及桓公友，郑为桓公友之后；西周灭，郑辅佐平王东迁，建国在今新郑。郑伯，郑庄公也。段，庄公同母弟（后皆作母弟）。鄢，杨伯峻“鄢本邘姓国，为郑武公所灭”。

秋七月，天王使宰咺来归惠公、仲子之赗。天王，周平王。宰，官；咺 xuān，人名。杨伯峻：“归，同馈，赠送之意。”赗 fèng，助丧之物。

九月，及宋人盟于宿。“及”字前省“鲁某”，疑此为隐公及宋大夫盟，故讳不书“公”，而大夫贬称“人”；杜预则谓“客主无名，皆微者也”。宿，国名，风姓，男爵。地在今山东省东平县东南。

冬十有二月，祭伯来。祭 zhài。杨伯峻：“祭伯，王朝卿士，祭是其食邑。伯，盖其行次。”

公子益师卒。杨伯峻：“益师，鲁孝公子，字众父，后为众氏，众仲之祖先。”

【传】

元年春王周正月。不书即位，天子诸侯崩薨，嗣君翌年正月行即位礼。隐公非適子，摄立为君，故不行即位礼，因不书即位。**摄也。**摄，代也，假代。今有“摄理”之词，即此摄。

三月，公及邾仪父盟于蔑——邾子克也。邾仪父即邾子克。夷狄小国之君《传》例称“子”，与公、侯、伯、子、男之“子”义不同，子、男之“子”为周室所封之诸侯爵号。克，邾子之名。**未王命，故不书爵。**未获周室赐封，无爵位于周，故《经》不书其爵。杜预：“后仪父服事齐桓以奖王室，王命以为邾子，故庄十六年《经》书‘邾子克卒’。”**曰“仪父”，贵之也。**杜预：“能自通于大国，继好息民，故书字贵之。”**公摄位而欲求好于邾，故为蔑之盟。**

夏四月，费伯帅师城郎。费伯，鲁大夫，即明年之费庈父。城，动词，筑城墙也。郎，鲁邑。**不书，非公命也。**城郎为费伯自专，非隐公之命，故《经》不书。

初，郑武公娶于申，申，国名，姜姓，伯夷之后。故城在今河南南阳，至楚文王时灭之为楚县。**曰武姜，**武，郑武公谥。**生庄公及共叔段。**共叔段，大叔段也。共，贾逵、服虔谓是谥号，是也。杜预以为段出奔共国，故曰共叔，误。桓三年有“栾共叔”，与此共叔段之“共叔”同例。僖十七年《传》“内嬖如夫人者六人：长卫姬、少卫姬……雍巫有宠于卫共姬”，卫共姬又称长卫姬；昭二十八年，伯华长弟叔向又称为“长叔”；晋申生又称为“共大子”；鲁庄公之长弟曰共仲庆父；庄十一年有“共姬”，僖七年有“大叔带”，例尚多，不备举。故知“共”、“长”、“大（太）”、“伯”义皆相通，或称“共叔段”，或称“大叔段”，“共”、“大”其实同义，非因出奔共而称“共叔”也，且《经》《传》奔亡之例不可胜数，未有以所奔国国号冠为名号者。叔段者，叔是排行，段是名。

庄公寤生，惊姜氏，故名曰“寤生”，寤生，逆产也；寤，生产之象也。夫人之生也，必以头先出，此谓顺产；亦有足先出者，是谓逆产，即非正常生产也。逆产者，极少见，然生产风险很大。若顺产者，胎儿头部先临床（接地），头部临床者，寝寐之象也；逆产者，足先临床（接地），足接地，劳作之象也，人唯醒寤时始能劳作，故逆产者其实是寤之象。《诗》云“关关雎鸠，在河之洲”，由雎鸠求鱼到君子求女，又有《易·姤》“包无鱼（家无妇）”，自是由鱼联想到女妇，此古人联想之远也。**遂恶之。爱共叔段，欲立之。**立之为太子。**亟请于武公，公弗许。**亟，屡也。**及庄公即位，为之请制。**制，郑邑，今河南荥阳市汜水镇，亦名虎牢关。**公曰：“制，岩邑也，**《诗·小雅·节南山》：“节彼南山，维石岩岩。”岩，险也。**虢叔死焉。佗邑唯命。”**杜预：“虢（guó）叔，东虢君也，恃制岩险而不修德，郑灭之。恐段复然，故开以佗邑。”唯命，唯命是听也。**请京，**京，故城在今荥阳市东南。**使居之，谓之京城大叔。**大同太。**祭仲曰：**祭仲，郑大夫，又称祭足、祭仲足。祭为其食邑。**“都，城过百雉，国之害也。**都，都邑之都。城，城墙也。雉 zhì，杜预：“方丈曰堵，三堵曰雉。一雉之墙，长三丈，高一丈。”国，国都也。国字古今义不同，今谓国家之义，四境之内皆谓国，《传》则特指国都。国、都、邑皆行政区划单位，《传》例“凡邑有宗庙先君之主曰都，无曰邑”，知“国”、“都”、“邑”三者并无本质之区别，“国”亦“都”也，“邑”亦“国”也。国君所处之都曰国，故“国”者，仅可解为首都之义。害，患也。**先王之制：**制，制度。**大都，不过参国之一；**参同三。句谓大都之城墙不超过国都城墙的三分之一。**中，五之一；**中都，城墙不超过国都的五分之一。**小，九之一。今京不度，**不合法度。**非制也，**非先王制。**君将不堪。”**不能承受。**公曰：“姜氏欲之，焉辟害？”**焉，如何，怎也。辟同避。**对曰：“姜氏何厌之有？**厌，厌足，满足。**不如早为之所，**早置其定所。**无使滋蔓！蔓，难图也。**谓太叔势力蔓延，将不可图谋。**蔓草犹不可除，况君之**

宠弟乎？”公曰：“多行不义，必自毙，子姑待之。”毙，踣也，跌倒。毙字古今异义，今多谓死之义。

既而大叔命西鄙、北鄙贰于己。既，事竟曰既，即“既济”之“既”。而，后也。二鄙，郑边邑。贰，与壹相对，杜预“两属也”。**公子吕曰：**公子吕，郑大夫。**“国不堪贰，君将若之何？欲与大叔，**与，予也。谓以国让太叔。**臣请事之；**事，服事，事奉。**若弗与，则请除之，无生民心。”**无使民产生祸乱的预期。**公曰：“无庸，将自及。”**欲待其盈贯而自毙。此不可读作“无，庸将自及”。及，及祸也。**大叔又收贰以为己邑，**收为己私邑也，则二鄙不再臣事郑庄公。贰，指贰叛之两邑。贰与二不同，二是数量词；贰者，携贰，贰叛之义。**至于廪延。**势力扩大至廪延。**子封曰：“可矣。厚将得众。”**子封，公子吕。可，谓事物发展到了成熟盈贯的程度，即僖十五年“先君之败德及可数乎”之“可”。**公曰：“不义不暱，厚将崩。”**暱nì，昵也。杜预：“不义于君，不亲于兄，非众所附，虽厚必崩。”

大叔完、聚，杨伯峻：“完城郭、聚粮食。”**缮甲、兵，**缮，修治。甲，铠甲。兵，泛指武器。**具卒、乘，**步兵曰卒，车兵曰乘。**将袭郑，夫人将启之。**《传》云“轻曰袭”，今谓偷袭。夫人为内应，暗为启门。启，启悬门也。古城门有两种，对开门及悬门，悬门不曰开，而曰启。**公闻其期，曰：“可矣！”命子封帅车二百乘以伐京。**乘shèng，古兵车一乘四马，甲士三人，每车且有随从步卒，杨伯峻谓每车步卒十人。**京叛大叔段，段入于鄢，公伐诸鄢。五月辛丑，**二十三日。**大叔出奔共。**共，共国，今辉县市。

书曰：《传》凡此类之“书曰”皆指《春秋经》书曰。**“郑伯克段于鄢。”段不弟，故不言弟；**《经》不书郑伯克其母弟太叔，而书“克段”，罪其不弟也。**如二君，故曰克；**如二君相攻伐，故曰克。**称郑伯，讥失教也。**谓《经》不书“郑克段”或“郑人克段”，而专书“郑伯克段”，是罪郑伯，讥其失教也。**谓之郑志，**郑志，郑国之意志，亦即庄公之意志，郑庄公实能代表郑国之意志。谓蓄谋翦除太叔是庄公之意愿。**不言出奔，难之也。**据杨伯峻，出奔为有罪之辞，是也。段虽不弟，庄公亦难辞其咎，《经》若书“大叔段出奔共”，则是专罪太叔而免庄公之罪，故史者难以“出奔”见书也。

遂寘姜氏于城颍，寘同置。城颍，郑地。**而誓之曰：“不及黄泉，无相见也。”既而悔之。**黄泉，古今同义。

颍考叔为颍谷封人，考，谥号。颍谷，郑边邑。封人，主封疆之官司。**闻之，有献于公，公赐之食，食舍肉。**舍，置也。食舍肉者，置于侧，留而不食。**公问之，对曰：“小人有母，皆尝小人之食矣，未尝君之羹，请以遗之。”**皆尝，遍尝，尽尝。遗 wèi，馈遗。**公曰：“尔有母遗，繄我独无！”**繄 yì，杨伯峻谓“发声词，无义”。僖五年：“民不易物，惟德繄物。”襄十四年：“繄伯舅是赖。”**颍考叔曰：“敢问何谓也？”**颍考叔实明知故问。**公语之故，且告之悔。对曰：“君何患焉？若阙地及泉，隧而相见，其谁曰不然？”**阙，掘也。言掘地至泉（地下水），在隧道中相见，谁能说不是这样呢？**公从之。公入而赋：**赋诗。**“大隧之中，其乐也融融！”**隧中本压抑之所在，而公之情反融融然。融，鬲从虫也。虫，今特指昆虫，古则泛指所有动物类，如“山、龙、华、虫”、“虫莫知于龙”。故“融”者烹肉之象，有融合，升，开，化，宣通诸义。**姜出而赋：“大隧之外，其乐也洩洩！”**杨伯峻：“‘洩’本作‘泄’，今作‘洩’者，盖仍《唐石经》避唐太宗李世民讳改。”昭公二十年：“济其不及，以洩其过。”《大雅·民劳》：“俾民忧泄。”融与泄对，泄亦有“通”之义，盖阳气上升曰融，阴气下降曰泄。《魏风·十亩之间》：“十亩之间兮，桑者闲闲兮。十亩之外兮，桑者泄泄兮。”《邶风·雄雉》：“雄雉于飞，泄泄其羽。”《大雅·板》：“天之方蹶，无然泄泄。”泄泄，悠闲自然，不约束貌。**遂为母子如初。**

君子曰：“颍考叔，纯孝也，爱其母，施及庄公。纯，犹今曰"百分之百"。**《诗》曰'孝子不匮，永锡尔类。'**锡同赐。孝子之心不枯竭，永赐尔之同类。**其是之谓乎！"**是，此也。谓，言也，说也。他说的就是这种情况吧。

秋七月，天王使宰咺来归惠公、仲子之赗。惠公死于去年（春秋前），《经》《传》既未载其葬，则葬于去年，然仲子尚在。**缓，且子氏未薨，故名。**无论吊贺，必当及时，惠公葬于去年，今年始来致赗，故曰缓；仲子未薨而致其丧物，是咒之死也，故书使者之名以咎之。天子使者来，例不书名，如七年《经》"天王使凡伯来聘"，例甚多，不详举；若书名则言非常，桓四年"天王使宰渠伯纠来聘"，《传》曰"父在，故名"。**天子七月而葬，同轨毕至；**轨，辙广（宽）也。同轨言一统内之诸侯。**诸侯五月，同盟至；**与丧者结盟之国前往吊丧。**大夫三月，同位至；**官职相当者至。**士逾月，外姻至。**士逾月而葬，姻亲往吊。**赠死不及尸，吊生不及哀，豫凶事，**死生嫁娶，人伦之大事也，所耗资财亦多，人情有吊贺之礼，赗赠以接济也。虽天子诸侯无资费之忧，若百姓则不同，于丧葬亦是一笔不小的开支。所赗不及其葬之前，则失接济之实；若曰吊慰，又不及丧主方哀之时；又致生者之赗，是豫兆凶事。**非礼也。**

八月，纪人伐夷。纪，姜姓国，侯爵，故城当在山东寿光市南。夷，妘姓国，地在即墨县西。**夷不告，故不书。**诸侯同盟，有事则告，告则书，不告不书。夷当与鲁同盟。

有蜚。杨伯峻"蜚般虫，亦曰香娘子"。**不为灾，亦不书。**不书谓不书于《经》也。

惠公之季年，季年，末年也。季年未必特指死之年。伯仲叔季，季在末，故季有末之义。**败宋师于黄。**黄，宋邑。**公立而求成焉。**成，解怨结好。**九月，及宋人盟于宿，始通也。**隐公立，始与宋通使。

冬十月庚申，十四日。**改葬惠公。公弗临，故不书。**临，临丧哭泣也。为丧主则临，桓公实为丧主，隐公摄立，故不临。《传》

曰“君举必书”，君不临，故不书。**惠公之薨也，有宋师，大子少，葬故有阙，**葬礼缺简。**是以改葬。**鲁、宋结好，兵患弭，于是改葬。

卫侯来会葬，卫，姬姓国，侯爵，文王子康叔之后，都朝歌，今河南淇县治。**不见公，亦不书。**杨伯峻疑卫侯不见公，或与昭十年叔向辞诸侯见晋新君事同，非也。彼者晋侯初葬，诸侯送葬者未去，而欲因便见新君，贺其立，不欲更来致贺，故叔向以“斩焉在衰绖之中”辞诸侯之贺。此则惠公逾年改葬，初丧或除矣，卫侯来会葬，乃致吊慰而非致贺也，两事性质不同。且惠公改葬，自是桓公为丧主，隐公不临葬事。卫侯不见公者，盖亦因隐公摄立，非丧主之故。又据《传》，隐公立，大臣多有违忤公命者，不知卫侯是否亦不顺隐公之政，故不见公。《传》意似有非卫侯之嫌，杜预亦谓“不得接公成礼，故不书于策”。

郑共叔之乱，公孙滑出奔卫。公孙滑，共叔段之子。**卫人为之伐郑，取廪延。郑人以王师、虢师伐卫南鄙。**《传》例：“凡师，能左右之曰‘以’。”虢 guó，西虢国，公爵，文王弟虢叔之后。郑伯为王卿士，王又亲于虢，故郑能借王师、虢师。**请师于邾。**请师，乞师，借师也。**邾子使私于公子豫，**公子豫，鲁大夫。私，私下请师于公子豫。**豫请往，公弗许，遂行。**违命而往。**及邾人、郑人盟于翼。**翼，邾地。**不书，非公命也。**

新作南门。不书，亦非公命也。

十二月，祭伯来，非王命也。非王命，故《经》不书“天王使”，亦不书事。

众父卒。众父，杜预：“公子益师字。”**公不与小敛，故不书日。**杨伯峻：“以衣衾加于死者之尸曰小敛，以尸入棺曰大敛。”不书日，言《经》不书其卒日。杜预：“礼，卿佐之丧，小敛、大敛，君皆亲临。”今公不临，故不书日。隐公所以不临者，当亦摄位之故。杨伯峻：“文十四年《经》：‘九月甲申，公孙敖卒于齐。’鲁文公不得与小敛而书日，不审其故。”《经》所书本无义例可言，故不能因此之不书推及公孙敖之卒何以书日，情实不同也。彼《传》曰“告丧，请葬”，既告丧，必以日，告以日，史因书，礼也。

隐公二年

【经】

二年春，公会戎于潜。潜，鲁地。戎，春秋时，华、夷犹杂处，蛮、夷、戎、狄者，是对落后小国及野人部落的统称。其种类支派繁多，《传》载有姜戎、山戎、陆浑戎（阴戎）、北戎、茅戎、骊戎、犬戎、长狄、白狄、赤狄等，然其支派之多远不止此。故《传》又言“帅九州之戎”、“群蛮”、“百濮”，言其多也。大体来说，狄居北方，蛮居南方，夷在东方，戎在西方。襄四年“戎狄荐居”，谓其迁无定所也。

夏五月，莒人入向。莒 jǔ，己姓国，子爵，地在今山东莒县。向，姜姓国。

无骇帅师入极。无骇，杨伯峻“鲁卿，公子展之孙，展禽（柳下惠）父”。极，鲁附庸国。

秋八月庚辰，公及戎盟于唐。

九月，纪裂繻来逆女。杜预：“裂繻（xū），纪大夫。”逆，迎娶也。纪侯娶鲁伯姬，裂繻为君迎娶。礼，君不亲逆。

冬十月，伯姬归于纪。伯姬，惠公长女。归，嫁也。

纪子帛、莒子盟于密。杜预：“子帛，裂繻字也。”密，莒地。《经》所以书之，因其盟实为鲁故。

十有二月乙卯，十五日。**夫人子氏薨。**子氏，桓公母仲子。赴同祔姑，故称“夫人”称“薨”。《经》不书葬者，隐公非丧主，不临丧，亦不与反哭之礼，故不书葬。

郑人伐卫。

【传】

二年春，公会戎于潜，修惠公之好也。惠公与戎有旧好，隐公立，继好息民，纂承父志，故有潜之会。**戎请盟，公辞。**辞，推辞，辞谢。

莒子娶于向，向姜不安莒而归。归，此谓返其母家。**夏，莒人入向，以姜氏还。**顾栋高谓莒子于此灭向，不可信。《经》书“入向”，《传》例曰“用大师焉曰灭，弗地曰入”；言“弗地曰入”者，亦不一定，文十五年又曰“获大城焉曰入之”。《传》有入而取地者，亦有入不取地者，杨伯峻亦举例明之。此《传》明言“以姜氏还”，似未灭之。

司空无骇入极，费庈父胜之。庈 qín。之，代词，指极。胜，文十五年“凡胜国，曰灭之”。无骇既入极，费伯复灭极。

戎请盟。秋，盟于唐，复修戎好也。

九月，纪裂繻来逆女，卿为君逆也。卿为君逆，礼也。裂繻为纪卿，杜谓为大夫，大夫包括卿也，《经》凡书“大夫”，皆指卿。

冬，纪子帛、莒子盟于密，鲁故也。莒、鲁有恶，纪既娶伯姬，乃与莒子盟，以调和莒、鲁，故曰“鲁故也”。

郑人伐卫，讨公孙滑之乱也。滑，叔段子。去年卫助之伐郑，取郑廪延，今郑报卫。

隐公三年

【经】

三年春王二月，己巳，初一。**日有食之。**

三月庚戌，十二日。**天王崩。**天王、王后死曰崩，诸侯及夫人死曰薨，大夫曰卒，于他国诸侯死例称卒。

夏四月辛卯，二十四日。**君氏卒。**君氏，隐公生母声子也。非夫人，死，例不书，此为隐公母，尊公，故书。

秋，武氏子来求赙。赙 fù，助丧之财物。此例同文九年《经》，“毛伯来求金”，其《传》曰：“毛伯来求金，非礼也，不书王命，未葬也。”

八月庚辰，十五日。**宋公和卒。**宋穆公。

冬十有二月，齐侯、郑伯盟于石门。石门，齐地。齐，姜姓国，侯爵，太公（姜子牙吕尚）之后。国都营丘，今淄博市临淄区。

癸未，二十日。**葬宋穆公。**鲁大夫往送葬，故书。

【传】

三年春，王三月壬戌，二十四日。**平王崩。赴以庚戌，**十二日。**故书之。**赴，赴告，赴诸侯告丧。王崩于二十四日，却赴告以十二日，故亦书以十二日，以徵过也。

夏，君氏卒——声子也。不赴于诸侯，不反哭于寝，不祔于姑，祔 fù，临时附新死者之主（牌位）于宗庙先祖神主（牌位）之侧，而不序昭穆，曰祔。祔亦包含针对新主的相应的祭祀礼节。姑，今谓婆婆也，此姑指姑（婆）庙，或大庙中诸姑牌位之侧。**故不曰薨。**夫人亦一国之君，位在诸侯，故死当赴告于诸侯；既葬，反哭于丧者生时所居之正寝；卒哭礼毕，祔其主（神主牌位）于姑庙。杨伯峻解“反哭于寝”之“寝”为“祖庙”，非也。礼，既葬而归，行反哭礼，葬后十四日，止不时之哭，是谓“卒哭”，卒哭之后祔死者之牌位于庙。故反哭之时，死者之牌位尚未祔庙，何以能反哭于祖庙耶？参僖三十三年“卒哭而祔”。既用夫人丧礼，始能称薨，否则不称薨。**不称夫人，故不言葬。**礼，唯公、夫人薨书葬；妾死，例不书葬。于是声子为惠公妾，非夫人，故不书葬。**不书姓，为公故，曰“君氏”。**隐公虽摄位，然亦一国之君，为公故，书其母之卒，称曰“君氏卒”。《经》例，夫人薨，则书曰“夫人某氏薨”。声子，子姓也，《经》不书“子氏薨”，而称“君氏”称“卒”，用区别于夫人也。

郑武公、庄公为平王卿士。知王政。**王贰于虢，**杜预：“王欲分政于虢，不复专任郑伯。”**郑伯怨王，王曰“无之”。**言没这事。**故周、郑交质。**交质，交换人质。质所以定信。**王子狐为质于郑，郑公子忽为质于周。**王子狐，平王子。公子忽，郑庄公子，即后之太子忽。**王崩，周人将畀虢公政。**畀 bì，给也，予也。**四月，郑祭足帅师取温之麦。**杨伯峻据赵翼谓郑用夏正，故四月为夏正四月，即今农历四月，麦正熟。温，周畿内小国。**秋，又取成周之禾。**秋亦夏正之秋。**周、郑交恶。**

君子曰：“信不由中，中同衷。**质无益也。明恕而行，要之以礼，**恕，拆字得如、心也，字面义为如人之心以思之也，今所谓站在对方的立场思考问题。要，约也。**虽无有质，谁能间之？**间，间隙，此名词作动词用，言钻其空隙。间有数义，杨伯峻“间，离间也”，笔者认为《传》中，“间”无离间之义。**苟有明信，涧、谿、沼、沚之毛，**苟，若也，假如。涧、谿，皆细流。沼，池塘之类。杜预：“沚，小渚也。毛，草也。”**蘋、蘩、薀藻之菜，**蘋 pín，水生蕨类植物。蘩，白蒿。薀，聚积也。藻，水藻。**筐、筥、锜、釜之器，**筐、筥

(jǔ)，方形曰筐，圆形曰筥。锜、釜，皆烹饪器具，有足曰锜，无曰釜。**潢、汙、行潦之水，**潢、汙（wū），皆积水。行音杭；潦音老。杨伯峻："行潦乃大雨水之积于道路者。"**可荐于鬼神，可羞于王公，**荐、羞义同，进，献之义。鬼，列于宗庙者曰鬼，谓先祖也。神，天地、山川、日月星辰、金木水火土社稷等等。**而况君子结二国之信，行之以礼，又焉用质？《风》有《采蘩》、《采蘋》，《雅》有《行苇》、《泂酌》，昭忠信也。"**泂 jiǒng。昭，明也。

武氏子来求赙，王未葬也。王未葬，嗣王不能称爵，故不书"天王使"。

宋穆公疾，召大司马孔父而属殇公焉，穆公，宋宣公之弟。殇公，宣公子与夷。杨伯峻："孔父名嘉，正考父之子，孔丘之祖先。属，今嘱托之'嘱'字，音烛。"**曰："先君舍与夷而立寡人，**先君，宣公也。杨伯峻："舍，弃也，废也。寡人，诸侯自称之谦词。"凡孤、寡、不穀、余一人，皆取茕茕孤独之义。**寡人弗敢忘。**宣公以穆公贤能，故废子而立弟（穆公）为君，穆公感于此，欲复立宣公子与夷而不立己子公子冯。**若以大夫之灵，得保首领以没，**灵，福也。杨伯峻："领，颈项。保首领，不遭杀戮之谓。"没，善终也。**先君若问与夷，**先君若问及其子与夷。**其将何辞以对？**杨伯峻："其，语气副词。"**请子奉之，以主社稷，**杨伯峻："子，敬称代词，犹今言您。"奉，戴也。社稷，社为土神，稷为谷神，有土有谷，乃能立国生民，故社稷乃国家之代名词。国君为社稷主，主国之常祭，欲使殇公主祀社稷，即以其为君也。**寡人虽死，亦无悔焉。"对曰："群臣愿奉冯也。"**冯 píng，穆公子，庄公也。**公曰："不可。先君以寡人为贤，使主社稷，若弃德不让，是废先君之举也，岂曰能贤？**杨伯峻："能贤，犹今之贤能也。""能"亦可训为"堪"。**光昭先君之令德，可不务乎？**光，明也。令，善也。务，力行某事曰务。**吾子其无废先君之功。"**吾子，你也。**使公子冯出居**

于郑。杜预："避殇公也。"八月庚辰，宋穆公卒。殇公即位。

君子曰："宋宣公可谓知人矣。立穆公，其子飨之，飨，食也，祭也。昭十四年："周公其不飨鲁祭乎！周公飨义，鲁无义。"命以义夫。义，大公曰义。言其制命合于义。《商颂》曰：'殷受命咸宜，百禄是荷。'咸，皆也，全也。宜，得宜，合宜。荷，背负也，犹受也。杨伯峻疑"受"当读为"授"，盖因宣公授穆公政为义，故想当然也；又疑"宜"当读为"义"，两改字，甚牵强，不从。《传》引《诗》意谓，殷先哲王制命合义，故受天命合宜（理所当然），荷天百禄。其是之谓乎！"

冬，齐、郑盟于石门，寻卢之盟也。杜预："卢盟在春秋前。卢，齐地。"庚戌，郑伯之车偾于济。偾 fèn，仆也。昭十三年："牛虽瘠，偾于豚上，其畏不死？"济，水名。

卫庄公娶于齐东宫得臣之妹，曰庄姜，东宫，太子之宫。得臣，齐太子。庄姜，庄，卫庄公谥。美而无子，卫人所为赋《硕人》也。为庄姜作《硕人》之诗。又娶于陈，曰厉妫，生孝伯，早死。妫 guī。陈，妫姓国，侯爵，虞舜之后。都宛丘，今河南淮阳县治。其娣戴妫生桓公，娣，女弟也，妹也。戴妫为其姊厉妫之媵（陪嫁）。庄姜以为己子。取桓公以为己子。公子州吁，嬖人之子也。嬖 bì，宠幸贱妾。州吁为庄公亲幸美妇人所生。有宠而好兵，兵，武事。公弗禁，庄姜恶之。石碏谏曰：石碏（què），卫大夫。"臣闻爱子，教之以义方，弗纳于邪。骄、奢、淫、泆，骄，马高大也，引申为自高自大。《卫风·硕人》："四牡有骄。"《齐风·甫田》："维莠骄骄。"奢，侈也。淫，雨过为淫，百事过度皆曰淫。杨伯峻："泆与逸通。"所自邪也。四者自邪而来。四者之来，宠禄过也。骄奢淫逸由宠禄过度所致。将立州吁，立，立为太子。乃定之矣，若犹未也，阶之为祸。阶，阶梯也，此作动词用。之，宠禄也。夫宠而不骄，骄而能降，降而不憾，憾而能眕者，鲜矣。憾，古多训为“恨”，若读为今遗憾之憾，亦可通。眕 zhěn，正视也，能正视其现实。**且夫贱妨贵，少陵长，**妨，害也。陵，加也，侵也，驾陵。**远间亲，新间旧，**远，疏也。间，干，犯也。襄十一年“或间兹命”、昭二十六年“以间先王”，“有间王位”、定四年“惎间王室”、哀二十年“吴犯间上国多矣”，皆此“间”。**小加大，**加，陵也。**淫破义，所谓六逆也。君义，臣行，父慈，子孝，兄爱，弟敬，所谓六顺也。去顺效逆，所以速祸也。**去，违也。效，法也。速祸，使祸速至。**君人者，**君，名词动用，犹牧也、治也。言为君治人者。**将祸是务去，而速之，无乃不可乎！”**无乃，乃也。另如无若，若也；无宁，宁也；无亦，亦也，皆此类。**弗听，其子厚与州吁游，禁之，不可。桓公立，乃老。**桓公立在春秋前，今年为卫桓十五年。老，告老致仕，今曰退休。

隐公四年

【经】

四年春王二月，莒人伐杞，杞，姒姓国，侯爵，后又降为伯爵，夏禹之后代。《春秋经》曾屡次贬杞伯为杞子。**取牟娄。**牟娄，杞邑。取，襄十三年“凡书取，言易也”，昭四年“凡克邑不用师徒曰取”。

戊申，卫州吁弑其君完。弑 shì，臣杀君、子杀父曰弑。

夏，公及宋公遇于清。遇有二义，一谓偶遇，偶然相见曰遇。二谓双方不以会晤日期相见，而临时相见或约见曰遇。清，卫邑。

宋公、陈侯、蔡人、卫人伐郑。蔡，姬姓国，侯爵，武王弟蔡叔度之后。

秋，翚帅师会宋公、陈侯、蔡人、卫人伐郑。翚

huī，鲁大夫公子翚，字羽父。常例，自卿位以下之人物，不书于《经》，凡见于《经》者，几乎尽为卿位以上之人物，偶有卿位以下者，《传》必明之。故《经》注解为"大夫"者，皆卿也，因大夫包括卿。

九月，卫人杀州吁于濮。 濮，陈地。

冬十有二月，卫人立晋。 立晋为卫君。晋，卫宣公名。

【传】

四年春，卫州吁弑桓公而立。 立，自立为君。**公与宋公为会，** 为，在主谓宾结构中，"为"作谓语时，其义皆由宾语决定，如"为国"、"为民"，为，治也；"为王旌"、"为王舆服"，造也，制作；"为台"、"为虎幄"，筑也，建造也；"为舟师"，组建也。为会，犹谋会期。**将寻宿之盟。** 宿盟在隐元年。**未及期，卫人来告乱。夏，公及宋公遇于清。** 卫乱故。

宋殇公之即位也，公子冯出奔郑，郑人欲纳之。及卫州吁立，将修先君之怨于郑， 《传》言"修好"、"修怨"同用修字。**而求宠于诸侯以和其民，** 和，上下相得曰和，阴阳相济曰和。**使告于宋曰："君若伐郑以除君害，** 冯为殇公政敌与威胁所在，故欲助宋除之以求宠于宋。**君为主，敝邑以赋与陈、蔡从，** 敝邑，外交辞令对己国之贬称。不称"敝国"，而曰"敝邑"，详参元年"国"字注。赋，兵赋，包括军队及武备。**则卫国之愿也。"宋人许之。于是，陈、蔡方睦于卫，** 于是，于此时也。方，正也。**故宋公、陈侯、蔡人、卫人伐郑，围其东门，五日而还。**

公问于众仲曰： 公，隐公。众仲，鲁大夫。**"卫州吁其成乎？"** 问其弑君篡立之事能成乎。**对曰："臣闻以德和民，不闻以乱。** 以乱，以乱和民，下同。**以乱，犹治丝而棼之也。** 治丝，抽丝也。棼 fén，字面义谓从中间切开也。抽丝以绎，棼之则败事。**夫州吁，阻**

兵而安忍。阻，拒也，御也。言事不利，则阻之以兵（诉之武力）。安忍，安于残忍。**阻兵无众，**武有和众之德，好兵则违之，众必离。**安忍无亲，**安于残忍，则亲不附。**众叛亲离，难以济矣。**济，本义谓渡过了河流，引申为成功也。**夫兵犹火也，弗戢，将自焚也。**戢 jí，藏也。**夫州吁弑其君而虐用其民，于是乎不务令德，**令，善也。**而欲以乱成，必不免矣。"**不免，"不免于祸"之省。

秋，诸侯复伐郑。宋公使来乞师，公辞之。隐公不许。**羽父请以师会之，**羽父，公子翚。**公弗许，固请而行。故书曰"翚帅师"，**《经》不书"公子翚"，而直书"翚"。**疾之也。**杨伯峻："恶其不听公命也。"**诸侯之师败郑徒兵，取其禾而还。**

州吁未能和其民，厚问定君于石子。厚，石厚，石碏子。石子即石碏。民不奉州吁，故位不定。**石子曰："王觐为可。"**石子谓，若得觐见周天子，即相当于获得合法君位。**曰："何以得觐？"曰："陈桓公方有宠于王，陈、卫方睦，若朝陈使请，**言借陈侯引荐。**必可得也。"厚从州吁如陈。**如，往也，适也。**石碏使告于陈曰："卫国褊小，**《说文》："褊，衣小也。"褊小，狭小也。**老夫耄矣，**杜预："八十曰耄。"**无能为也。此二人者，实弑寡君，敢即图之。"**杨伯峻："敢，敢请之意。即，就也，就此机会。"**陈人执之而请莅于卫。**于卫请莅。莅，莅位行刑者。二子实卫之罪人，陈不敢杀，故请卫遣人如陈莅刑位施杀命。莅与临义近同，临所当事体大，莅所当事体小。如"临天下"、"临诸侯"、"临民"、"临武事"、"临祭祀"、"临庭"、"临某地"；莅者，"莅盟"、"莅官行法"、"莅位"、"莅事"。又如"疾"与"病"、"筑"与"城"、"获"与"得"等，皆此类。**九月，卫人使右宰丑莅杀州吁于濮，石碏使其宰獳羊肩莅杀石厚于陈。**莅，莅行刑之法位。濮，陈地。獳 nòu。陈，独言陈，谓国都也。

君子曰："石碏，纯臣也。恶州吁而厚与焉。恶 wù。与，《传》

言被祸皆曰“及”，未有言与祸者，唯此处与定十四年“成也骄，其亡乎！骄而不亡者未之有也。成必与焉”，两“与”字稍有疑问。笔者仍以“从，即，就”解之，谓“而厚与（之）焉”、“成必与（亡）焉”。**‘大义灭亲’，其是之谓乎！”**

卫人逆公子晋于邢。逆，迎也。邢，姬姓国，侯爵，周公之后。地在今河北邢台。**冬十二月，宣公即位**。旧君死，新君不逾年而即位者，常因国乱故，例如庄三十二年鲁子般、文十四年齐太子舍、昭二十二年周敬王等，皆不逾年而即位。**书曰“卫人立晋”，众也**。言“卫人立”，谓立晋为国人之意志，故曰“众”。

隐公五年

【经】

五年春，公矢鱼于棠。棠，地名。

夏四月，葬卫桓公。

秋，卫师入郕。郕，姬姓国，伯爵，始封君为文王子成叔武。

九月，考仲子之宫。《洪范》“考终命”，考，成也，此文取其引申义，大物建成必有祭奠仪式，即今之落成典礼，是谓“考”；仪式毕，获得公认，是谓最终之成。考者，亦即昭四年“叔孙为孟钟，飨大夫以落之”、昭七年“楚子成章华之台，愿与诸侯落之”之“落”。宫，庙也。**初献六羽**。杨伯峻：“仲子神主入庙，献六羽舞乐。”

邾人、郑人伐宋。邾小国，且不在诸侯之列，而《经》序之郑首，因《经》所班序者，或因尊卑或因主从，此盖以邾师为兵主，故序之首。

螟。蛾属，此乃蛾之幼虫，食苗心，俗曰“（食苗）肉虫”。螟害成灾，故书。

冬十有二月辛巳，二十九日。**公子彄卒。**公子彄（kōu），孝公子，惠公弟，隐公叔父，即《传》之臧僖伯。

宋人伐郑，围长葛。长葛，郑邑。

【传】

五年春，公将如棠观鱼者。鱼者，即渔者。**臧僖伯谏曰：**臧，字也，僖，谥也。**“凡物不足以讲大事，**杨伯峻：“讲，讲习，简习。”大事，祀与戎。祭祀与军事乃立国之一等大事。**其材不足以备器用，**器用，杨伯峻“此器用非一般之器用”；杜预“军国之器”。**则君不举焉。**举，行动，从事。**君将纳民于轨物者也。故讲事以度轨量谓之轨，**轨，辙广曰轨。量，量器之总名。昭三年：“齐旧四量，豆、区、釜、锺。”昭十七年：“五雉为五工正，利器用，正度量。”此轨、量皆取其引申义，泛指百事之标准、规范。杨伯峻：“度，动词，正也；轨量为其宾语。”是也。**取材以章物采谓之物。**章，明也。章物采，使器物的性能得到充分展现和发挥。物采，本谓百物之属性，包括其色彩、明暗、纹理、刚柔、疏密、酸咸等等。其属性决定其利用价值。而此文之“物”，又特指大物，车服器用之类。为百事而取百物，取物以象人事，死生、戎祀、尊卑、官司用之。所以“不辨菽麦”者，谓见其物之采而不知其为何物也；故闻金鼓而知进退，见服章而知戎祭、官职、婚丧等，此皆物采用于人事也。取材能章物采谓之物，否则为不物。此文虽言大物，然小物，日用器具之取材亦不外于“物采”。**不轨不物，谓之乱政。乱政亟行，**亟，屡也。**所以败也。故春蒐、夏苗、秋狝、冬狩，**蒐音搜。狝音显。四者皆狩猎名。**皆于农隙以讲事也。**农隙，农事之间隙，农闲也。讲事，讲习（演习）武事。四者不仅在于狩猎而言，古人亦赋予狩猎军事之意义，此在《周易·师》卦及《传》中数处可以证明。故狩猎其实又是讲习武事，一切奉行军事之制。**三年而治兵，**三年一度之大演习。**入而振旅，**入，入国都。振，整也，犹激昂，鼓舞也。旅，师旅也。振旅，所以示威严也。

归而饮至，归，亦至也。饮至之礼在犒劳庆功也。**以数军实。**数，盘点也。军实，包括士卒、车马武备、捕（俘）获等。**昭文章，**昭，明也。文，纹也，纹理，条纹。由纹理组成的具有象征意义的图案曰章。《小雅·六月》："织文鸟章，白旆央央。"此"文章"指车服旌旗而言。**明贵贱，辨等列，**辨，别也。等列，等级也。**顺少长，**杨伯峻引孙炎："出则幼贱在前，贵勇力也；入则尊老在前，复常法也。"**习威仪也。鸟兽之肉不登于俎，**言不可供祭祀之用。俎 zǔ，祭祀盛肉之器。襄二十八年："以俎、壶投，杀人而后死。"**皮革、齿牙、骨角、毛羽不登于器，**杨伯峻："有毛曰皮，去毛曰革；皮为茵鞬，革为甲胄。牙为弭，骨饰弓两头。角为弓弩。毛，旄牛尾，所以注竿首；羽，鸟羽，所以为旌。"**则公不射，古之制也。若夫山林川泽之实，器用之资，**此器用指一般日用器具。**皂隶之事，**皂隶，贱役也。**官司之守，非君所及也。"**君不亲为。**公曰："吾将略地焉。"**杜预："略，总摄巡行。"杨伯峻："巡行视察。"**遂往，陈鱼而观之。**陈，陈设，设张也。杜预："公大设捕鱼之备而观之。"**僖伯称疾不从。书曰"公矢鱼于棠"，**书之，徵过也。矢，前人皆从"矢"字本身来解其义，故苦不能得之。《传》曰"公将如棠观鱼者"，复曰"陈鱼而观之"，则公仅观赏而已，己实不曾参与矢鱼；亦因尊卑不敌之故，公自不宜与渔者共矢，然《经》书"公矢鱼于棠"者，因"矢鱼"实公之意志，故书"公矢鱼于棠"。至于矢鱼是以箭射鱼，抑或削杆为矢，若今之鱼叉者，实无关《经》《传》之大旨。**非礼也，且言远地也。**言远地，惧不测也。

曲沃庄伯以郑人、邢人伐翼，王使尹氏、武氏助之。翼侯奔随。曲沃，今山西省闻喜县。庄伯，晋文侯仇母弟桓叔成师之子。翼，今山西省翼城县东南。王，周桓王。尹氏、武氏，周大夫。随，晋邑。晋穆侯生晋文侯仇及桓叔成师，穆侯违周制，封建成师于曲沃为曲沃伯，是谓曲沃桓叔。曲沃桓叔生曲沃庄伯。晋文侯仇生昭侯，曲沃弑之。昭侯生孝侯、翼侯。晋人立孝侯，曲沃又弑之。孝侯无子，晋人立其弟翼侯，王不与翼侯，助曲沃伐之。

夏，葬卫桓公。卫乱，是以缓。十四月而葬，故曰缓。

四月，郑人侵卫牧，《尔雅》："郊外谓之牧。"**以报东门之役。**东门役在去年。**卫人以燕师伐郑。**凡师能左右之曰以。燕，南燕，姞姓国，地在今延津县东北。**郑祭足、原繁、洩驾以三军军其前，**三子，郑大夫。三军，此广义之三军，三支军队也。**使曼伯与子元潜军军其后。**曼伯，子仪也；伯，其行次。阮芝生、杨伯峻皆谓曼伯即子仪，然不能证明之。顾炎武及日本竹添光鸿认为曼伯即公子忽（郑昭公忽），误。据桓十一年《传》，祭仲（即祭足）为庄公娶邓曼，生昭公。邓，曼姓国，然不可因邓曼而谓曼伯即子忽。桓十一年《传》，祭仲谓子忽曰"三公子，皆君也"，三公子指曼伯（子仪）、子元（公子突，厉公）、子亹。四公子中首先可排除子元及子亹，剩下子仪与子忽二人，毕竟谁是曼伯？据隐三年《传》周、郑交质，"郑公子忽为质于周"，又隐七年《传》"郑公子忽在王所"，因知今年公子忽仍为质在周，不可能参与郑之战事，故知曼伯必子仪也。子元，郑厉公字，公子突也。潜，潜伏也。下二"军"字，动词，驻也，陈也。**燕人畏郑三军而不虞制人。**虞，度，虑，料，察，图谋也。制，郑邑。**六月，郑二公子以制人败燕师于北制。**二公子，曼伯、子元。北制，郑地虎牢。**君子曰："不备不虞，不可以师。"**

曲沃叛王。秋，王命虢公伐曲沃而立哀侯于翼。曲沃叛王，王又不与翼侯，故不复之，而立翼侯子哀侯于翼。

卫之乱也，郕人侵卫，故卫师入郕。弗地曰入。

九月，考仲子之宫，将万焉。杨伯峻："万，舞名，包括文舞与武舞。文舞执籥与翟；武舞执干与戚。"**公问羽数于众仲。**羽数，执羽之人数。**对曰："天子用八，诸侯用六，大夫四，士二。**八、六、四、二者言八佾、六佾、四佾、二佾。佾 yì，列也。一佾八人，八佾六十四人，六佾四十八人。**夫舞，所以节八音而行八风，**节，制也。

八风，八方之风也。**故自八以下。”公从之。于是初献六羽，始用六佾也。**曰“初”曰“始”者，盖之前常僭用。

宋人取邾田。邾人告于郑曰：“请君释憾于宋，敝邑为道。”杨伯峻：“以打击报复之道泄忿曰释憾。”道，同导。**郑人以王师会之，伐宋，入其郛，**杨伯峻：“郛音孚，郭也。即外城。”**以报东门之役。**东门役在去年。**宋人使来告命。**告见伐求救之命。**公闻其入郛也，将救之，问于使者曰：“师何及？”对曰：“未及国。”**国，国都也。使者忿隐公明知故问，故答曰“未及国”。**公怒，乃止。**止不救。公亦怒使者诬妄不逊也。**辞使者曰：“君命寡人同恤社稷之难，**恤，忧也。难，患也。**今问诸使者，曰‘师未及国’，非寡人之所敢知也。”**责使者不以实对（不正面回答），答以“未及国”，则不知敌师所在，故曰不敢知。知，知国、知政之知，引申为插手，过问也。

冬十二月辛巳，臧僖伯卒。公曰：“叔父有憾于寡人，憾，憾谏观鱼而不从。**寡人弗敢忘。葬之加一等。**杜预：“加命服一等。”

宋人伐郑，围长葛，长葛，郑地。**以报入郛之役也。**

隐公六年

【经】

六年春，郑人来渝平。渝，变也，改变，变更。平，谓此前鲁与郑的双边关系。杜预：“和而不盟曰平。”误。仅今年《传》，“夏，盟于艾，始平于齐也”，即可证杜之误。

夏五月辛酉，十二日。**公会齐侯盟于艾。**

秋七月。

冬，宋人取长葛。凡书取，言易也。

【传】

六年春，郑人来渝平，平，化解敌对状态，彼此互不侵犯。**更成也。**成，解怨结好，使者常态化。更成，改变相平之双边关系，更以成代之。隐公为公子时，与郑人战于狐壤，为郑人所获，隐公或因此怨郑。然隐公为公子时实惠公在位，可知惠公时鲁即与郑有怨。盖郑感于去年鲁拒绝从宋伐郑，故来求好。

翼九宗五正顷父之子嘉父逆晋侯于随，纳诸鄂。晋人谓之鄂侯。杜预："唐叔始封，受怀姓九宗，职官五正，遂世为晋强家。五正，五官之长。九宗，一姓为九族也。"杨伯峻："九宗五正，官名，盖顷父之官职。"杜说可信，详见定四年"怀姓九宗，职官五正"注。晋，姬姓国，侯爵，武王子唐叔虞之后。鄂，晋地。晋侯即去年奔随之翼侯，此时王已立翼侯之子哀侯于翼，故晋人纳之鄂地，更称为鄂侯。

夏，盟于艾，始平于齐也。隐公立，一贯奉行解怨结好的外交政策，陆续得到诸侯回应。

五月庚申，十一日。**郑伯侵陈，大获。**

往岁，文十七年、昭十七年有"往年"，又据四年陈尚从联军伐郑，疑此"往岁"即"往年"，去年也。**郑伯请成于陈，陈侯不许。五父谏曰：**五父，陈公子佗。**"亲仁善邻，国之宝也。君其许郑。"陈侯曰："宋、卫实难，郑何能为？"**难 nàn。言宋、卫才是陈祸难所在，郑何能为患？**遂不许。**

君子曰："善不可失，恶不可长，长，助长。**其陈桓公之谓乎！长恶不悛，**悛 quān，悔改也。**从自及也。**祸从自及。言非祸及己，己往就也。**虽欲救之，其将能乎？《商书》曰：**

‘恶之易也，王念孙：“易者，延也，谓恶之蔓延也。”易另有轻易，轻视，小看之义。**如火之燎于原，不可乡迩，**乡同向。迩，近也。**其犹可扑灭？’周任有言曰：‘为国家者，**为，治也。**见恶，如农夫之务去草焉，芟夷蕴崇之，**芟音删。杜预：“芟，刈也。夷，杀也。”蕴，将除掉的草就近聚成小堆。崇，将蕴聚的草堆收聚成大堆。杨伯峻谓芟夷者为足踏夷（平）草，不可信。若仅踏平之，又如何蕴崇之？且下文又言“绝其本根”，仅踏平之，如何绝其本根？且自古以来未有践踏除去田草者，此乃常识。**绝其本根，勿使能殖，则善者信矣。’”**信，允也，认可也。言在上者疾去恶，民自然认可之，《周易》所谓“众允”。

秋，宋人取长葛。

冬，京师来告饥。公为之请籴于宋、卫、齐、郑，礼也。杨伯峻：“籴，音狄，买谷也。”

郑伯如周，始朝桓王也。隐三年，平王崩，桓王与郑交恶，郑至今始朝桓王。**王不礼焉。**王不礼待郑伯。**周桓公言于王曰：“我周之东迁，晋、郑焉依。善郑以劝来者，犹惧不蔇，**劝，勉也。来者，当泛指诸侯之朝周者，非特指郑。蔇 jì，趋至也。**况不礼焉？郑不来矣！”**

隐公七年

【经】

七年春王三月，叔姬归于纪。归，嫁也。

滕侯卒。滕，姬姓国，文王子错叔绣之后，地在今山东省滕州市西南。

夏，城中丘。城，名词作动词用，筑城也。

齐侯使其弟年来聘。年，齐侯母弟夷仲年。聘，聘问，访问。

秋，公伐邾。

冬，天王使凡伯来聘。凡，国名，周公之后，凡伯盖供职周室。凡地在今河南辉县后凡城村。**戎伐凡伯于楚丘以归。**言俘虏凡伯而归。

【传】

七年春，滕侯卒。礼，不论同盟与否，来赴则书，不赴，则不书。**不书名，未同盟也。凡诸侯同盟，于是称名，**诸侯盟，必以名告神，且书名于策。**故薨则赴以名，**卒，亦以名赴告。**告终、嗣也，**告终告嗣也。告终，告既卒之君；告嗣，告嗣立之君。**以继好息民，**继旧好息民人。**谓之礼经。**礼经，礼之经也。经，经纬之经。

夏，城中丘，书，不时也。周历必以冬至之月（今公历十二月）为岁首（春正月），四、五、六月为夏，当今公历三、四、五月。不时，言防害农时。

齐侯使夷仲年来聘，结艾之盟也。夷仲年，夷，谥。仲，排行及字。结，本义是把两根绳子打结，有延长或结固之义。

秋，宋及郑平。七月庚申，十七日。**盟于宿。**宋、郑盟。**公伐邾，为宋讨也。**五年，郑伐宋，宋来求救，鲁不救，又与郑结好。今宋、郑结盟，公惧失援，且畏宋大国，故讨好宋国，为之伐邾。

初，戎朝于周，发币于公卿，发，放也，散也。杨伯峻："发币犹致币也。"**凡伯弗宾。**言公卿皆礼待戎子，独凡伯不礼待之。**冬，王使凡伯来聘。**来，来鲁。**还，戎伐之于楚丘以归。**

陈及郑平。去年郑侵陈故。**十二月，陈五父如郑莅盟。**莅，参四年注。**壬申，**二日。**及郑伯盟，歃如忘。**歃 shà。言盟歃时，其仪式（程序）若忘却然，意不在盟。或以"如"作"而"，歃而忘。**洩伯曰："五父必不免，不赖盟矣。"**洩伯，郑洩驾。不免，不免于祸。赖，依赖；杨伯峻谓"善也，利也"。

郑良佐如陈莅盟，辛巳，十一日。**及陈侯盟，亦知陈之将乱也。**所谓“观威仪，省祸福”。

郑公子忽在王所，周、郑交质，忽为质在周。**故陈侯请妻之。**杜预：“以忽有王宠故。”**郑伯许之，乃成昏。**昏同婚，古时婚礼在黄昏举行，故曰“昏”。成昏即结婚，结定婚约。公子忽迎娶在明年四月。

隐公八年

【经】

八年春，宋公、卫侯遇于垂。垂，卫地。

三月，郑伯使宛来归祊。宛，郑大夫。祊 bēng，郑祭祀泰山之邑，在今山东费县东，与郑国本土远隔。**庚寅，**二十一日。**我入祊。**

夏六月己亥，二日。**蔡侯考父卒。**考父，蔡侯名。

辛亥，十四日。**宿男卒。**男，宿君之爵位。公、侯、伯、子、男，男是最小的爵位。

秋七月庚午，三日。**宋公、齐侯、卫侯盟于瓦屋。**

八月，葬蔡宣公。三月而葬。

九月辛卯，二十五日。**公及莒人盟于浮来。**杨伯峻：“浮来为莒邑。”

螟。书，成灾也。

冬十有二月，无骇卒。杜预：“公不与小敛，故不书日。卒而后赐族，故不书氏。”

【传】

八年春，齐侯将平宋、卫，杨伯峻：“平宋、卫于郑也，使宋、卫两国与郑国和好，文省‘于郑’两字。”**有会期。**已谋定会期。**宋公以币请于卫，请先相见。**币，今言礼物。**卫侯许之，故遇于犬丘。**犬丘即《经》之“垂”。

郑伯请释泰山之祀而祀周公，以泰山之祊易许田。杨伯峻本杜预谓：“郑桓公为周宣王母弟，因赐之以祊，使于天子祭泰山时，为助祭汤沐之邑。周成王营王城（今洛阳市），有迁都之意，故赐周公许田，以为鲁君朝见周王时朝宿之邑。郑庄公或者见周王泰山之祀废弃已久，助祭汤沐之邑无所用之，祊又远隔，而许（鲁许田）则近，因欲以祊易许田。许田有周公之别庙，恐鲁以废祀周公为辞拒之，故以舍泰山之祀而祀周公为辞。释，舍弃也。易，交易，互换也。今许昌市南有鲁城，即此许田。”**三月，郑伯使宛来归祊，不祀泰山也。**归，致也。时鲁虽入祊，然并未交付许田于郑，至桓元年，双方始交割完毕。

夏，虢公忌父始作卿士于周。三年“（平）王崩，周人将畀虢公政”，至今，虢始得知王政。

四月甲辰，六日。**郑公子忽如陈逆妇妫。辛亥，**十三日。**以妫氏归。甲寅，**十六日。**入于郑。陈鍼子送女。**陈鍼（zhēn）子，陈大夫。**先配而后祖。**此句首省主语“公子忽与妫氏”。杨伯峻据沈钦韩谓：“配，指同床共寝。祖，指返国时告祖庙。依礼，郑公子忽率妇返国，当先祭祖庙，报告其迎娶归来之事，然后同居，乃公子忽先同居而后祭主。”**鍼子曰：“是不为夫妇。**婚娶而不奉婚娶之礼制，犹国君、夫人卒不以礼葬，尚或不称“君”不称“夫人”，又如今同居而不结婚，则非法律名义上之夫妻，故曰不为夫妇。**诬其祖矣，非礼也，何以能育？”**育，谓不能养育，非不能生育。不能育，言后代将无以立。

齐人卒平宋、卫于郑。秋，会于温，盟于瓦屋，以释东门之役，释，解释。东门之役，双方不能释憾，各怀图谋报复之心，今为会盟斡旋双方，使皆冰释前怨，不再图谋算计。**礼也。**

八月丙戌，郑伯以齐人朝王，齐大，郑小，僖二十六年“凡师能左右之曰‘以’”，其义于此亦通。以，引携也，牵率也。**礼也。**

公及莒人盟于浮来，以成纪好也。鲁、莒有怨，纪人和解两国之怨，事在二年，故曰“成纪好”。

冬，齐侯使来告成三国。以既和三国来告。**公使众仲对曰：“君释三国之图以鸠其民，**图，图谋算计也。杜预：“鸠，安集也。”**君之惠也。寡君闻命矣，敢不承受君之明德。”**

无骇卒，羽父请谥与族。谥 shì，死后依其生时行事之功过赐号。故谥有善恶之分，如文、武、成、康；灵、厉、幽。族，杨伯峻据毛奇龄，“族与姓氏之氏同义”。**公问族于众仲。众仲对曰：“天子建德，**杜预：“立（建）有德为诸侯。”**因生以赐姓，**杜预：“因其所由生以赐姓，谓若舜由妫汭，故陈为妫姓。”**胙之土而命之氏。**胙，赐也，报酬也。杨伯峻：“如周封舜后于陈，赐姓曰妫，赐氏曰陈。”**诸侯以字为谥，因以为族。**杨伯峻：“诸侯于大夫，以其字为其谥，而其后人因之以为族姓。”**官有世功，则有官族，邑亦如之。”**杜预：“谓取其旧官旧邑之称以为族，皆禀之时君。”**公命以字为展氏。**杜预：“诸侯之子称公子，公子之子称公孙，公孙之子以王父字为氏。无骇，公子展之孙，故为展氏。”

隐公九年

【经】

九年春，天子使南季来聘。杜预："南季，天子大夫也。南，氏；季，字也。"

三月癸酉，十日。**大雨，震电。庚辰，**十七日。**大雨雪。**雨有二义：一、名词动用，即下雨。二、仅作动词"下"之义。如此文，"雨雪"言下雪，非言雨夹雪；另如"雨霖"、"雨雹"、"雨木冰（雾凇）"、"雨螽（蝗虫）"，"雨"皆解作今"下雨"之"下"也。

挟卒。挟，鲁大夫。《经》例，国卿书卒，大夫卒则不书。此注"挟，鲁大夫"者，"大夫"常亦特指"卿"也。

夏，城郎。

秋七月。

冬，公会齐侯于防。防，鲁地。

【传】

九年春，王三月癸酉，大雨霖以震，"大雨霖"三字一读。雨霖者，下霖也。杨伯峻："以，连词，与也。《书·金縢》：'天大雷以风。'"**书，始也。**杜预："书癸酉，始雨日。"杜预、孔颖达皆谓《经》脱"霖以"二字，"电"乃后人妄加，非也。杨伯峻："《经》作'大雨震电'，《传》作'大雨霖以震'，文异而义同，所谓错综成辞。"亦不确。所谓"微而显，志而晦"者，《传》曰"自三日以往为霖"，而癸酉乃大雨之首日，于其首日显然不可以书霖，因不知雨几时止也，必待雨止始能知其是否为霖，故书其始日不可书霖。若《传》则无此忌讳，《传》本解《经》之作。**庚辰，大雨雪，亦如之。**亦如之，书“雪”之始日。**书，时失也。**二者所以书，天道失时令也。雨、雪为小事，非特殊情况《经》不书。周三月当今公历二月，未及惊蛰，不当震电；既震电，则不当有大雪，故言失时令。**凡雨，自三日以往为霖，平地尺为大雪。**霖，甘雨也。前人皆谓霖为淫雨，不可信。《商书·说命》：“若岁大旱，用汝作霖雨。”后世因谓“久旱逢甘霖”。且冬春之际正北方地区最少雨的时节，雨过三日，正极好地缓解旱情，未必成淫。而淫雨则谓雨量大且持续时间长，雨水泛滥成灾。

夏，城郎。书，不时也。

宋公不王。杜预：“不共王职。”**郑伯为王左卿士，以王命讨之，伐宋。宋以入郛之役怨公，**入郛之役在五年。**不告命。**不使告见伐之命。**公怒，绝宋使。**断绝使者往来。

秋，郑人以王命来告伐宋。郑伐宋未得志，故借王命告鲁伐宋。

冬，公会齐侯于防，谋伐宋也。据杨伯峻，郑伯不会，当以戎难故。

北戎侵郑，郑伯御之。患戎师，曰：“彼徒我车，惧其侵轶我也。”徒，步兵；车，车兵。轶，杜预“突也”；高诱“自后过前曰轶”；杨伯峻“突然从后超越而来犯我之意”。车兵者，虽战备之时，亦涉及牧马、套车等事，则需要一定的时间；而步兵则来去自如，故惧戎突犯己。**公子突曰：“使勇而无刚者尝寇，而速去之。**公子突即后来之郑厉公。杜预：“尝，试也。勇则能往，无刚不耻退。”此诱敌之计。**君为三覆以待之。**三覆，设三处伏兵。**戎轻而不整，**轻，轻率不慎重。不整，无秩序。**贪而无亲，胜不相让，败不相救。先者见获必务进，进而遇覆必速奔，后者不救，则无继矣。**继，接续也，后援也。**乃可以逞。”**逞，得志。**从之。**

戎人之前遇覆者奔。祝聃逐之，衷戎师，聃 nān。郑设三处伏兵，又使祝聃帅勇而无刚者诱戎师，戎师从之。戎追祝聃过郑之前二处伏兵，二伏兵皆隐伏不动。戎师追至第三处伏兵时，第三处伏兵起，戎师反奔，祝聃亦反师逐之。于是前二处伏兵亦起，戎师前、中、后三处受敌，故曰“衷”。**前后击之，尽殪。**杜预：“殪（yì），死也。”**戎师大奔。十一月甲寅，郑人大败戎师。**郑复败其大奔者，故总言之“大败戎师”。

隐公十年

【经】

十年春王二月，公会齐侯、郑伯于中丘。中丘，鲁地。

夏，翚帅师会齐人、郑人伐宋。不书“公子翚”，疾之也。

六月壬戌，七日。**公败宋师于菅。**菅 jiān，宋地。**辛未，**十六日。**取郜。辛巳，**二十六日。**取防。**郜、防皆宋邑。郜本故国，时盖为宋境内之附庸。

秋，宋人、卫人入郑。宋人、蔡人、卫人伐戴。戴，国名，杨伯峻谓“姬姓”。**郑伯伐取之。**伐取宋、蔡、卫三国之师。

冬十月壬午，齐人、郑人入郕。

【传】

十年春王正月，公会齐侯、郑伯于中丘。癸丑，盟于邓，为师期。戒定师期。

夏五月，羽父先会齐侯、郑伯伐宋。杜预：“言先会，明非公本期，释翚之去族。”

六月戊申，公会齐侯、郑伯于老桃。壬戌，七日。**公败宋师于菅。庚午，**十五日。**郑师入郜。辛未，归于我。庚辰，郑师入防。辛巳，归于我。**

君子谓：“郑庄公于是乎可谓正矣。以王命讨不庭，杨伯峻：“庭，动词，朝于朝庭也。”是。不庭，又引为异志，不与众同志，志不同，固耻于同庭。**不贪其土以劳王爵，**劳，慰劳，犒劳。杨伯峻：“郑伯为王左卿士，以王命讨宋，不宜接受此土，故以归鲁。”**正之体也。”**体，干也，又引为本也。杨伯峻读“正”为“政”，然《传》中“正”、“政”区别明显，且此与上文之“正”又相承，故不可信。

蔡人、卫人、郕人不会王命。

秋七月庚寅，五日。**郑师入郊。**自役返师，入郑郊。**犹在郊，宋人、卫人入郑。**郑，郑国都。**蔡人从之，伐戴。八月壬戌，**八日。**郑伯围戴。癸亥，**九日。**克之，取三师焉。宋、卫既入郑，而以伐戴召蔡人，蔡人怒，**盖怒其不以实告。**故不和而败。**

九月戊寅，郑伯入宋。报入郑也。

冬，齐人、郑人入郕，讨违王命也。讨不会王命伐宋。

隐公十一年

【经】

十有一年春，滕侯、薛侯来朝。薛，任姓国，侯爵。

夏，公会郑伯于时来。时来，郑地。

秋七月壬午，三日。**公及齐侯、郑伯入许。**弗地曰入。许，姜姓国，男爵，今许昌一带。

冬十有一月壬辰，十五日。**公薨。**杜预："实弑书薨，又不地者（不书薨所），史策所讳也。"

【传】

十一年春，滕侯、薛侯来朝，争长。杨伯峻："争长，争行礼先后。"礼，先尊后卑；二者皆侯，且国力相当，故争。**薛侯曰："我先封。"**薛祖奚仲，夏所封，在周之前。滕为文王十六国之一，封在周初武王时。**滕侯曰："我，周之卜正也；**杜预："卜正，卜官之长。"**薛，庶姓也，**杜预："庶姓，非周之同姓。"**我不可以后之。"**

公使羽父请于薛侯曰："君与滕君辱在寡人。辱，犹屈尊也。杨伯峻："在，存问也。"**周谚有之曰：'山有木，工则度之；**木，树也。度，忖度，目测也。忖度其可胜任之材料。**宾有礼，主则择之。'**择，选也，称举也。**周之宗盟，**杨伯峻解"宗"为会盟之"会"。**异姓为后。**杜预："盟载书皆先同姓，例在定四年。"**寡人若朝于薛，不敢与诸任齿。**诸任，任姓诸国。杨伯峻："《正义》引《世本姓氏篇》，任姓之国有十，谢、章、薛、舒、吕、祝、终、泉、毕、过。齿，列也。不敢与齿，谓不敢与并列。"**君若辱贶寡人，**贶，赐也，加惠也。**则愿以滕君为请。"**请以滕君为先。**薛侯许之，乃长滕侯。**故《经》先书滕。

夏，公会郑伯于郲，郲，即时来。**谋伐许也。**

郑伯将伐许，五月甲辰，二十四日。**授兵于大宫。**授，发放也。兵，兵器，武器。大同太。大宫，郑祖庙，周厉王庙。**公孙阏与颍考叔争车，颍考叔挟辀以走，**阏 è。杜预："辀，车辕也。"古文"走"即今之"跑"。**子都拔棘以逐之，及大逵，**杜预："子都，公孙阏。棘，戟也。逵，道方九轨也。"《尔雅·释宫》"四达谓之衢，五达谓之康，六达谓之庄，九达谓之逵"。**弗及，子都怒。**

秋七月，公会齐侯、郑伯伐许。庚辰，初一。**傅于许，**杨伯峻："傅，附着也。傅于许，谓大军薄许城而攻之。"**颍考叔取郑伯之旗蝥弧以先登。**蝥（máo）弧，郑伯旗名。登，登城。**子都自下射之，颠。**杜预："颠队（坠）而死。"**瑕叔盈又以蝥弧登，**瑕叔盈，郑大夫；瑕盖其采地。**周麾而呼曰：**周，遍也。麾，挥也，指挥。《尚书·牧誓》："王左杖黄钺，右秉白旄以麾。"《小雅·无羊》："麾之以肱，毕来既升。"**"君登矣！"郑师毕登。壬午，遂入许。许庄公奔卫。**

齐侯以许让公。欲灭之而致鲁。**公曰："君谓许不共，**共同恭。**故从君讨之。许既伏其罪矣，虽君有命，寡人弗敢与闻。"**不敢闻命，况敢有之？杨伯峻："欲保存许国。"**乃与郑人。**与，予也。

郑伯使许大夫百里奉许叔以居许东偏，许叔，许庄公弟。杜预："东偏，东鄙也。"**曰："天祸许国，鬼神实不逞于许君，**不逞，不得志，有憾也。杨伯峻："不逞犹言不快意、不满。"**而假手于我寡人。**假手，借手也。假，借也。**寡人唯是一二父兄不能共亿，**父兄，"父兄弟"之省，兄弟也。一二父兄，指己与叔段也。共，共同之共。杜预："亿，安也。"**其敢以许自为功乎？**诸侯伐许，而郑独取之，是郑私有伐许之功也，故不敢。**寡人有弟，不能和协，而使糊其口于四方，**使糊其口，使自谋食也。**其况能久有许乎？吾子其奉许叔以抚柔此民也，**奉，奉保。民，许国人民。**吾将使获也佐吾子。**获，郑大夫公孙获。**若寡人得没于地，**没，善终也。**天其以礼悔祸于许，**以礼之故悔加祸于许。**无宁兹许公复奉其社稷。**无宁，宁也。兹，此也。奉，奉祀。**唯我郑国之有请谒焉，**谒 yè，告也。**如旧昏媾，**昏媾 gòu，婚姻也。**其能降以相从也。**降心以从命。**无滋他族实偪处此，**滋，滋蔓，滋长。偪同逼。**以与我郑国争此土也。吾子孙其覆亡之不暇，**覆亡，同义词连用。

覆，倾覆之覆。杨伯峻谓“覆”为覆翼之覆，引申为救，误。昭四年：“亡于不暇。”僖七年：“郑将覆亡之不暇。”昭十三年：“贰偷之不暇。”贰偷亦同义词连用。不暇，不暇救顾也。**而况能禋祀许乎？**禋 yīn。杜预：“絜齐（洁斋）以享，谓之禋。”不能禋祀许，言不能保有许国。**寡人之使吾子处此，不唯许国之为，**杨伯峻：“不仅为许国。”**亦聊以固吾圉也。”**聊，姑且；略微。杜预：“圉（yǔ），边垂也。”

乃使公孙获处许西偏，曰：“凡而器用财贿，无寘于许。寘同置，放置。**我死，乃亟去之。**亟，急也。**吾先君新邑于此，**平王东迁洛邑，郑从之迁国于新郑一带，距今仅四十余年。**王室而既卑矣，周之子孙日失其序。**杨伯峻据王引之，谓“序”为序业、功业。**夫许，大岳之胤也，**大同太。大岳，四岳。胤，后代。**天而既厌周德矣，**厌，厌弃。**吾其能与许争乎？”**周德既衰，不敢与四岳相争。

君子谓：“郑庄公于是乎有礼。礼，经国家，经，经纬之经，此作动词用，治也。**定社稷，序民人，利后嗣者也。许无刑而伐之，**刑，法也。无刑，不法。**服而舍之，**舍，置也。**度德而处之，**忖度己德厚薄以处事。**量力而行之。**度量己力堪任否，而后行。**相时而动，无累后人，**一伐一舍，善相时也；度德量力，能胜任而行之，不遗累后人也。**可谓知礼矣。”**

郑伯使卒出豭，行出犬、鸡，杜预：“百人为卒，二十五人为行，行亦卒之行列。”豭 jiā，公猪。**以诅射颍考叔者。**诅、祝须用牲。射颍考叔者有不赦死罪，明知射之者为公孙阏，庄公却佯装不知。盖子都（公孙阏）有宠，故庄公欲一诅了之，以向国人解说。**君子谓：“郑庄公失政刑矣。**不禀公制刑，而制于心，故曰失政刑。**政以治民，刑以正邪，既无德政，又无威刑，是以及邪。**言子都敢奸国之大事，乃因国无政刑之故。**邪而诅之，**奸邪之至，不省其政刑，而欲一诅了之。**将何益矣？”**

王取邬、刘、蒍、邘之田于郑，而与郑人苏忿生之田——温、原、絺、樊、隰郕、欑茅、向、盟、州、陉、隤、怀。

君子是以知桓王之失郑也。恕而行之，德之则也，礼之经也。恕，谓站在对方立场思考问题。则，法则。经，经纬之经。**己弗能有而以与人，人之不至，不亦宜乎？**己不能保有，则谋与人易换，是欺诬也；人能有之乎？人不能有之，必怨。

郑、息有违言，息，姬姓国，侯爵。违，背，抵忤。**息侯伐郑。郑伯与战于竟，**竟同境。**息师大败而还。**

君子是以知息之将亡也。不度德，不度己德之厚薄。**不量力，**居小国而先犯大国。**不亲亲，**同姓之国而不相亲。**不徵辞，**不徵于理辞。有矛盾不通过理辩、诉讼断其曲直。徵，征求、征用之征。**不察有罪，**不察己是否有罪。**犯五不韪，**韪 wěi，是也。**而以伐人，其丧师也，不亦宜乎？**

冬十月，郑伯以虢师伐宋。壬戌，十四日。**大败宋师，以报其入郑也。**入郑在十年。

宋不告命，不来告见伐之命。**故不书。**《经》不书之。**凡诸侯有命，**杨伯峻：“命，国之大事政令。”**告则书，不然则否。**否 fǒu。**师出臧否，**否 pǐ。杜预：“臧否，谓善恶得失也。”**亦如之。虽及灭国，灭不告败，胜不告克，不书于策。**胜、败乃至灭国，不致告诸侯，则不记载之于史策。

羽父请杀桓公，将以求大宰。公曰：“为其少故也，吾将授之矣。为，因也。少，年幼。授，授之君位。**使营菟裘，**营，经营，营建。菟裘 túqiú，鲁邑。不欲复居鲁朝，故于菟裘筑宫室。**吾将老焉。”**将退休而居菟裘。**羽父惧，**惧桓公知而还害己。**反谮公于桓公而请弑之。**谮 zèn，以言语陷害。

公之为公子也，与郑人战于狐壤，止焉。狐壤，郑地。杜预

“内讳获，故言止。”**郑人囚诸尹氏，**诸，之于合音字。于，古音乌。**赂尹氏而祷于其主钟巫。**钟巫，尹氏之祖先。**遂与尹氏归，而立其主。**不使尹氏失祀，故立钟巫庙于鲁。**十一月，公祭钟巫，齐于社圃，**齐同斋（齋），斋戒。社圃，园名。**馆于寪氏。**馆，宿也。寪（wěi）氏，鲁大夫。**壬辰，羽父使贼弑公于寪氏，立桓公而讨寪氏，**杜预：“欲以弑君之罪加寪。”**有死者。**杨伯峻引陈澧：“有死者，言其冤也。”**不书葬，不成丧也。**礼，唯天子、诸侯卒书葬。桓公不以国君之丧礼葬隐公，故《经》不书隐公之葬。

桓公

桓公名轨，惠公之子，隐公之异母弟，母仲子。

桓公元年

【经】

元年春王正月，公即位。天子、诸侯崩薨，新君逾年即位。

三月，公会郑伯于垂，杜预：“垂，犬丘，卫地。”**郑伯以璧假许田**。假同借。《传》明言“易”，而《经》书“假”，《传》释之曰“为周公、祊故也”。郑助鲁祀周公（许田有周公别庙），实者鲁将因此舍许田之祀，故讳之曰“假”。

夏四月丁未，二日。**公及郑伯盟于越**。

秋，大水。

冬十月。

【传】

元年春，公即位，修好于郑。春秋之礼，篡弑者有见讨之患，适郑有求于鲁，故修好。**郑人请复祀周公，卒易祊田。公许之**。易，交易，易换。隐公八年鲁入祊，而未致许田于郑，故郑借此复请。杨伯峻引《集解》云：“郑以祊不足当许田，故复加璧。”**三月，郑伯以璧假许田，为周公、祊故也。**书“假”，为讳不祀许田，且郑致祊故。

夏四月丁未，公及郑伯盟于越，结祊成也。盟曰：“渝盟无享国。”渝，变也，改变。

秋，大水。凡平原出水为大水。

冬，郑伯拜盟。拜谢越之盟。

宋华父督见孔父之妻于路，杜预：“华父督，宋戴公孙也。孔父嘉，孔子六世祖。”**目逆而送之，曰：“美而艳。”**目迎之来目送之去。貌美曰美。艳，肤色、发质、服饰鲜亮。

桓公二年

【经】

二年春，王正月戊申，宋督弑其君与夷及其大夫孔父。

滕子来朝。滕本侯爵，见隐十一年《经》《传》，盖至此时已降为子爵，自此以后《经》皆书“滕子”。

三月，公会齐侯、陈侯、郑伯于稷，以成宋乱。成，平也。稷，宋地。

夏四月，取郜大鼎于宋。华父弑君乱国，惧诸侯之讨，故贿赂诸侯，而鲁得其郜鼎。郜本文王十六国之一，宋于春秋前已伐取之，时盖为宋之附庸，故宋有其国鼎。**戊申，**四月九日。**纳于大庙。**

秋七月，杞侯来朝。

蔡侯、郑伯会于邓。邓，蔡地。

九月，入杞。来朝不敬，故伐而入之。

公及戎盟于唐。

冬，公至自唐。公自唐至国。

【传】

二年春，宋督攻孔氏，杀孔父而取其妻。孔父本佐立殇公者。公怒，督惧，遂弑殇公。

君子以督为有无君之心而后动于恶，故先书弑其君。督有无君之心在先，故敢专杀大臣，卒致弑君；若心存国君，必不至此，故先书“弑其君”。会于稷以成宋乱，为赂故，立华氏也。乱本由华氏起，华氏赂诸侯，诸侯反立之为宋相。

宋殇公立，十年十一战，民不堪命。不堪君命。孔父嘉为司马，督为大宰，故因民之不堪命，先宣言曰：“司马则然。”则，法也，法则。桓六年：“我则使然。”僖九年“唯则定国”，“顺帝之则”，“鲜不为则”。《小雅·正月》：“彼求我则，如不我得。”此谓司马之政令、治政方略使然。孔父相殇公，专宋国大政，故曰“司马则然”。已杀孔父而弑殇公，召庄公于郑而立之，以亲郑。庄公，宋穆公子冯也，在隐公三年至四年初出奔郑。以郜大鼎赂公，齐、陈、郑皆有赂，故遂相宋公。

夏四月，取郜大鼎于宋。戊申，纳于大庙。非礼也。臧哀伯谏曰：杨伯峻：“哀伯，鲁大夫，名达，臧僖伯之子。“君人者，君，名词动用。将昭德塞违，塞，堵塞。违，回邪也。以临照百官，犹惧或失之。或，表不肯定之副词。故昭令德以示子孙。是以清庙茅屋，杨伯峻：“清庙即太庙。”茅屋，杨伯峻：“屋之覆盖以茅苇者谓之茅屋。”大路越席，杜预：“大路，玉路，祀天车也。”杨伯峻：“越席，结蒲草所成之席。谓大路之中用蒲草之席为茵藉。”大羹不致，杜预：“大羹，肉汁，不致五味。”粢食不凿，粢 zī。杜预："黍稷曰粢，不精凿。"**昭其俭也**。昭示节俭。**衮、冕、黻、珽，**音：gǔnmiǎnfútǐng。杜预："衮，画衣也（画图象之衣）。冕，冠也。黻，韦韠，以蔽膝也。珽，玉笏也。"**带、裳、幅、舄，**舄 xì。杨伯峻："带，大带，以丝为之，用以束腰，垂其余为绅。"杜预："衣下曰裳。"杨伯峻："幅，似今之绑腿。古人谓鞋为舄，鞋底用一层者谓之屦，双层者为之舄。"此四者自腰之带至下之衣，再至绑腿，又至鞋，皆下服。**衡、紞、纮、綖，**紞 dǎn；纮 hóng；綖 yán。四者皆冠饰。杜预："衡，维持冠者。紞，冠之垂者。纮，缨（帽带）从下而上者。綖，冠上覆。"**昭其度也**。杜预："尊卑各有制度。"**藻、率、鞞、鞛，**率 lǜ；鞞 bǐng；鞛 běng。杨伯峻："藻，荐玉之物，木板为之，外包熟皮，以粉白画水藻于其上。率，佩巾。鞞，刀鞘。鞛，佩刀刀把处之装饰。"**鞶、厉、游、缨，**鞶音盘，游音流。杨伯峻："鞶，革带。厉，鞶带之下垂成饰者。游，旌旗上附着之飘带。"杜预："缨，在马膺前，如索裙。"**昭其数也**。尊卑之礼数不同。杨伯峻："以游而论，据《周礼》，天子十二斿（游），上公九斿，侯伯七斿，子男五斿，卿大夫士之斿，各以其命数，即所谓昭其数也。"**火、龙、黼、黻，**黼音斧。四者皆服上图案。杨伯峻据阮元及桂馥谓："黼，用白黑两色所刺绣之一对斧头形。黻，用黑与青两色所刺绣之花纹。像两'弓'相背。"**昭其文也**。文同纹，具有象征意义的花纹图案。**五色比象，**五色，青、黄、赤、白、黑。杨伯峻："比象，谓以五色绘山、龙、华（花）、虫（泛指动物类）之象。"**昭其物也**。物，物采文章也，类也。通过车服文章可知人之身份及事之属类。**钖、鸾、和、铃，**钖音扬，鸾音栾。杜预："钖在马额，鸾在镳，和在衡，铃在旂，动皆有鸣声。"**昭其声也。三辰旂旗，昭其明也**。旂音祈。杜预："三辰，日、月、星也。画于旂旗，象天之明。"**夫德，俭而有度，登降有数**。杜预："登降谓上下尊卑。"王引之："登降犹言增减。"**文、物以纪之，**纪，纪纲之纪，此取引申义，规也。**声、明以发之，**发之，犹启、止之。如鼓以进军，金以退军；又如今之体育赛事等亦常以声和光发令。**以临照百官，百官于是乎戒惧，而不敢易纪律。**易，违也，反也。**今灭德立违，而寘其赂器于大庙，**寘同置。**以明示百官，百官象之，**象，法象，效法。**其又何诛焉？国家之败，由官邪也。官之失德，宠赂章也。**宠，贵也，崇尚也。赂，贿赂。章，明也。官之失德，由在上者明示崇尚贿赂所致。**郜鼎在庙，章孰甚焉？武王克商，迁九鼎于雒邑，**九鼎，夏所铸之九鼎。雒同洛。**义士犹或非之，**杜预："盖伯夷之属。"**而况将昭违乱之赂器于大庙，**华父督弑君乱国以郜鼎贿鲁，故曰"昭违乱之器"。**其若之何？"**若百官何。**公不听。周内史闻之曰：**周内史，周室史官。**"臧孙达其有后于鲁乎！君违不忘谏之以德。"**臧氏享禄终春秋之世。

秋七月，杞侯来朝，不敬。杞侯归，乃谋伐之。

蔡侯、郑伯会于邓，始惧楚也。楚，又名荆，芈（mǐ）姓国，熊氏。周成王时封楚之祖先熊绎为子爵，而居丹阳，至今楚武王始僭号称王，遂为江南巨无霸之国。

九月，入杞，讨不敬也。

公及戎盟于唐，修旧好也。惠公、隐公与戎皆有旧好。

冬，公至自唐，告于庙也。凡公行，告于宗庙；反行，饮至、舍爵、策勋焉，礼也。礼，公无论出行、反行皆告宗庙。反行有饮至、舍爵、策勋之礼。饮至，返国告庙后犒劳庆贺之饮酒礼。舍爵，舍，置也；爵，饮酒器，古代酒杯也。策，名词作动词用，书也。策勋即书勋。**特相会，往来称地，让事也。**特，独也。谓独与一国相会盟。杜预："二人独会则莫肯为主，两让，会事不成，故（不称会）但书地。"**自参以上，则往称地，来称会，成事也。**参同三。自三国以上会盟，必有主会盟者，故来则称会，言会事成也。公独与一国会盟，往会、来归皆称举会盟之地。如今年"公及戎盟于唐"，此往会也；返国则书"公至自唐”，往来皆称“唐”地。若公与三国以上多国会盟，则往书地，如独相会；来则书“公至自会”，而不书“公至自某地”。

初，晋穆侯之夫人姜氏以条之役生大子，命之曰仇。仇，晋文侯仇。条之役不得志，故忿而名太子曰仇。**其弟以千亩之战生，命之曰成师。**千亩之战胜，故喜而命公子曰成师。**师服曰："异哉，君之名子也！夫名以制义，**制犹执，持也。**义以出礼，**礼由义出，义为礼之本。**礼以体政，**礼为政之体，体，干也，支（肢）干之干，又引为本。**政以正民。是以政成而民听，易则生乱。**易，违也。**嘉耦曰妃，怨耦曰仇，古之命也。今君命大子曰仇，弟曰成师，始兆乱矣，**预兆祸乱。**兄其替乎！"**替，废也。

惠之二十四年，惠，鲁惠公，下同。**晋始乱，故封桓叔于曲沃，**封建桓叔为诸侯，则桓叔与翼平起平坐矣。**靖侯之孙栾宾傅之。**杨伯峻："靖侯，据孔《疏》述《晋世家》，靖侯生僖侯，僖侯生献侯，献侯生穆侯，穆侯生（文侯仇及）桓叔，则靖侯乃桓叔之高祖。栾宾为靖侯庶孙，则为桓叔之叔祖父。"**师服曰："吾闻国家之立也，本大而末小，是以能固。**谓桓叔只宜为臣子，不能为诸侯。**故天子建国，**天子封建诸侯。**诸侯立家，**诸侯立卿大夫。家，卿大夫称家。**卿寘侧室，**杜预："侧室，众子也，得立此一官。"是也。文十二年："赵有侧室曰穿。"侧室实即宗主之副贰，辅佐宗主治理宗族之事。**大夫有贰宗，**贰宗，犹副宗也。襄二十二年："国卿，君之贰也。"昭三十二年："天生季氏以贰鲁侯。"贰，副贰，陪贰也。**士有隶子弟，**杜预："士卑，自以其子弟为仆隶。"**庶人、工、商，各有分亲，**杜预："庶人无复尊卑，以亲疏为分别也。"**皆有等衰。**衰，降也，杀也。等衰，等差也，犹等级差别。**是以民服事其上，而下无觊觎。今晋，甸侯也，**杜预："诸侯而在甸服者。"**而建国，本既弱矣，其能久乎？"**

惠之三十年，晋潘父弑昭侯而纳桓叔，欲灭翼而纳桓叔为晋侯。**不克。晋人立孝侯。**晋穆侯生文侯仇及桓叔成师，文侯生昭侯，昭侯生孝侯、翼侯（即鄂侯）。

惠之四十五年，曲沃庄伯伐翼，弑孝侯。翼人立其弟鄂侯。鄂侯生哀侯。桓叔成师生庄伯。孝侯无子，晋人立其弟为翼侯。王不与翼侯，故助曲沃伐翼侯，翼侯奔随。曲沃叛王，王因不与翼侯，故不复之，而立其子哀侯于翼，事在隐公五年。其明年，晋人逆翼侯于随，因哀侯已在翼，故纳翼侯于鄂，是谓鄂侯。**哀侯侵陉庭之田。陉庭南鄙启曲沃伐翼。**陉 xíng。启，启发，开导。

桓公三年

【经】

三年春正月，公会齐侯于嬴。嬴，齐邑。

夏，齐侯、卫侯胥命于蒲。胥 xū，互也，相互。《尚书》《诗经》多有此字。蒲，卫地。

六月，公会杞侯于郕。郕，盖即郕国。

秋七月壬辰朔，初一。**日有食之，既。**既，尽也。日尽被食，日全食也。

公子翚如齐逆女。为桓公迎取夫人。

九月，齐侯送姜氏于讙。讙 huān，鲁地。

公会齐侯于讙。

夫人姜氏至自齐。

冬，齐侯使其弟年来聘。

有年。杜预：“五谷皆熟，书有年。”今谓丰收。

【传】

三年春，曲沃武公伐翼，武公，曲沃庄伯子。翼，哀侯。**次于陉庭，**次，于外某地舍宿三日及以上曰“次”。**韩万御戎，**韩，旧国名，晋于春秋前已灭之。杜预：“韩万，庄伯弟也。”食邑于韩。御，仆也，今谓司机。御戎，驾驭戎车。戎车，特指国君所乘之兵车，若国君不出战，则由元帅当此车。**梁弘为右，**右，车右也。古代兵车，甲士三人，御者在中，将帅居左，勇士在右；唯独戎车异于此制，因旗鼓在戎车之上，故国君（或元帅）在中，治旗鼓之事，御者在车左，车右居右。则此车，曲沃武公在中，韩万在左。就一般兵车而言，御者主驾驭；车左执弓主射，且指挥随军作战；车右为勇士，执长兵戈盾，负责近距离作战，且负责战车其它役使之事，如推车出陷等。**逐翼侯于汾隰，**翼侯，哀侯。隰 xí。杜注谓汾隰为汾水边。**骖絓而止。**骖，骖马，亦曰騑马。战车四马，在中两马曰服马，在两边之马曰骖马。絓，挂也，被树木等所挂碍。**夜获之，**之，翼侯。**及栾共叔。**共叔，栾宾之子，傅翼侯，与其父各事一主。

会于嬴，成昏于齐也。

夏，齐侯、卫侯胥命于蒲，不盟也。胥命，言彼此同志，无有猜心，不必盟誓来质信，则相命举事可也。

公会杞侯于讙，杞求成也。去年鲁伐杞，今求成。

秋，公子翚如齐逆女。为桓公迎取夫人。**修先君之好，故曰“公子”。**称族以示尊，且尊君命也。

齐侯送姜氏于讙，非礼也。凡公女嫁于敌国，敌国，匹敌之国，非仇敌之义。**姊妹则上卿送之，以礼于先君；**公之姊妹，则先君之女。**公子则下卿送之；**公子，男子女子通称子，此谓女公子。**于大国，虽公子亦上卿送之；于天子，则诸卿皆行，公不自送；**虽嫁女于天子，诸侯亦不亲送。**于小国，则上大夫送之。**

冬，齐仲年来聘，致夫人也。致夫人，最终交托之礼。如民间曾有风俗，女嫁当天岳父母不临婚礼，而在婚礼第二天，至婿家看闺女，完成最终交托。

芮伯万之母芮姜恶芮伯之多宠人也，故逐之，出居于魏。芮 ruì，杨伯峻“周畿内国，姬姓，尝为王朝卿士”。芮在周畿内，故《传》不书“出奔”。魏，姬姓国，闵元年为晋所灭。

桓公四年

【经】

四年春正月，公狩于郎。

夏，天王使宰渠伯纠来聘。宰，官名；渠，地名，氏也；伯，盖其行次；纠，名也。

【传】

四年春正月，公狩于郎。书，时，礼也。周正月当今公历十二月，正农闲之时，故曰礼。

夏，周宰渠伯纠来聘。父在，故名。杜预：“伯纠摄父之职出聘列国，故书名以讥之。”不可信。伯纠既为周宰，固可出聘列国，非摄父职也。杨伯峻：“其父另有官，盖父子同仕王室。”则所以书名者，用区别于其父，非讥之也。

秋，秦师侵芮，败焉，小之也。小，小看，轻视。秦，嬴姓国，伯爵。周孝王封伯益之后非子为附庸，其后代屡建功于周，至周平王时始封秦襄公为诸侯。

冬，王师、秦师围魏，执芮伯以归。杜预：“三年，芮伯出居魏，芮更立君。秦为芮所败，故以芮伯归，将欲纳之。”

桓公五年

【经】

五年春正月，甲戌、己丑，陈侯鲍卒。杨伯峻：“甲戌，上年十二月二十一日；己丑，此年正月六日。赴告之日虽不同，但皆以正月起文，故但书正月。”

夏，齐侯、郑伯如纪。

天王使仍叔之子来聘。仍叔，天子大夫。称仍叔之子，幼弱也。杜预：“讥使童子出聘。”是也。

葬陈桓公。

城祝丘。杜预：“齐、郑将袭纪故。”

秋，蔡人、卫人、陈人从王伐郑。

大雩。雩 yú，求雨之祭。

螽。螽 zhōng，蝗虫也。为灾，故书。

冬，州公如曹。州，姜姓国，都淳于，故《传》称“淳于公”。

【传】

五年春正月，甲戌、己丑，陈侯鲍卒，再赴也。再，两次曰再。**于是陈乱，文公子佗杀大子免而代之。公疾病而乱作，国人分散，故再赴。**国，国都也。国人，贵族也。国人分散，不能统一使命，导致相关之不同官员各派使者来赴丧，一者赴以甲戌，一者赴以己丑。杜预：“慎疑审事，故从赴两书。”

夏，齐侯、郑伯朝于纪，欲以袭之。纪人知之。袭，偷袭。杨伯峻谓，二大国，而连袂朝于小国，其心可知。

王夺郑伯政，郑庄公为平、桓卿士，至今桓王夺其政权。郑伯不朝。

秋，王以诸侯伐郑，郑伯御之。御，抵抗。王为中军；虢公林父将右军，林父，王卿士。蔡人、卫人属焉；周公黑肩将左军，周公黑肩，周桓公也。陈人属焉。属，从属。

郑子元请为左拒，杜预："拒，方阵。"以当蔡人、卫人；为右拒以当陈人，当，敌也，匹敌之敌。曰："陈乱，国有内乱。民莫有斗心，若先犯之，必奔。王卒顾之，顾，顾视也。杨伯峻："顾，今言照料、照顾。"必乱。蔡、卫不枝，杨伯峻："枝亦可作支，支持、支撑。"固将先奔，既而萃于王卒，可以集事。"萃，聚也。集，成也。从之。曼伯为右拒，曼伯，公子仪，庄公长子。杨伯峻于隐五年疑曼伯为子仪，是也，此又谓曼伯是公子忽，则误。祭仲足为左拒，原繁、高渠弥以中军奉公，为鱼丽之陈，陈同阵。鱼丽阵，若群鱼游而附丽之阵。先偏后伍，偏，十五乘。伍，五乘。以十五乘在前，五乘在后。伍承弥缝。"伍"在后，用弥缝"偏"之阙漏。

战于繻葛，杨伯峻谓繻葛即长葛。命二拒曰："旝动而鼓。"旝 kuài，旗属也，挥之以为号令。蔡、卫、陈皆奔，王卒乱，郑师合以攻之，王卒大败。祝聃射王中肩，王亦能军。此嘉王之勇也，王虽受箭，仍能将其军。王引之谓"亦"为"不"字之误。祝聃请从之。从，逐也。公曰："君子不欲多上人，况敢陵天子乎？苟自救也，社稷无陨，多矣。"杜预："郑于此收兵自退。"

夜，郑伯使祭足劳王，且问左右。杨伯峻："劳，慰问也。"

仍叔之子［来聘］，弱也。讥非礼。弱，幼弱。

秋，大雩，杨伯峻："雩有二，一为龙见而雩，当夏正四月，预为百谷祈雨，此常雩。常雩不书。一为旱暵之雩，此不时之雩。”**书，不时也**。谓此雩为不时之雩，非常雩，故书。此“不时”无讥意，他《经》《传》有不时之雩者皆同此。**凡祀，启蛰而郊，**启蛰相当于后世之惊蛰。蛰虫复出，于是入春耕时节，故为郊祭。杜预：“祀天南郊。”襄七年曰：“夫郊，祀后稷以祈农事也。”**龙见而雩，**龙，星宿名，苍龙也。杨伯峻：“当夏正（今农历）四月。”雩，求雨之祭。**始杀而尝，**杨伯峻：“秋气至，开始肃杀。今之夏正七月。”杜预：“嘉谷始熟，故荐尝于宗庙。”尝，尝新之祭。**闭蛰而烝**。闭蛰，昆虫蛰伏。杜预：“昆虫闭户，万物皆成，可荐者众，故烝祭宗庙。”故“烝”字有“众”之义。**过则书**。杨伯峻：“过，谓非常祭。”此“过”无讥责之意。

冬，淳于公如曹。度其国危，遂不复。

桓公六年

【经】

六年春正月，寔来。州公寔来也。寔 shì 来，《传》释之曰“不复其国也”，则寔来者，来而终不返也。杜预、杨伯峻皆训寔为实，未必信，《经》《传》既区别用之，则必有其道理。杨伯峻且谓，“寔来”与成二年、成十八年、昭三年之“实来”及昭三十年“实往”同。然成二年“鞏伯实来”，晋使鞏伯如周献捷，达命即返国；成十八年“知伯实来”，晋使知伯如鲁乞师也；昭三年“子皮实来”，郑子皮如晋贺夫人也；昭三十年“印段实往”，郑印段如周会灵王之葬也，岂有不返之礼？四者皆不足以证此。

夏四月，公会纪侯于成。杜预：“成，鲁地。”

秋八月壬午，八日。**大阅。**阅，检阅车马也。

蔡人杀陈佗。陈佗即五父。杜预：“佗立逾年不称爵者，篡立未会诸侯也。”

九月丁卯，二十四日。**子同生。**子同即鲁庄公。杜预：“（鲁）十二公唯子同是適夫人之长子，备用大子之礼，故史书之于策。”杨伯峻：“称‘子同’者，鲁国于公子，无论嫡庶，纵为储子，亦皆称子，（如）子般、子野。”

冬，纪侯来朝。

【传】

六年春，自曹来朝。此接去年《传》。**书曰“寔来”，不复其国也。**

楚武王侵随，随，姬姓国，侯爵，故城在今湖北随县南。**使薳章求成焉。**盖侵随不得志，故求成。薳（wěi）章，楚大夫。**军于瑕以待之。**军，驻军。瑕，随地。**随人使少师董成。**杨伯峻：“董犹今言主持，近代‘董事’之‘董’，正取此义。董成，主持和谈。”

斗伯比言于楚子曰：斗伯比，楚大夫，令尹子文之父。**“吾不得志于汉东也，我则使然。**汉，汉水，今汉江。则，法则，犹策略。**我张吾三军而被吾甲兵，**被同披。**以武临之，彼则惧而协以谋我，故难閒也。**协，协同，犹团结。閒，间隙，《传》閒与间常混用。汉东之国和协，故难得其间隙。杨伯峻谓閒为离间，不取。**汉东之国随为大，随张，**杜预：“张，自侈大也。”**必弃小国。**侈大者自恃无求于人。**小国离，楚之利也。少师侈，**侈，骄盈。**请羸师以张之。”**羸 léi，弱也。杨伯峻谓，藏其精锐，以疲弱示之。**熊率且比曰：**熊率且比，楚大夫。**“季梁在，何益？”**季梁，随国贤臣。**斗伯比曰：“以为后图，少师得其君。”**为长久之计，少师将得宠，得宠自用，则小国离。**王毁军而纳少师。**毁军，堕其阵容。

少师归，请追楚师。见其羸故。随侯将许之。季梁止之曰："天方授楚，授，与也。楚之羸，其诱我也，君何急焉？臣闻小之能敌大也，小道大淫。所谓道，忠于民而信于神也。上思利民，忠也；祝史正辞，信也。祝史，祝官及史官。祝官司诅祝，祭祀之祈祷；史官除掌祭祀之事，亦主文史之记载与备索，亦不乏一人兼祝、史者。正辞，不矫诬也。今民馁而君逞欲，逞欲，使私欲满足也。祝史矫举以祭，矫举，诈称功德。臣不知其可也。"不知如何是可。公曰："吾牲牷肥腯，杜预："牲，牛、羊、豕也。牷，纯色完全也。"腯 tú，壮也。粢盛丰备，粢盛 zīchéng。杜预："黍稷曰粢，在器曰盛。"何则不信？"则，法则。对曰："夫民，神之主也。杜预："言鬼神之情依民而行。"是以圣王先成民而后致力于神。成，成就。致力于神，祭祀也。故奉牲以告曰'博硕肥腯'，杜预："博，广也。硕，大也。"谓民力之普存也，谓其畜之硕大蕃滋也，蕃滋，同义词连用，犹繁茂。谓其不疾瘯蠡也，瘯蠡 cùluǒ，杜预谓皮毛疥癣之类。杨伯峻从杨树达谓，瘯借为瘦，蠡借为羸，不从。谓其备腯咸有也。备，盖谓牲用备具。奉盛以告曰'絜粢丰盛'，絜同洁。谓其三时不害而民和年丰也。三时，春、夏、秋皆农时。杨伯峻谓，三时不害即不违农时。奉酒醴以告曰'嘉栗旨酒'，上文"絜粢丰盛"，"絜""丰"为形容词，"粢""盛"为名词，则嘉栗旨酒，栗当作"榛、栗、枣、修"之栗，嘉栗酿之旨酒也。旨，美也。谓其上下皆有嘉德而无违心也。所谓馨香，无谗慝也。慝 tè，隐恶。故务其三时，务，力行某事曰务。修其五教，五教，父义、母慈、兄友、弟恭、子孝。亲其九族，杜预："九族谓外祖父、外祖母、从母子及妻父、妻母、姑之子、姊妹之子、女子之子并己之同族。"以致其禋祀。杜预："禋，洁敬也。"于是乎民和而神降之福，故动则有成。今民各有心，民各有心，民不和也。而鬼神乏主，民心离散，鬼神无所归附。君虽独丰，

其何福之有？君姑修政，而亲兄弟之国，庶免于难。”庶，庶几。**随侯惧而修政，楚不敢伐。**

夏，会于成，纪来咨谋齐难也。襄四年：“咨难为谋。”齐欲灭纪，故谋于鲁。鲁、纪姻亲之国，隐二年、七年，伯姬、叔姬先后归纪。

北戎伐齐，齐侯使乞师于郑。郑大子忽帅师救齐。郑公子忽此时已立为太子。**六月，大败戎师，获其二帅大良、少良，甲首三百，以献于齐。于是诸侯之大夫戍齐，**助齐戍守。**齐人馈之饩，**饩xì。杨伯峻：“凡馈人以食物，其熟者曰饔，其生者曰饩。饩有牛、羊、豕，黍、粱、稷、禾等。”**使鲁为其班，**致诸侯饩，必依其尊卑班次。诸侯唯鲁殷奉周礼，故使鲁为其班。**后郑。**鲁以周礼之班次列郑于后。**郑忽以其有功也，怒，故有郎之师。**郎师在十年。

公之未昏于齐也，鲁桓未娶文姜之前。**齐侯欲以文姜妻郑大子忽。大子忽辞。人问其故。大子曰：“人各有耦，**杨伯峻：“耦同偶，匹也，配也。”**齐大，非吾耦也。《诗》云：‘自求多福。’在我而已，大国何为？”**言福禄之来，贵在己之营求。虽有外力之助，终不若己之能谋，若己不能谋，虽有大国之助，福亦不集。**君子曰：“善自为谋。”**杨伯峻：“此盖美郑忽辞文姜之辞。文姜淫乱，卒使鲁桓被杀。”**及其败戎师也，齐侯又请妻之，**此时文姜已归鲁，自是以他女妻之。**固辞。人问其故。大子曰：“无事于齐，**言无奉齐事之时。**吾犹不敢。今以君命奔齐之急，而受室以归，**室，男以妻为室。**是以师昏也。**是以师图谋齐婚也。**民其谓我何？”**惧民谓己欲图齐婚，故奉师助齐，则是以公事谋私利也。**遂辞诸郑伯。**

秋，大阅，简车马也。据杜预，郑忽自恃有功于齐，怒鲁班郑于后，以诉诸齐，鲁人惧，故以非时简车马。

九月丁卯，子同生，以大子生之礼举之，接以大牢，

以大牢之礼迎接其降生。杨伯峻：“接者，谓其父接见其子。”不可信。**卜士负之，**负，古义多谓背负，成十年“负晋侯出诸厕”，昭七年“其子弗克负荷”。《小雅·蓼莪》“出入腹我”，则是抱也。此时子同显然不能背负。杨伯峻：“占卜士人之吉者使抱负此子。”**士妻食之。**食，哺乳。文姜不哺乳之。**公与文姜、宗妇命之。**宗妇，女官名，盖即同姓大夫之妇有官位者。庄二十四年《经》，“大夫、宗妇觌，用币”，大夫知“外政”，宗妇盖亦与知公家之“内政”。命，名也，命名。

公问名于申繻。对曰：“名有五，取名之道有五。**有信，有义，有象，有假，有类。以名生为信，**杜预：“如唐叔虞、鲁公子友。”**以德命为义，**杜预：“若文王名昌，武王名发。”**以类命为象，**杜预：“若孔子首象尼丘。”**取于物为假，**杨伯峻：“假借万物之名以名子，如郲昭公名杵臼，孔子名其子为鲤。”**取于父为类。**取于父之某一方面为类。杜预：“若子同生，有与父同者。”襄二十二年：“子展废良而立大叔，曰：‘请舍子明之类。’”**不以国，**不以本国之国名命名。**不以官，**不以官职命名。**不以山川，**不以本国所祀山川之名命名。**不以隐疾，**不以疾名命名。**不以畜牲，**杨伯峻：“马、牛、羊、豕、犬、鸡也。养之则为畜，用之以祭祀则为牲。”**不以器币。**据杨伯峻，器指礼器，如俎、豆、罍、彝、钟、磬之属；币，圭、璋、璧、琮、琥、璜、皮、帛等。**周人以讳事神，**神，鬼神也。**名，终将讳之。**生时不讳，既死入庙，临祭祀则讳之。终，人死曰终。**故以国则废名，**以国为名则废名。国名不可废，故废其人之名。**以官则废职，**职，官职。**以山川则废主，**主，山川神主之名。**以畜牲则废祀，**杨伯峻：“以牛、羊、豕等为人名，则不可用之为牺牲，是废祭也。”**以器币则废礼。**杨伯峻：“器币皆为行礼仪之物，以之为人名，由于避讳而不用其物，是废礼仪。”**晋以僖侯废司徒，**晋僖侯名司徒，于是晋国废司徒之官而改为中军。**宋以武公废司空，**杜预：“武公名司空，废为司城。”**先君献、武废二山，**杜预：“二山，具、敖也。鲁献公名具，武公名敖，更以其乡名山。”**是以大物不可以命。**”命，名也。**公曰：“是其生也，**是，此也，指子同。**与吾同物，**据昭七年《传》，岁、时、日、月、星、辰为六物，故“辰”亦物也。辰，时日也。同物即同日，同于某月某日生也。**命之曰同。**”

冬，纪侯来朝，请王命以求成于齐，公告不能。杜预：“纪微弱，不能自通于天子，欲因公以请王命，公无宠于王，故告不能。”

桓公七年

【经】

七年春二月己亥，二十八日。**焚咸丘。**此有二解，一者，为春耕而焚田也，即今谓之“烧荒”。二者，为田猎而焚也。据春秋之礼，二月己亥已入农时，不可田猎；不可田而田，故书之者，不时（非礼）也。咸丘，鲁地。

夏，穀伯绥来朝。穀，国名，或谓嬴姓。**邓侯吾离来朝。**邓，国名，曼姓，故城在今河南邓州市。

【传】

七年春，穀伯、邓侯来朝。名，贱之也。盖来朝不礼敬，故书名贱之。

夏，盟、向求成于郑，盟、向即隐十一年王与郑所易之邑，王不能有，故与郑易。今者盟、向亦不顺于郑，盖郑伐之而求成。**既而背之。**

秋，郑人、齐人、卫人伐盟、向。王迁盟、向之民于郏。王不能救盟、向，故迁其民于郏，而郑受其地。杜预：“郏（jiā），王城。”

冬，曲沃伯诱晋小子侯，杀之。曲沃伯，武公也。小子侯，哀侯子。

桓公八年

【经】

八年春正月己卯，十四日。**烝。**五年《传》："凡祀，启蛰而郊，龙见而雩，始杀曰尝，闭蛰而烝，过则书。"时祭若非特殊情况，不书；不时之祭，则礼当书之，但并无讥责之意。此虽不时之烝，然书之非讥也，亦如国遇大旱，不论何时，皆可行雩祭。

天王使家父来聘。家父，天子大夫。

夏五月丁丑，十三日。**烝。**

秋，伐邾。

冬十月，雨雪。雨雪即下雪，非言雨夹雪。书，天道失时令也。

祭公来，遂逆王后于纪。纪有灭国之患，求婚于王以自保，王许之，故祭公来鲁，逆王后于纪。鲁为姬姓之东诸侯，天子娶、嫁于东方，常由鲁主婚嫁之事，故曰"祭公来（鲁）"。杨伯峻谓祭公即隐元年之祭伯。

【传】

八年春，灭翼。曲沃灭翼。

随少师有宠。楚斗伯比曰："可矣。雠有衅，衅，衅端，端倪，苗头也。杜预："衅，瑕隙也。"**不可失也。"**

夏，楚子合诸侯于沈鹿。沈 chén 鹿，楚地。**黄、随不会。**黄，国名，嬴姓。楚子明知随不顺己，故合诸侯，欲待随不会，而为借口以伐之。**使薳章让黄。**让，责让。**楚子伐随，军于汉、淮之间。**

季梁请下之，下，屈下求平。**弗许而后战，所以怒我而怠寇也。少师谓随侯曰："必速战。不然，将失楚师。"**少师因六年未得教训楚师，惧情况有变，再次失去打击楚师的机会，故请速战。**随侯御之。望楚师，**遥望楚师。**季梁曰："楚人上左，**楚国之编制，为左、中、右三军，中军为主力，盖此次仅出动左、右二军；随小国，充其量则不过二军。老子曰："吉事尚左，凶事尚右。偏将军居左，上将军居右。言以丧礼处之。"中原国家之制，除中军之外，即以右军为上，左军为下，而楚国则相反，以左军为上，右军为下。**君必左，无与王遇。且攻其右，右无良焉，必败。**两国交战之常例，主力对主力，偏师对偏师，则楚之左军当敌随之右军。季梁欲使随侯暗中将主力和偏师对调，使左军为主力而执右军旗号，攻楚之偏师，以己之良先攻彼之弱。**偏败，众乃携矣。"**携，离也。楚之偏师败，其左军必摇心而携离。**少师曰："不当王，非敌也。"**敌，匹敌也。谓不当楚王，虽胜之，非曰能敌也。少师意谓避强攻弱，虽战胜，亦不足为雄。**弗从。**不从季梁。**战于速杞，**速杞，随地。**随师败绩。随侯逸，**逸，逃逸。**斗丹获其戎车，**斗丹，楚大夫。戎车，随侯之战车。**与其戎右少师。**少师为随侯车右，被获。

秋，随及楚平。随战败求平，乃及楚平。此句终言平事，下文述其经过。**楚子将不许，斗伯比曰："天去其疾矣，**战败、少师被获，随侯必惧思，所谓"去疾"。**随未可克也。"乃盟而还。**

冬，王命虢仲立晋哀侯之弟缗于晋。虢仲，王卿士虢公林父。

祭公来，遂逆王后于纪，礼也。

桓公九年

【经】

九年春，纪季姜归于京师。纪季姜，桓王后也。季，其在姊妹之排行；姜，姓。

夏四月。

秋七月。

冬，曹伯使其世子射姑来朝。世子，太子。杜预："曹伯有疾，故使其子来朝。"

【传】

九年春，纪季姜归于京师。凡诸侯之女行，《诗》云"女子有行"，行即出嫁。**唯王后书。**除鲁国女嫁于诸侯及诸侯女嫁于周室为王后者书，外皆不书。

巴子使韩服告于楚，请与邓为好。私请不得，故请楚国撮合己与邓和好。巴子，姬姓国，子盖其爵。**楚子使道朔将巴客以聘于邓。**将，率也。巴客，巴行人韩服。**邓南鄙鄾人攻而夺之币，**鄾音优，邓边鄙。币，聘币。**杀道朔及巴行人。楚子使薳章让于邓，**让，责让。**邓人弗受。**不接受楚之责让。

夏，楚使斗廉帅师及巴师围鄾。斗廉，楚大夫。**邓养甥、聃甥帅师救鄾。**养甥、聃甥皆邓大夫。聃 nān。**三逐巴师，**逐，驱逐。**不克。斗廉衡陈其师于巴师之中，以战，而北。**衡同横。北，败北。此诱敌之计。**邓人逐之，背巴师；而夹攻之。**巴师为两部，斗廉横阵楚师于其中，与二甥战而伪败逃，二甥越过巴师之间追斗廉。巴师不动，待其追出之后，斗廉遂返师与巴师前后夹攻之。**邓师大败，鄾人宵溃。**

秋，虢仲、芮伯、梁伯、荀侯、贾伯伐曲沃。为晋讨。梁，嬴姓国，与秦交界。荀，姬姓国。贾，姬姓国。

冬，曹大子来朝，宾之以上卿，杨伯峻："以其本国上卿之礼接待之。"**礼也。享曹大子，初献，**杜预："酒始献。"**乐奏而叹。施父曰：**杜预："施父，鲁大夫。"**"曹大子其有忧乎！非叹所也。"**当宴乐而忧叹，故曰非所。

桓公十年

【经】

十年春王正月庚申，六日。**曹伯终生卒。**此所以曹太子当享而叹。

夏五月，葬曹桓公。

秋，公会卫侯于桃丘，弗遇。公与卫侯既有会期，卫侯又受齐、郑之请将欲伐鲁，故及期而不来会，公如会而不遇卫侯。

冬十有二月丙午，二十七日。**齐侯、卫侯、郑伯来战于郎。**

【传】

十年春，曹桓公卒。

虢仲谮其大夫詹父于王。詹父有辞，以王师伐虢。虢仲，虢公林父。谮，诬陷。有辞，今言有理。

夏，虢公出奔虞。虞，姬姓国，始封君为虞仲，古公亶父之子仲雍之曾孙。

秋，秦人纳芮伯万于芮。四年，秦人执万以归，今纳之于芮。

初，虞叔有玉，虞叔，虞公母弟。**虞公求旃。**旃，之焉合音字。**弗献。既而悔之，曰："周谚有之：'匹夫无罪，怀璧其罪。'吾焉用此？其以贾害也。"**贾，买也。**乃献。又求其宝剑。叔曰："是无厌也。**厌，足，满足。**无厌，将及我。"**及，祸及。**遂伐虞公。故虞公出奔共池。**

冬，齐、卫、郑来战于郎，我有辞也。言我以周班后郑，我无咎；彼来战，是彼之过，故不书"侵""伐"，而曰"来战"。

初，北戎病齐，病，患也。言北戎为齐患。**诸侯救之。郑公子忽有功焉。齐人饩诸侯，**饩，动词，致饩也。**使鲁次之。**使鲁列所戍诸侯之尊卑次序。**鲁以周班后郑。**以周室之礼，郑为伯爵，礼当班在后。**郑人怒，请师于齐。齐人以卫师助之。故不称侵伐。**《书·大禹谟》："奉辞伐罪。"哀二十三年："以辞伐罪足矣。"《周易·谦》："不富以其邻，利用侵伐。"故侵伐者，讨罪之辞也，我既无罪，故不书侵伐，而曰"来战"。**先书齐、卫，王爵也。**王爵即周班，周室之班爵次序。此战郑虽主兵，仍以周班先书齐、卫。

桓公十一年

【经】

十有一年春正月，齐人、卫人、郑人盟于恶曹。盖恶曹为宋地，故《传》载宋公与会而《经》不书。

夏五月癸未，七日。**郑伯寤生卒。**郑庄公也。

秋七月，葬郑庄公。

九月，宋人执郑祭仲。突归于郑。祭仲为郑庄公党而奉戴太子忽。公子突娶宋大夫女，宋人欲立突，故执祭仲。突，子元，郑厉公也。**郑忽出奔卫。**

柔会宋公、陈侯、蔡叔盟于折。杜预："柔，鲁大夫未赐族者。"张应昌谓蔡叔即蔡侯母弟，可信。

公会宋公于夫钟。杜预："夫钟，郕地。"

冬十有二月，公会宋公于阚。阚 kàn，鲁地。

【传】

十一年春，齐、卫、郑、宋盟于恶曹。

楚屈瑕将盟贰、轸。贰、轸皆国名。**郧人军于蒲骚，**郧，国名。蒲骚，郧邑。**将与随、绞、州、蓼伐楚师。**欲待楚师之过也而伐之。绞、州、蓼皆国名。**莫敖患之。斗廉曰："郧人军其郊，必不诫，**自恃有备，将放松警惕。**且日虞四邑之至也。**虞，冀也，料也。杜预："度也。"四邑，杜预："随、绞、州、蓼也。邑亦国也。"《周易·谦》"利用行师，征邑国"，邑国连言。小国可贬称邑，大邑可褒称国，昭十二年楚子称陈、蔡、二不羹四邑为"四国"；于外交辞令，诸侯亦常自称"敝邑"。"国""邑"详参隐元年注。**君次于郊郢，以御四邑，**阻断郧之援师。郢 yíng。**我以锐师宵加于郧，郧有虞心而恃其城，**虞心，冀四国援救之心。**莫有斗志。若败郧师，四邑必离。"莫敖曰："盍请济师于王？"**盍，何不也。济，益也。**对曰："师克在和，不在众。商、周之不敌，**敌，匹敌。商众周寡。**君之所闻也。成军以出，**成军，又言成师，军队已尽任命部署妥当。**又何济焉？"莫敖曰："卜之！"对曰："卜以决疑，不疑何卜？"遂败郧师于蒲骚，卒盟而还。**卒盟贰、轸而还。

郑昭公之败北戎也，在六年。昭公，太子忽。**齐人将妻之，**

昭公辞。祭仲曰："必取之。君多内宠，君，郑庄公。内宠，嬖妾也。子无大援，将不立。三公子皆君也。"谓子仪、子突、子亹皆国君之人选。太子忽本非適子，故三公子皆有争立之心。弗从。

夏，郑庄公卒。

初，祭封人仲足有宠于庄公，庄公使为卿。为公娶邓曼，生昭公，故祭仲立之。宋雍氏女于郑庄公，女，名词作动词用，嫁女也。曰雍姞，雍，氏也；姞，姓也。生厉公。雍氏宗有宠于宋庄公，宗，族也。故诱祭仲而执之，曰："不立突，将死。"亦执厉公而求赂焉。祭仲与宋人盟，以厉公归而立之。

秋九月丁亥，十三日。昭公奔卫。己亥，二十五日。厉公立。

桓公十二年

【经】

十有二年春正月。

夏六月壬寅，初二。公会杞侯、莒子盟于曲池。曲池，鲁地。

秋七月丁亥，十七日。公会宋公、燕人盟于谷丘。杨伯峻："燕，南燕。燕人疑系燕君。谷丘，宋邑。"

八月壬辰，陈侯跃卒。跃，厉公。

公会宋公于虚。虚，宋地。

冬十有一月，公会宋公于龟。龟，宋地。

丙戌，十八日。公会郑伯，盟于武父。武父，郑地。

丙戌，卫侯晋卒。晋，宣公。

十有二月，及郑师伐宋。丁未，十日。战于宋。

【传】

十二年夏，盟于曲池，平杞、莒也。杜预："隐四年，莒人伐杞，自是遂不平。"

公欲平宋、郑。宋为立厉公故，多求赂于郑，郑不堪其求，故宋、郑不和。秋，公及宋公盟于句渎之丘。句音勾。句渎之丘，即谷丘。宋成未可知也，故又会于虚。冬，又会于龟。宋公辞平，故与郑伯盟于武父。遂帅师而伐宋，战焉，宋无信也。

君子曰："苟信不继，盟无益也。《诗》云：'君子屡盟，乱是用长。'昭三年："不协而盟。"成十一年："齐盟，所以质信也。"无信也。"

楚伐绞，军其南门。莫敖屈瑕曰："绞小而轻，轻，轻佻不庄重。轻则寡谋，寡，鲜少，犹乏也。请无扞采樵者以诱之。"扞，捍之古字。师出，于采樵之役徒亦设护卫，今者，使役徒采樵而不设护卫，以诱绞人。从之。绞人获三十人。明日，绞人争出，易之也。驱楚役徒于山中。役徒，樵者。楚人坐其北门，而覆诸山下。坐，坐而待之也。杜预："坐，犹守也。"此句可读作"楚人覆诸山下，而坐其北门"，则其意自明矣。绞人驱楚役徒，楚役徒必逃奔而诱之至山下伏兵处。绞人遇楚伏兵，必奔走北门以求入（因楚大军在南门故），则又遭北门之楚师。大败之，为城下之盟而还。城下之盟，大耻辱也。

伐绞之役，楚师分涉于彭。分涉，分师而涉。罗人欲伐之，使伯嘉谍之，三巡数之。谍，间谍，此名词作动词用，侦察也。杜预："巡，遍也。"数，数楚军师数。

桓公十三年

【经】

十有三年春二月，公会纪侯、郑伯。不书会所。己巳，三日。及齐侯、宋公、卫侯、燕人战。不书战所。齐师、宋师、卫师、燕师败绩。

三月，葬卫宣公。

夏，大水。

秋七月。

冬十月。

【传】

十三年春，楚屈瑕伐罗，斗伯比送之。还，谓其御曰："莫敖必败。举趾高，心不固矣。"遂见楚子曰："必济师。"杜预："难言屈瑕将败，故以益师讽谏。"楚子辞焉。入告夫人邓曼。邓曼曰："大夫其非众之谓，杨伯峻："其非众之谓为倒装句，其非谓众。"言大夫之意并不在于益师。其谓君抚小民以信，训诸司以德，而威莫敖以刑也。莫敖狃于蒲骚之役，狃，习也，因袭。将自用也，必小罗。小，轻视，小看。君若不镇抚，其不设备乎！夫固谓君训众而好镇抚之，召诸司而劝之以令德，令，善也。见莫敖而告诸天之不假易也。诸，之于。假，借也。假有二义：一、借于，如"晋假羽毛于郑"，"晋假羽毛于齐"等。二、借与，如僖二十八年："天假之年。"昭十一年："天之假助不善，非胙之也。”昭二十年：“子假吾名焉，故不吾远也。”此文取后义。杜预：“言天不借贷慢易之人。”是也。易，本义为轻易，容易，此谓遇事而易之者。**不然，夫岂不知楚师之尽行也？”楚子使赖人追之，**赖，国名。**不及。**

莫敖使徇于师曰：杜预：“徇，宣令也。”**“谏者有刑。”及鄢，乱次以济。**鄢，水名。次，行列也。济，过渡也。**遂无次，**无次，失行列，不整也。**且不设备。**设，布置。**及罗，罗与卢戎两军之，**杜预：“卢戎，南蛮。”军，名词作动词用，攻击也。**大败之。莫敖缢于荒谷，**缢，今曰上吊。荒谷，楚地。**群帅囚于冶父以听刑。**冶父，楚地。听刑，听受处治。**楚子曰：“孤之罪也。”皆免之。**

宋多责赂于郑，责，责求。宋以立厉公故，求赂无厌。**郑不堪命。故以纪、鲁及齐与宋、卫、燕战。**以纪、鲁与齐、宋、卫、燕战。**不书所战，后也。**不书所战，不书战所也。诸侯为会，必有会期，公（鲁师）后会期至，已巳，始与郑、纪及齐、宋、卫、燕战，故不书所战之地。

郑人来请修好。为援师故。修，修固也。

桓公十四年

【经】

十有四年春正月，公会郑伯于曹。杜预：“修十二年武父之好，以曹地，曹与会。”

无冰。古有藏冰之礼，时天当寒而温，故无冰可取。书，时失也。

夏五，杜预：“不书月，阙文。”**郑伯使其弟语来盟。**郑伯，厉公。弟，母弟。

秋八月壬申，十五日。**御廪灾。**杜预：“御廪，公所亲耕以奉粢盛之仓也。”宣十六年：“凡火，人火曰火，天火曰灾。”杨伯峻：“不知起因之火，无以归之，归之于天而已。”

乙亥，十八日。**尝。**尝，尝新之祭。

冬十有二月丁巳，二日。**齐侯禄父卒。**

宋人以齐人、蔡人、卫人、陈人伐郑。

【传】

十四年春，会于曹。曹人致饩，杜预：“熟曰饔，生曰饩。”**礼也。**地主致饩，礼也。

夏，郑子人来寻盟，杜预：“子人即弟语也，其后为子人氏。”**且修曹之会。**

秋八月壬申，御廪灾。乙亥，尝。书，不害也。杜预：“灾其屋，救之则息，不及谷，故曰书不害。”杨伯峻以“凡物不为灾不书”驳之，且解不害为不惧、不患，言“不以御廪之火灾为惧也”。杜注善，御廪受灾，虽不及谷，书之亦情理也。

冬，宋人以诸侯伐郑，报宋之战也。宋之战在十二年。**焚渠门，**渠门，郑城门。**入，及大逵。**入谓入郑国都。逵，九达曰逵。杜预：“逵，道方九轨。”**伐东郊，取牛首。**牛首，郑邑。**以大宫之椽归，为卢门之椽。**大宫，郑祖庙。卢门，宋城门。椽 chuán，杨伯峻：“今谓之椽子，木条用以支持房顶而托灰与瓦者，总名为榱，其圆者名椽，方者名桷。”又据章炳麟之义，椽盖为门栓。

桓公十五年

【经】

十有五年春二月，天王使家父来求车。天王，桓王。家父，桓王大夫。

三月乙未，十一日。**天王崩。**子庄王佗立。

夏四月己巳，十五日。**葬齐僖公。**

五月，郑伯突出奔蔡。据杜预，书名，罪之也。

郑世子忽复归于郑。世子忽即郑昭公。桓十一年，郑庄公卒，突归于郑，忽遂出奔，不得称君，故称世子。

许叔入于许。许叔，庄公弟许穆公新臣也。入，入主社稷。许，谓国都也。郑庄公卒，郑以争国故，不能控制许国，故许叔入于许。

公会齐侯于艾。

邾人、牟人、葛人来朝。杨伯峻："三国皆其君来朝，以国小，故称人。葛，嬴姓国。"

秋九月，郑伯突入于栎。栎 lì，郑国之大都。

冬十有一月，公会宋公、卫侯、陈侯于袲，袲 chǐ，宋地。**伐郑。**厉公突与昭公忽争国，诸侯奉戴厉公，故伐郑助厉公。

【传】

十五年春，天王使家父来求车，非礼也。诸侯不贡车、服，杜预："车服，上之所以赐下。"**天子不私求财。**杜预："诸侯有常职贡。"

祭仲专，专，专权，专断，今谓独断专行。**郑伯患之，**郑伯，厉公。**使其婿雍纠杀之。**雍纠，郑大夫，厉公党，祭仲之女婿。**将享诸郊。雍姬知之，**雍姬，祭仲女，雍纠妻；雍，其夫之氏。据下文“谋及妇人”，则此“知”为“与知”之“知”，言插手、过问此事。盖雍纠曾以此事知问雍姬。**谓其母曰：“父与夫孰亲？”**雍姬纠结于“出嫁从夫”之礼，故请于其母。**其母曰：“人尽夫也，父一而已，胡可比也？”**言男人皆可为丈夫，父亲只有一个，夫不足以与父比。**遂告祭仲曰：“雍氏舍其室而将享子于郊，吾惑之，以告。”**讳礼，故以暗语告。**祭仲杀雍纠，尸诸周氏之汪。**尸，陈尸。汪，池也。**公载以出，**杜预：“愍其见杀，故载其尸共出国。”出，出国都。**曰：“谋及妇人，宜其死也。”**谋及妇人，言与妇人谋议。**夏，厉公出奔蔡。**

六月乙亥，二十二日。**昭公入。**

许叔入于许。

公会齐侯于艾，谋定许也。

秋，郑伯因栎人杀檀伯，而遂居栎。檀伯，守栎大夫。昭十一年：“郑庄公城栎而寘子元焉，使昭公不立。”知栎本厉公旧邑，故能因栎人杀檀伯而居栎。

冬，会于袲，谋伐郑，将纳厉公也。诸侯不与昭公，故谋伐之，用纳厉公。**弗克而还。**

桓公十六年

【经】

十有六年春正月，公会宋公、蔡侯、卫侯于曹。杜预：“卫序蔡下，盖后至。”

夏四月，公会宋公、卫侯、陈侯、蔡侯伐郑。

秋七月，公至自伐郑。

冬，城向。向即隐二年之向国，之后为莒所灭，又不知何时成为鲁邑。

十有一月，卫侯朔出奔齐。朔，卫惠公。

【传】

十六年春正月，会于曹，谋伐郑也。杜预：“前（去）年冬谋纳厉公不克，故复更谋。”杨伯峻：“曹未出师，似未与会。”

夏，伐郑。

秋七月，公至自伐郑，以饮至之礼也。饮至之礼亦取决于出行之功过，若出行无功而有过，则不行饮至之礼。

冬，城向。书，时也。三务既成，而举兴作之事，故曰时。

初，卫宣公烝于夷姜，生急子，杜预：“夷姜，宣公之庶母也。上淫曰烝。”**属诸右公子。**属者，谓以弱者属强者，而使强者奉保弱者。**为之娶于齐，而美，公取之，生寿及朔，属寿于左公子。夷姜缢。宣姜与公子朔构急子。**宣姜本是宣公为急子所娶之妻，宣公见其美，遂自占有之，故曰宣姜。构，谗陷构害。**公使诸齐，使**

盗待诸莘，莘 shēn，卫地。**将杀之。寿子告之，使行。**行，逃亡。**不可，曰："弃父之命，恶用子矣？**恶 wù，何也。襄二十八年："恶识宗？"昭十六年："恶识国？"哀七年："恶贤而逆之？"哀十一年："恶贤？"**有无父之国则可也。"及行，**行，使齐。**饮以酒，寿子载其旌以先，盗杀之。急子至，曰："我之求也，此何罪？请杀我乎！"又杀之。**卫人哀之，为赋《二子乘舟》之诗。**二公子故怨惠公。**二公子，右公子、左公子。惠公，寿子母弟朔。

十一月，左公子泄、右公子职立公子黔牟。黔牟，群公子。**惠公奔齐。**

桓公十七年

【经】

十有七年春正月丙辰，十三日。**公会齐侯、纪侯盟于黄。**黄，齐地。

二月丙午，公会邾仪父，盟于趡。杜预："趡（cuí），鲁地。称字，义与蔑盟同。"

夏五月丙午，五日。**及齐师战于奚。**奚，鲁地。

六月丁丑，六日。**蔡侯封人卒。**

秋八月，蔡季自陈归于蔡。

癸巳，二十三日。**葬蔡桓侯。**

及宋人、卫人伐邾。

冬十月朔，初一。**日有食之。**

【传】

十七年春，盟于黄，平齐、纪，且谋卫故也。杜预："齐欲灭纪，卫逐其君。"

及邾仪父盟于趡，寻蔑之盟也。蔑盟在隐元年。

夏，及齐师战于奚，疆事也。边界冲突。**于是齐人侵鲁疆，**于是，于是时也。**疆吏来告，公曰："疆埸之事，**埸 yì，边境，边界。**慎守其一，**杨伯峻："其一者，本国境界。"**而备其不虞。**虞，测，料，察，度也。**姑尽所备焉。事至而战，又何谒焉？"**谒 yè，告也。

蔡桓侯卒。蔡人召蔡季于陈。

秋，蔡季自陈归于蔡，蔡人嘉之也。杜预："嘉之，故以字告。"

伐邾，宋志也。鲁背趡盟而伐邾，屈从宋志也。

冬十月朔，日有食之。不书日，官失之也。天子有日官，诸侯有日御。杜预："日官、日御，典历数者。"**日官居卿以厎日，礼也。**厎 zhǐ，致也，授也。厎日，颁布历法。杜预："厎，平也。谓平历数。"误。日官唯颁授历法时居卿位，常时观察日月之动以平历数，则居己之官位，若以杜注，则是以日官为卿。厎与下句"授"同义。**日御不失日，以授百官于朝。**杜预："日官平历，以班诸侯，诸侯奉之，不失天时，以授百官。"然此文"不书日，官失之也"，当仅指鲁之日御。

初，郑伯将以高渠弥为卿，郑伯，庄公。**昭公恶之，**昭公，忽。**固谏，不听。昭公立，惧其杀己也。辛卯，**十月二十二日。**弑昭公，而立公子亹。**公子亹 wěi，昭公弟。

君子谓昭公知所恶矣。知恶之所以为恶。昭公以高渠弥为人不善而谏阻之，高渠弥竟以此弑昭公，是其果然恶也，故曰"昭公知所恶"。**公子达曰：**杜预："公子达，鲁大夫。"**"高伯其为戮乎！复恶已甚矣。"**复，报复。已，太也。

桓公十八年

【经】

十有八年春王正月，公会齐侯于泺。泺 luò，水名。**公与夫人姜氏遂如齐。**杜预："公本与夫人俱行，至泺，公与齐侯行会礼，故先书会泺，既会而相随至齐，故曰遂。"

夏四月丙子，十日。**公薨于齐。**杜预："不言戕，讳之也。戕例在宣十八年。"

丁酉，五月一日。**公之丧至自齐。**告庙也。

秋七月。

冬十有二月己丑，二十七日。**葬我君桓公。**缓葬，国难故。

【传】

十八年春，公将有行，遂与姜氏如齐。《传》例常有以段首句为段之"经"者，下文始述其事之原委。**申繻曰：**申繻，鲁大夫。**"女有家，男有室，无相渎也，**女以夫为家，男以妇为室，此家、室之本义。杜预"女安夫之家，夫安妻之室"，则本文之意。渎，亵渎。**谓之有礼。**公以文姜如齐，本身即违礼，况文姜与齐侯之情，诸侯多有传闻，故申繻以违礼谏公。**易此，**易，违反也。**必败。"**

公会齐侯于泺，遂及文姜如齐。齐侯通焉。齐侯与文姜通奸。**公谪之。**谪，责也，谴也。**以告。**文姜告齐侯。

夏四月丙子，享公。使公子彭生乘公，公薨于车。乘，以车载公。彭生戕公于车中。

鲁人告于齐曰：“寡君畏君之威，不敢宁居，来修旧好，礼成而不反，无所归咎，咎，罪也。**恶于诸侯。**若罪无所归，鲁将以齐戕桓公告诸侯，齐之恶将播于诸侯。**请以彭生除之。”齐人杀彭生。**

秋，齐侯师于首止，首止，卫地，近于郑。**子亹会之，**子亹，高渠弥所立郑君。**高渠弥相。**相，辅相。**七月戊戌，**三日。**齐人杀子亹而轘高渠弥，**轘 huàn，车裂之刑。**祭仲逆郑子于陈而立之。**郑子，曼伯，子仪也。**是行也，祭仲知之，故称疾不往。人曰：“祭仲以知免。”**知同智。**仲曰：“信也。”**信也，今谓确实如此。

周公欲弑庄王而立王子克。庄王立于十五年。王子克，桓王子，庄王弟子仪。**辛伯告王，**辛伯，周大夫。**遂与王杀周公黑肩。王子克奔燕。**燕，南燕。

初，子仪有宠于桓王，桓王属诸周公。辛伯谏曰：“并后、杜预：“妾如后。”**匹嫡、**杜预：“庶如嫡。”**两政、**秉国政者二人。礼，上卿知国政，仅设一人。杨伯峻：“朝庭之臣执宰相之权者二人。”**耦国，**杜预：“都如国。”**乱之本也。”周公弗从，故及。**及，及于难。

庄公

庄公名同，桓公子，母文姜。

庄公元年

【经】

元年春王正月。

三月，夫人孙于齐。夫人，庄公母文姜也。孙同逊。杜预："鲁人责之，故出奔，内讳奔，谓之孙，犹孙让而去。"

夏，单伯送王姬。杜预："单（shàn）伯，天子卿也。单，采地；伯，爵也。王将嫁女于齐，既命鲁为主，故单伯送女（至鲁），不称使也。王姬不称字，以王为尊，且别于内女（鲁女）也。天子嫁女于诸侯，使同姓诸侯主之，不亲昏，尊卑不敌（匹敌）。"

秋，筑王姬之馆于外。据杜预，筑馆于外，鲁丧故。

冬十月乙亥，十七日。**陈侯林卒。**陈庄公也。

王使荣叔来锡桓公命。杜预："荣叔，周大夫。荣，氏；叔，字。锡，赐也。追命桓公，褒称其德，若昭七年王追命卫襄之比。"杨伯峻："春秋之世，周天子赐诸侯命，有在即位时赐之者；有即位后八年始赐之者；

于齐灵公，则天子将婚于齐乃赐之；于鲁桓公、卫襄公则既葬乃赐之。”

王姬归于齐。自鲁归齐。

齐师迁纪郱、鄑、郚。郱 Píng，鄑 zī，郚 wú。杨伯峻：“郱、鄑、郚为纪国邑名，齐欲灭纪，故迁徙其民而夺取其地。”

【传】

元年春，不称即位，文姜出故也。旧说谓桓公卒后，文姜惧不敢归，因留齐，以此解“出”字，不从，笔者疑此“出”当作出奔之出解。桓十八年，文姜从公如齐者，不可谓出奔，盖文姜曾随丧归，惧祸，旋即出奔；归不书者，讳之也，讳国恶礼也。

三月，夫人孙于齐。庄公立而母不在，盖国人降心召文姜，比文姜之复也，国人始知不能释憾，文姜再出奔。文姜在正月至三月间必归鲁，不书，讳之也。**不称姜氏，绝不为亲，礼也**。《经》所以书“夫人孙”，而不书“夫人姜氏孙”。绝亲，指断绝与齐之姻亲关系，非指断绝母子之亲，《经》既书“夫人（孙）”，是仍视之为国母也。僖公元年，齐人杀哀姜（鲁庄夫人）于夷，以归，《经》书“夫人氏之丧至自齐”。书“夫人氏”而不书“夫人姜氏”，与此例同。文十二年《经》书“子叔姬卒”，而不书“杞叔姬卒”；文十四、十五年《经》“齐人执子叔姬”，“齐人来归子叔姬”，不书“齐叔姬”，皆绝婚之例。前者外女嫁于鲁，后者鲁女嫁于外，然皆因绝婚而不称“氏”或“国”。僖三年：“公怒，归之，未之绝也。蔡人嫁之。”文十二年：“请绝叔姬而无绝昏。”故婚姻可绝，母子不可绝。

秋，筑王姬之馆于外。为外，礼也。杜预：“丧制未阕，故异其礼，得礼之变。”杨伯峻：“王姬非鲁女，故云外。意谓为外女礼当筑室于城外也。”不从。周非止一次经鲁嫁女于齐，皆不书筑馆于外，而独于桓公之丧时，嫁女书筑馆于外，故杨说不可信。

庄公二年

【经】

二年春王二月，葬陈庄公。

夏，公子庆父帅师伐於馀丘。於馀丘，国名。庆父，庄公母弟。杜预认为，庄公时年十五，若庆父为庄公弟则小于十五岁，不可帅师，故谓庆父为庄公庶兄。可备一说，然不可必信。襄九年："（襄公）十二年矣！是谓一终，一星终也。国君十五而生子。冠而生子，礼也，君可以冠矣！"哀十一年："樊迟（须）为右，季孙曰：'须也弱。'有子曰：'就用命焉！'"又"公为与其嬖僮（童）汪锜乘，皆死"。成二年："蔡景公为左，许灵公为右，二君弱，皆强冠之。"则蔡、许之君似未及十二岁。古人寿命短，且生子孙，自幼习文、武以备军国大事，故少涉大事未尝不可，且於馀丘，蕞尔国也，鲁或因此以为庆父堪其事而任之。

秋七月，齐王姬卒。鲁主其婚嫁，自鲁归齐，比之若鲁女，故书其卒。

冬十有二月，夫人姜氏会齐侯于禚。杜预："夫人行不以礼，故还皆不书，不告庙也。禚（zhuó），齐地。"

乙酉，四日。**宋公冯卒。**

【传】

二年冬，夫人姜氏会齐侯于禚。书，奸也。杨伯峻："书奸也者，杜预以为意出自夫人；七年《传》云：'文姜会齐侯于防，齐志也。'齐志者，杜预以为意出自齐侯。"

庄公三年

【经】

三年春王正月，溺会齐师伐卫。杜预：“溺，鲁大夫。疾其专命而行，故去氏。”

夏四月，葬宋庄公。

五月，葬桓王。

秋，纪季以酅入于齐。纪季，纪侯弟。酅 huī，纪邑。杜预：“齐欲灭纪，故季以邑入齐为附庸，先祀不废，社稷有奉，故书字贵之。”

冬，公次于滑。滑，郑地。

【传】

三年春，溺会齐师伐卫，疾之也。

夏五月，葬桓王，缓也。杜预：“以桓十五年三月崩，七年乃葬，故曰缓。”

秋，纪季以酅入于齐，纪于是乎始判。杨伯峻：“判，分也。纪分为二，纪侯居纪，纪季以酅入齐而为附庸。”

冬，公次于滑，将会郑伯，谋纪故也。郑伯辞以难。郑伯，子仪也。厉公在栎，谋复辟，此子仪之患也。**凡师，一宿为舍，再宿为信，过信为次。**舍，古时行军制度，一般情况以三十里为一日之行程，则止军宿营。一宿当一舍，故亦曰舍；若因故不行而于原地宿二日，则曰信于其地；若于某地宿三日及以上，或五日、七日等皆曰“次”。杨伯峻：“《传》以师出释《经》之次字，其实不必师出，凡出过三宿俱可为之次。”

是也，如庄三十二年：“子般即位，次于党氏。”僖三十三年：“秦伯素服郊次。”此例尚多，不详举。不单“次”，于“信”、“舍”亦然。

庄公四年

【经】

四年春王二月，夫人姜氏享齐侯于祝丘。书，非礼。祝丘，鲁地。

三月，纪伯姬卒。杜预：“隐二年裂繻所逆者。内女（鲁女）唯诸侯夫人卒、葬皆书。”

夏，齐侯、陈侯、郑伯遇于垂。郑伯，子仪也。由此知子仪既列诸侯矣，于十四年被弑，然郑人不称之为君。

纪侯大去其国。杜预：“以国与季，季奉社稷，故不言灭，不见迫逐，故不言奔。大去者，不反之谓。”

六月乙丑，二十三日。**齐侯葬纪伯姬**。杜预谓，纪季以酅入齐，纪侯大去其国，齐侯加礼初附，以崇厚义，故摄伯姬之丧。

秋七月。

冬，公及齐人狩于禚。杨伯峻从《公羊》、《谷梁》，谓齐人为齐侯，可信。

【传】

四年春，王三月，周三月即今农历一月。**楚武王荆尸，**杜预谓荆尸为阵名，非也。据宣十二年随武子曰：“（楚）昔岁入陈（在宣十一年冬十月），今兹入郑（宣十二年春），民不罢劳……荆尸而举，商农工贾不败其业，事不奸矣……政成、事时（以荆尸出师为事时）、典从、礼顺。”则入陈（冬十月）、入郑（春），皆在荆尸之内。且据随武子之言，中原国家亦称“荆尸”，荆尸非楚语。杨伯峻认为荆尸为楚历正月，则不能解释宣十一年入陈之事，然胜于杜注。笔者认为荆尸为时间名词，大致当荆条之落叶期。**授师孑焉，**孑，戟也。**以伐随。**此总言伐随事，下文始述事之始末。**将齐，**齐同斋（齋），斋戒。此授兵前事。戎事必祭庙，且授兵亦于太庙，故先斋戒。**入告夫人邓曼，曰：“余心荡。”**觉心脏晃荡。**邓曼叹曰：“王禄尽矣！盈而荡，天之道也。**盈为物之极，难以保持，故荡。**先君其知之矣，故临武事，将发大命，**大命，征伐之命。**而荡王心焉。若师徒无亏，王薨于行，国之福也。”王遂行，卒于樠木之下。**樠音瞒，又音朗。木，树也。**令尹斗祁、莫敖屈重除道、梁溠，**杨伯峻：“令尹，楚官名，相当后世之宰相。”除道，开辟道路。梁，桥也，此名作动用，架桥也。溠 zhà，水名。**营军临随。**杨伯峻：“营，动词，营军，为军队筑营垒也。楚武王新薨，军欲速退，而秘不发丧，开道筑桥，建筑营垒，佯示敌人以久战之计，促使敌人不战而降，此应变之方。”**随人惧，行成。**行成，使行人求和。**莫敖以王命入盟随侯，**以王命，假王命也，伪以王命。**且请为会于汉汭而还。**汭 ruì，水曲曰汭。**济汉而后发丧。**济汉，楚师济汉。

纪侯不能下齐，以与纪季。杜预：“不能降屈事齐，尽以国与季，明季不叛。”**夏，纪侯大去其国，违齐难也。**违，避也。

庄公五年

【经】

五年春王正月。

夏，夫人姜氏如齐师。杜预："书奸。"

秋，郳犁来来朝。郳ní。杨伯峻：郳为附庸国，犁来，郳君之名。后，周室封郳为小邾子，故郳与小邾一地二名。

冬，公会齐人、宋人、陈人、蔡人伐卫。伐黔牟，纳惠公。

【传】

五年秋，郳犁来来朝，名，未王命也。尚未为周室赐封，无爵位于周，故《经》直书其名。

冬，伐卫，纳惠公也。惠公，朔也，桓十六年出奔齐，二公子遂立黔牟。

庄公六年

【经】

六年春王正月，王人子突救卫。王救黔牟。

夏六月，卫侯朔入于卫。王师不胜诸侯之师，卫侯朔入。

秋，公至自伐卫。告于庙也。

螟。书，为灾也。

冬，齐人来归卫俘。

【传】

六年春，王人救卫。

夏，卫侯入，放公子黔牟于周，放甯跪于秦，放，放逐也。《书·尧典》所谓“流宥五刑”，以放逐为宽宥也。**杀左公子泄、右公子职，乃即位。**

君子以二公子之立黔牟为不度矣。度即《诗》“周爰咨度”之度。襄四年“咨礼为度”，咨问行事之善道为度。“度”与“谋”义近。今常混淆误解“礼”、“仪”之义，《传》中，“礼”、“仪”义不同，“礼”者，事之善道也，凡事遵循天道之规律而行为“礼”；“仪”者，仪节也。**夫能固位者，必度于本末而后立衷焉。**度，谋也，同上。衷，本义为“善”；杜预“节适也”，杨伯峻引《吕氏春秋·适音》，“衷也者，适也”，皆引申义。**不知其本，不谋；**知，知道，闻识也。成三年：“君知厥也乎？”不知其本，亦即无本。不谋，不谋奉举之。**知本之不枝，弗强。**枝叶所以为本根之庇荫，有本无枝，则其本不能安固，不强为其事。

《诗》云：“本枝百世。”既本且枝乃能长世。

冬，齐人来归卫宝，文姜请之也。杜预：“公亲与齐共伐卫，事毕而还，文姜淫于齐侯，故求其所获珍宝，使以归鲁，欲说（悦）鲁以谢惭。”

楚文王伐申，过邓。邓祁侯曰：“吾甥也。”杜预：“祁，谥也。姊妹之子曰甥。”杨伯峻：“楚文王盖武王夫人邓曼之子，邓曼与祁侯或为兄妹，或为姊弟。”止而享之。骓甥、聃甥、养甥请杀楚子，骓音锥。聃 nān。杜预：“皆邓甥，而仕于舅氏也。”邓侯弗许。三甥曰：“亡邓国者，必此人也。若不早图，后君噬齐，齐同脐，肚脐也。杜预：“若啮腹齐（脐），喻不可及。”其及图之乎？图之，此为时矣。”时，好时机。邓侯曰：“人将不食吾余。”余，国君为社稷主，社稷所出，皆君所有，臣民之奉禄衣食皆出君所赐，故臣民所食者，乃君之余。邓侯意谓，为舅而杀甥，人将恶食己之食禄。对曰：“若不从三臣，抑社稷实不血食，抑，或也。社稷，社神和稷神。血食，祭祀所杀牺牲，不去皮毛，直接用于祭祀，故曰“血食”。不血食谓祭祀断绝，国家灭亡。而君焉取余？”于何处取余。弗从。还年，伐申还师之年。楚子伐邓。十六年，鲁庄十六年。楚复伐邓，灭之。

庄公七年

【经】

七年春，夫人姜氏会齐侯于防。防，鲁地。

夏四月辛卯，五日。夜，恒星不见。为流星雨之光所盖，故不现。夜中，星陨如雨。

秋，大水。凡平原出水为大水。

无麦、苗。周正之秋当夏正之夏，麦当收之时，所播之秋苗也已出，皆为大水所坏。

冬，夫人姜氏会齐侯于穀。穀，齐地。

【传】

七年春，文姜会齐侯于防，齐志也。杜预："文姜数与齐侯会，至齐地则奸发夫人，至鲁地则齐侯之志。"

夏，恒星不见，夜明也。恒星不现、夜明，流星雨故。**星陨如雨，与雨偕也**。杜预："如，而也；偕，俱也。"《公羊传》及《谷梁传》皆解"星陨如雨"为"星陨似雨"，而《左传》则谓"与雨偕"。笔者窃疑，以周四月（今农历二月）之天气，既有雨，则天必当阴；既有阴雨，又何以能见流星雨，且与雨偕？故当以《公》《谷》为善。

秋，无麦、苗，不害嘉谷也。杜预："黍稷尚可更种，故曰不害嘉谷。"

庄公八年

【经】

八年春王正月，师次于郎，以俟陈人、蔡人。杜预："期共伐郕，陈、蔡不至，故驻师于郎以待之。"杨伯峻："欲伐郕而陈、蔡终不至，故又回师治兵大举。"

甲午，正月十三日。**治兵**。杜预："治兵于庙，习号令也，将以围郕。"据杨伯峻，治兵者，讲习武事，有时又引申作"用兵"解，又引《五经异义》谓"此治兵仅指授兵而言"云云。

夏，师及齐师围郕，郕降于齐师。

秋，师还。

冬十有一月癸未，七日。**齐无知弑其君诸儿。**弑君称君，君无道也；称臣，臣之罪也。诸儿，齐襄公。

【传】

八年春，治兵于庙，礼也。

夏，师及齐师围郕。郕降于齐师。仲庆父请伐齐师。仲庆父，庄公弟共仲也。共，谥；仲，其排行及字也；庆父，名。**公曰："不可。我实不德，齐师何罪？罪我之由。**杨伯峻："罪我之由，乃罪由我之倒装句。"然"罪"亦可作动词解，责罪也，即"禹汤罪己"之罪。由，原因也。宣十三年亦有"罪我之由"。**《夏书》曰：'皋陶迈种德，德，乃降。'**陶 yáo。迈，勉也。杨伯峻："皋陶勉力种树德行，德行具备，他人自来降服。"**姑务修德以待时乎！"秋，师还。君子是以善鲁庄公。**

齐侯使连称、管至父戍葵丘。连称、管至父，皆齐大夫。戍，戍守。葵丘，齐地。**瓜时而往，**瓜，西瓜。瓜时，瓜之农时，种瓜之时也。**曰："及瓜而代。"**及瓜，瓜熟也。**期戍，**期同朞，音基，周期也。周期之义所盖甚广，如一日、一月、一年，及人为约定之期限等，皆可谓周期。此文从种瓜至瓜熟，大概戍守四到六个月的时间。**公问不至。**问，问候，音讯也。杜预："命也。"**请代，**请代戍。**弗许。故谋作乱。**

僖公之母弟曰夷仲年，夷仲年，夷，谥。仲，排行，亦字也。**生公孙无知，**公孙无知，夷仲年之子，庄公之孙，僖公之侄，襄公之从兄弟。**有宠于僖公，**僖公，襄公之父。**衣服礼秩如适。**秩，禄次。适，太子，指襄公。**襄公绌之。**权势威胁及襄公故。绌同黜。**二人因之以作乱。连称有从妹在公宫，**从妹，叔伯妹，堂妹。在公宫，为妾。**无宠，使间公，**间公，伺公之间隙。**曰："捷，吾以女**

为夫人。”此公孙无知之言。杜预：“（连称）宣无知之言。”

冬十二月，齐侯游于姑棼，遂田于贝丘。姑棼、贝丘皆齐地。田，猎也。见大豕，从者曰：“公子彭生也！”言大豕为彭生之厉鬼也。襄公见大豕而从者见彭生。襄公杀彭生在桓十八年。公怒曰：“彭生敢见！”见同现，下同。射之，豕人立而啼。两前蹄腾空跃起，若人站立而啼号。公惧，队于车，队同坠。伤足，丧屦。反，诛屦于徒人费。诛，责也。责费觅屦。徒人，《传》唯此一见，杨伯峻引王引之谓“徒人”为“侍人”之误。弗得，觅屦不得。鞭之，见血。走出，走，跑也。遇贼于门，公受惊吓，且伤足，作乱者遂乘隙而入。劫而束之。费曰：“我奚御哉？”袒而示之背，示受戮，不欲为公抵御。信之。费请先入，杜预：“诈欲助贼。”伏公而出，伏，藏匿。斗，与贼斗。死于门中。石之纷如死于阶下。石之纷如，盖公之侍人。遂入，杀孟阳于床。孟阳伪为襄公而寝其床，欲代襄公死而免之。曰：“非君也，不类。”言不像襄公。类，类似之类。见公之足于户下，遂弑之，而立无知。

初，襄公立，无常。杜预：“政令无常。”鲍叔牙曰：“君使民慢，慢，怠慢。政令无常，在下者进退无所适，故逡巡应付。乱将作矣。”奉公子小白出奔莒。杜预：“鲍叔牙，小白傅。小白，僖公庶子。”乱作，管夷吾、召忽奉公子纠来奔。杜预：“管夷吾、召（shào）忽，皆子纠傅也。子纠，小白庶兄。”

初，公孙无知虐于雍廪。雍廪，齐大夫。

庄公九年

【经】

九年春，齐人杀无知。书齐人杀，而不书雍廪杀，言国人之意志。书名（无知），罪之在也。

公及齐大夫盟于蔇。齐无君，故及大夫盟。蔇，鲁地。

夏，公伐齐纳子纠。齐小白入于齐。

秋七月丁酉，二十四日。**葬齐襄公。**九月而葬，国乱故。

八月庚申，十八日。**及齐师战于乾时，**乾gān时，齐地；时，水名，杜预："旱则竭涸，故曰乾时。"**我师败绩。**杜预："小白既定而公犹不退师，历时而战，战遂大败。不称公战，公败讳之。"

九月，齐人取子纠杀之。子纠书名，罪之也。子纠与小白争国，本无孰是孰非，然小白得国，子纠自然为齐之罪人；反之，则小白为罪人矣。此例甚多，并不在于其人信有罪与否。

冬，浚洙。备齐患。浚，挖也，挖深，疏通。洙，水名。

【传】

九年春，雍廪杀无知。

公及齐大夫盟于蔇，齐无君也。公欲纳子纠，故所盟大夫乃子纠之党。

夏，公伐齐，纳子纠。桓公自莒先入。

秋，师及齐师战于乾时，我师败绩，公丧戎路，杨伯峻谓弃车而逃。戎路，戎车也，国君所乘兵车。**传乘而归。**杨伯峻认为传为追锋车。洪亮吉读传为驿传之传，则传乘即传车。杜预：“传乘，乘他车。”

秦子、梁子以公旗辟于下道，杜预：“二子，公御及戎右也，以误齐师。”**是以皆止。**止，获也。

鲍叔帅师来言曰：“子纠，亲也，子纠为小白庶兄，故曰亲。**请君讨之。**言不忍杀其兄，故请使鲁讨杀之。杜预谓：齐志在谲以求管仲，故托不忍之辞，非不忍其亲。**管、召，雠也，请受而甘心焉。”**雠 chóu，仇敌也。杜预：“管仲射桓公，故曰仇。甘心，言欲快意戮杀之。”**乃杀子纠于生窦，召忽死之。**生窦，鲁地。**管仲请囚，鲍叔受之，及堂阜而税之。**堂阜，齐地。税同脱，解脱也。**归而以告曰：“管夷吾治于高傒，使相可也。”**杜预：“高傒，齐卿高敬仲也。言管仲治理政事之才多于敬仲。”**公从之。**

庄公十年

【经】

十年春王正月，公败齐师于长勺。长勺，鲁地。杨伯峻据定四年，长勺即长勺氏之地。

二月，公侵宋。庄二十九年：“凡师，有钟鼓曰伐，无曰侵，轻曰袭。”

三月，宋人迁宿。迁其民而取其地。宿，宿国。

夏六月，齐师、宋师次于郎。郎，鲁地。**公败宋师于乘丘。**乘丘，鲁地。

秋九月，荆败蔡师于莘，荆，楚国本号。莘 shēn，蔡地。**以蔡侯献舞归。**执蔡侯献舞而归。献舞，蔡季。

冬十月，齐师灭谭，谭子奔莒。谭，国名。杜预：“不言出奔，国灭无所出。”

【传】

十年春，齐师伐我。庄公纳子纠故。**公将战，曹刿请见。**刿 guì。**其乡人曰：**宋国（都）有四乡，不知鲁国（都）几乡？曹刿为国都某乡之民，盖为士人。**“肉食者谋之，**肉食者，杨伯峻：“大夫以上之人，每日必食肉也。昭四年云‘食肉之禄，冰皆与焉’。”**又何间焉？”**间，间厕之间。谓参与其间。**刿曰：“肉食者鄙，未能远谋。”**鄙，鄙陋。**乃入见。问何以战。**何以战，以何战。以，因，用也。言凭恃什么与齐人战。**公曰：“衣食所安，**衣食为生民之本。**弗敢专也，**专，专有，独有。**必以分人。”**言因民。**对曰：“小惠未遍，民弗从也。”**小恩小惠不能周遍，无以服民。**公曰：“牺牲玉帛，**皆祭祀之物。**弗敢加也，必以信。”**详以事神，不敢矫诬。谓凭事神可以与战。**对曰：“小信未孚，**信、孚义同，而孚之程度深，《周易》惯用“孚”字，可参看。**神弗福也。”**小信小义，不足为信。**公曰：“小大之狱，**狱，讼狱。**虽不能察，必以情。”**虽不能尽诘，必以情理处之。言用义。情，实也。**对曰：“忠之属也，可以一战，战则请从。”**

公与之乘。同乘一车。**战于长勺。公将鼓之。刿曰：“未可。”齐人三鼓，刿曰：“可矣！”齐师败绩。公将驰之。刿曰：“未可。”下，视其辙，**下车，视其辙印。**登轼而望之，曰：“可矣！”遂逐齐师。**

既克，公问其故。对曰：“夫战，勇气也。一鼓作气，再而衰，再，两次为再。**三而竭。彼竭我盈，故克之。夫大国，难测也，惧有伏焉。**伏，埋伏。**吾视其辙乱，望其旗靡，**靡，偃也，倒也。杨伯峻：“辙乱则行列不整，旗倒是师失耳目，是知其为真败。”

故逐之。”

夏六月，齐师、宋师次于郎。公子偃曰：公子偃，鲁大夫。**“宋师不整，可败也。宋败，齐必还，请击之。”公弗许。自雩门窃出，**杨伯峻据梁履绳，雩门为鲁南城西门。**蒙皋比而先犯之。**皋比，虎皮。蒙马以虎皮也。**公从之。大败宋师于乘丘。齐师乃还。**

蔡哀侯娶于陈，息侯亦娶焉。息侯尚未娶归。**息妫将归，**出嫁曰归。**过蔡。蔡侯曰：“吾姨也。”**妻之姊妹曰姨，今曰大姨子、小姨子，通称姨。**止而见之，弗宾。**杜预：“不礼敬也。”杨伯峻：“据十四年《传》，息妫甚美，则此所谓弗宾，盖有轻佻之行。”**息侯闻之，怒，使谓楚文王曰：“伐我，吾求救于蔡而伐之。”**楚本无辞伐蔡，息侯请楚佯伐己，己于是求救于蔡。蔡救己是与楚为敌也，如此楚伐蔡则有辞矣。**楚子从之。秋九月，楚败蔡师于莘，以蔡侯献舞归。**

齐侯之出也，过谭，谭不礼焉。及其入也，诸侯皆贺，谭又不至。冬，齐师灭谭，谭无礼也。谭子奔莒，同盟故也。谭、莒同盟，故奔莒。

庄公十一年

【经】

十有一年春王正月。

夏五月，戊寅，十七日。**公败宋师于鄑。**鄑，鲁地。

秋，宋大水。鲁往吊，故书。

冬，王姬归于齐。鲁主婚，王姬自鲁归齐，故书。

【传】

十一年夏，宋为乘丘之役故侵我。公御之，宋师未陈而薄之，薄，迫也，逼也。此谓逼迫而击之。**败诸鄑。**

凡师，敌未陈曰败某师，皆陈曰战，大崩曰败绩，杜预："师徒桡败，若沮岸崩山，丧其功绩，故曰败绩。"**得儁曰克，**杨伯峻："儁同俊，战胜其师，获得其军内之雄儁也。"**覆而败之曰取某师，**覆，伏击。**京师败曰王师败绩于某。**

秋，宋大水。公使吊焉，曰："天作淫雨，雨量大且持续时间长，泛滥成灾曰淫雨。**害于粢盛，**杨伯峻："粢盛，黍稷以供祭祀者，此实指百谷言。"**若之何不吊？"**言如何不来吊慰。**对曰："孤实不敬，**不称"寡人"而称"孤"。**天降之灾，又以为君忧，拜命之辱。"**拜命之辱，拜谢辱致命也。辱，屈尊也；劳也。**臧文仲曰：**臧文仲，鲁大夫臧孙辰。**"宋其兴乎！禹、汤罪己，其兴也悖焉；**悖，反也，言与预料相悖反。以天下之罪归己，既负大罪，理当灭亡，不料反而兴盛。**桀、纣罪人，其亡也忽焉。**总天下大政，而归不治之罪于他人，若己似无罪矣。有罪辜者自宜灭亡，己既无阙，理当兴盛，然却忽焉而亡。忽，意料之外，突然而至也。文公五年："皋陶、庭坚不祀忽诸。"**且列国有凶称孤，礼也。言惧而名礼，其庶乎！"**杜预："言惧，罪己；名礼，称孤。其庶，庶几于兴。"**既而闻之曰公子御说之辞也。**说，凡人名之"说"字，皆读悦。御说，宋庄公子，闵公之弟，桓公也。**臧孙达曰：**臧孙达，臧哀伯。**"是宜为君，有恤民之心。"**

冬，齐侯来逆共姬。齐侯，齐桓公小白。共姬，王姬。共，与伯、孟义通。僖十七年"卫共姬"又称"长卫姬"。

乘丘之役，在去年。**公以金仆姑射南宫长万，**杜预："金仆姑，矢名。"南宫长万，宋大夫。南宫，氏；长 zhǎng，排行；万，名。**公右歂孙生搏之。**右，车右。杨伯峻："搏同捕，击取也。生搏今言活捉。”**宋人请之**。请，求也。**宋公靳之，**靳，勒啃也。杜预：“戏而相愧曰靳。”**曰：“始吾敬子，今子，鲁囚也。吾弗敬子矣。”病之**。杜预：“万不以为戏，而以为己病。”

庄公十二年

【经】

十有二年春王三月，纪叔姬归于酅。杜预：“纪侯去国而死，叔姬归鲁。纪季自定于齐而后归之，全守节义，以终妇道，故系之纪。来归不书，非宁，且非大归。”

夏四月。

秋八月甲午，十日。**宋万弑其君捷及其大夫仇牧**。大夫无罪见杀，则直书杀其大夫，而不称名。杜预：“仇牧称名，不警而遇贼，无善事可褒。”宋万、仇牧皆宋卿。华父督亦卿而被杀，《经》未书，毛奇龄以为从告。

冬十月，宋万出奔陈。

【传】

十二年秋，宋万弑闵公于蒙泽。蒙泽，宋地。**遇仇牧于门，**门盖是朝门。**批而杀之**。批者，盖谓近比其身，徒手杀之。《传》谓宋万多力。**遇大宰督于东宫之西，又杀之**。督，弑殇公者。**立子游**。子游，宋公子。**群公子奔萧**。**公子御说奔亳**。萧、亳，皆宋邑。**南宫牛、猛获帅师围亳**。欲劓御说。南宫牛，盖宋万之弟。猛获，宋万之党。

**冬十月，萧叔大心及戴、武、宣、穆、庄之族以曹

师伐之。叔大心，萧邑大夫，子姓；叔，行次，亦其字；大心，其名。叔大心因此役平乱有功，宋封建之于萧，为宋附庸国。成二年有“萧同叔（子）”。五族，宋五公之子孙。**杀南宫牛于师，**杨伯峻：“于师即于亳，师在亳也。”**杀子游于宋，**宋，单称宋，即国都也。**立桓公**。桓公，御说。**猛获奔卫。南宫万奔陈，以乘车辇其母，一日而至。**辇 niǎn。杜预：“乘车，非兵车。驾人曰辇。宋去陈二百六十里（春秋之“里”弱于今“里”），言万之多力。”

宋人请猛获于卫，卫人欲勿与。石祁子曰：石祁子，卫大夫。**“不可。天下之恶一也，**弑君之罪，天下之同恶。**恶于宋而保于我，保之何补？**补，补益。**得一夫而失一国，与恶而弃好，非谋也。”**与，从，即，就也。**卫人归之。亦请南宫万于陈，以赂。陈人使妇人饮之酒，而以犀革裹之。比及宋，手足皆见。**见同现。《传》言其多力，能破犀革。**宋人皆醢之**。醢 hǎi，肉酱，此作动词用，言剁为肉酱。

庄公十三年

【经】

十有三年春，齐侯、宋人、陈人、蔡人、邾人会于北杏。据杨伯峻，“人”者，皆君也。此《经》独于齐侯称爵，盖尊之也。北杏，齐地。

夏六月，齐人灭遂。遂，国名。

秋七月。

冬，公会齐侯盟于柯。柯，齐邑。

【传】

十三年春，会于北杏，以平宋乱。杜预：“宋有弑君之乱，齐桓欲修霸业。”**遂人不至。**

夏，齐人灭遂而戍之。灭其国，以兵戍守之。

冬，盟于柯，始及齐平也。庄九年纳子纠，与小白结怨，十年败齐师于长勺，又败齐、宋之联军，至此结平。

宋人背北杏之会。

庄公十四年

【经】

十有四年春，齐人、陈人、曹人伐宋。背北杏会故。

夏，单伯会伐宋。杜预：“既伐宋，单伯乃至，故曰会伐宋。单伯，周大夫。”

秋七月，荆入蔡。襄十三年“弗地曰入”，又文十五年“获大城焉曰入之”。

冬，单伯会齐侯、宋公、卫侯、郑伯于鄄。杜预：“齐桓修霸业，卒平宋乱，宋人服从，欲归功天子，故赴以单伯会诸侯为文。”鄄 juàn，卫地。

【传】

十四年春，诸侯伐宋。齐请师于周。杜预：“齐欲崇天子，故请师，假王命以示大顺。”**夏，单伯会之，取成于宋而还。**

郑厉公自栎侵郑，厉公入居栎在桓十五年。**及大陵，获傅**

瑕。大陵，郑地。傅瑕，子仪之大夫。**傅瑕曰：“苟舍我，**舍，置也。**吾请纳君。”与之盟而赦之。六月甲子，**二十日。**傅瑕杀郑子及其二子而纳厉公。**郑子，曼伯子仪也。子仪之立，已列会诸侯，四年《经》且称之为“郑伯”。此《经》不书，盖不赴也，然《传》亦不书“弑”、不称“君”，而仅谓“杀郑子”。

初，内蛇与外蛇斗于郑南门中，内蛇死。子仪在国，厉公在外（栎），此以内蛇、外蛇比子仪及厉公。**六年而厉公入。**则内蛇与外蛇斗在庄九年。**公闻之，问于申繻曰：“犹有妖乎？”对曰：“人之所忌，其气焰以取之，**忌，畏忌，忌讳。取，招，招取。**妖由人兴也。人无衅焉，**衅，衅端，衅隙。**妖不自作。人弃常，**弃常，若此者，子仪在位十四年，已为郑合法君主，此所谓常；因厉公居栎，虎视眈眈，此患久不能除，国人猜忌，遂生祸乱之预期，事子仪之心不坚正，此即所谓弃常。**则妖兴，故有妖。”**

厉公入，遂杀傅瑕。使谓原繁曰：“傅瑕贰，杜预：“言有二心于己。”杨伯峻：“从下文‘纳我而无二心者’云云推之，则傅瑕贰，盖谓傅瑕于纳己之后仍有二心也。”是。杨伯峻又据《郑世家》，“贰”谓傅瑕既事子仪而又杀之，罪其为臣不专壹也。误。若如此，则厉公欲使原繁背子仪而奉己者，岂不亦为不专壹于子仪？厉公或有欲加罪傅瑕之心，然其言并无此意。**周有常刑，既伏其罪矣。纳我而无二心者，吾皆许之上大夫之事，吾愿与伯父图之。**杜预：“上大夫，卿也。伯父谓原繁。”**且寡人出，伯父无里言。**杨伯峻：“里言者，以国内情况（情报）告于在外之厉公也。”襄二十六年：“二三子皆使寡人朝夕闻卫国之言，吾子独不在寡人，寡人怨矣。对曰：‘臣不能贰，通外内之言以事君。’”**入，**入，入国（入郑国都）。**又不念寡人，寡人憾焉。”**念，怀恤也。**对曰：“先君桓公命我先人典司宗祏。**杜预：“桓公，郑始受封君也。宗祏，宗庙中藏主（主，神主牌位，灵牌）石室。言己世为宗庙守臣。”陆德明：“祏音石，藏主石函（石匣）也。”

典者，谓其事必与文字有关也，桓十七年杜注有“典历数”，此文有“典宗祏”。平历数属文职，宗祏亦然，皆可曰典；孔颖达、杨伯峻又于十九年言“典城门”，然守城门为武职，不可曰“典”。**社稷有主而外其心，其何贰如之？**言无有贰于是者。**苟主社稷，国内之民其谁不为臣？臣无二心，天之制也。子仪在位十四年矣，而谋召君者，庸非贰乎？庄公之子犹有八人，**言至今在世者仍有八人。**若皆以官爵行赂劝贰而可以济事，君其若之何？**谓你将怎么办。**臣闻命矣。”**谓厉公之志本在杀己。**乃缢而死。**

蔡哀侯为莘故，莘役在十年。**绳息妫以语楚子。**绳，《商书·说命》：“惟木从绳则正。”绳本义为木工用之墨线，曰绳墨，引申为标准，准则，法则之义，如“准绳”、“绳之以法”、“绳其祖武”之“绳”皆此义。蔡哀侯意谓，若息妫者，始得为妇人之标准，其他者，皆不足以为妇人。《郑风·叔于田》所谓“叔于田，巷无居人”。**楚子如息，**欲得息妫。**以食入享，遂灭息。**伪设享，灭之于不备。**以息妫归，生堵敖及成王焉。未言。**杨伯峻引郑玄：“言谓先发口也。”善。**楚子问之，对曰：“吾一妇人而事二夫，纵弗能死，其又奚言？”**奚，何也。**楚子以蔡侯灭息，遂伐蔡。**杜预：“欲以说（悦）息妫。”息之见灭，虽由楚国，然实为蔡所启，故曰“蔡侯灭息”。

秋七月，楚入蔡。

君子曰：“《商书》所谓‘恶之易也，如火之燎于原，不可乡迩，其犹可扑灭’者，其如蔡哀侯乎！”

冬，会于鄄，宋服故也。

庄公十五年

【经】

十有五年春，齐侯、宋公、陈侯、卫侯、郑伯会于鄄。

夏，夫人姜氏如齐。姜氏，文姜也，齐桓公姊妹。如齐，归宁也。

秋，宋人、齐人、邾人伐郳。杜预：“宋主兵，故序齐上。”

郑人侵宋。

冬十月。

【传】

十五年春，复会焉，齐始霸也。杜预：“始为诸侯长。”

秋，诸侯为宋伐郳。杜预：“郳，附庸，属宋而叛，故齐桓为之伐郳。”所以救患、分灾、讨罪，霸主之事也。**郑人间之而侵宋。**乘诸侯师在郳之间隙侵宋。

庄公十六年

【经】

十有六年春王正月。

夏，宋人、齐人、卫人伐郑。杜预："宋主兵也。班序上下，以国大小为次，征伐则以主兵为先，《春秋》之常也。"

秋，荆伐郑。

冬十有二月，会齐侯、宋公、陈侯、卫侯、郑伯、许男、滑伯、滕子同盟于幽。杜预："书会，鲁会之。不书其人，微者也。陈国小，每盟会皆在卫下，齐桓始霸，楚亦始强，陈侯介于二大国之间而为三恪之客，故齐桓因而进之，遂班在卫上，终于《春秋》。"杨伯峻谓，书会者，乃鲁公会诸侯，且以僖二十九年翟泉之盟驳杜预，不从。僖二十九年乃僖公会诸侯之大夫，故讳之不书"公会"，其《传》已明之，实不足证此，杜预仍可信。滑，姬姓国。幽，宋地。

郳子克卒。此郳子之"子"为爵号。

【传】

十六年夏，诸侯伐郑，宋故也。郑侵宋故。

郑伯自栎入，缓告于楚。秋，楚伐郑，及栎，为不礼故也。

郑伯治与于雍纠之乱者。郑伯，厉公。与于为一词，与，从也，即也。雍纠为厉公党，厉公既定而治参与于杀雍纠而为乱者。雍纠之乱在桓十五年。**九月，杀公子阏，刖强鉏。**二子，祭仲党。刖，断足之刑。鉏 chú。**公父定叔出奔卫。**公父定叔，公孙滑之子，共叔段之孙。**三年而复之，曰："不可使共叔无后于郑。"使以十月入，曰："良月也，就盈数焉。"**闵元年"万，盈数也"，盖十、百、千、万等皆为盈数。

君子谓："强鉏不能卫其足。"古礼奉身为孝，不能全尸而死，是不孝且不智也。若不得已而死，以缢为善。

冬，同盟于幽，郑成也。

王使虢公命曲沃伯以一军为晋侯。《传》常有以段之首句为段之"经"者，若《春秋经》然，下文乃解此"经"者。曲沃伯，曲沃武公也。曲沃之势力已十分壮大，今蔿国作乱于周，曲沃武公助之。僖王惧祸事蔓延，为绥靖曲沃，赂曲沃伯以晋侯。亦可以说曲沃伯借此机会谋取了僖王册封的侯爵之命，至此曲沃完全吞并晋国。**初，晋武公伐夷，**晋武公，曲沃武公，此追书之辞。夷，采地名。**执夷诡诸。**夷诡诸，周大夫，夷为其采地，以地为氏。**蔿国请而免之。**蔿国为其求情使免之。蔿（wěi）国，周大夫，王子颓之师。**既而弗报。**事后诡诸不报答蔿国。**故子国作乱，**子国即蔿国。凡兴乱于国皆为作乱，非独攻君为作乱。**谓晋人曰："与我伐夷而取其地。"**与，从也。**遂以晋师伐夷，杀夷诡诸。周公忌父出奔虢。**周公忌父，王卿士，避子国之难。**惠王立而复之。**惠王立在明年，此探后言之。

庄公十七年

【经】

十有七年春，齐人执郑詹。杜预：“齐桓始伯，郑既伐宋，又不朝齐。詹为郑执政大臣，诣齐见执，不称行人，罪之也。”

夏，齐人歼于遂。齐人，戍遂之齐国士卒。歼，动词被动用法，言被尽歼。

秋，郑詹自齐逃来。来者，来鲁也。

冬，多麋。为灾，故书。麋，麋鹿。为灾，麋鹿毁食禾稼成灾。

【传】

十七年春，齐人执郑詹，郑不朝也。不朝，不朝齐也。

夏，遂因氏、颌氏、工娄氏、须遂氏飨齐戍，醉而杀之，齐人歼焉。杜预：“飨，酒食也。四族，遂之强宗。齐灭遂，戍之，在十三年。”

庄公十八年

【经】

十有八年春王三月，日有食之。杜预："不书日，官失之。"

夏，公追戎于济西。杜预："戎来侵鲁，公逐之于济水之西。"

秋，有蜮。为灾也。蜮 huò。杨伯峻引高诱、兖州谓蜮即《诗·小雅·大田》"去其螟螣"之"螣"。高诱："食心者螟，食叶者螣。"

冬十月。

【传】

十八年春，虢公、晋侯朝王，晋侯，武公子献公诡诸（献公之名盖因伐夷诡诸而得）。晋武公卒于去年，《经》未书。**王飨醴，**杨伯峻："醴（lǐ），用麦芽酿之，一宿而成，汁与糟不分，味极薄，浊而甜。飨醴者，飨时用醴不用酒也。"杜预："先置醴酒，示不忘古。"**命之宥。**杜预："饮宴则命以币物。宥，助也，所以助欢敬之意。"杨伯峻引王引之谓："宥与侑通，侑与酬酢同义，命之宥者，其命虢公、晋侯与王相酬酢与？或献或酢，有施报之义，故谓之侑。命之侑者，所以亲之也。"**皆赐玉五瑴，**瑴 jué，双玉为瑴。**马三匹。非礼也。王命诸侯，名位不同，礼亦异数，不以礼假人。**虢，公爵；晋，侯爵，二者爵位不同，受赐当异。襄二十六年"自上以下，降杀（减损）以两，礼也"，天子掌礼乐教化，不奉礼，是以礼借人也。若他人制礼，是己失为王矣。

虢公、晋侯、郑伯使原庄公逆王后于陈。陈妫归于

京师，实惠后。杜预：“陈妫后号惠后，宠爱少子，乱周室，事在僖二十四年，故《传》于此并正其后称。”此非娶于东方，故鲁不主婚。

夏，公追戎于济西。不言其来，讳之也。杜预：“戎来侵鲁，鲁人不知，去乃追之，故讳不言其来。”杨伯峻从沈钦韩，谓戎狄为中国之患，故讳言其来；喜其捍御有素，故书追之。

秋，有蜮，为灾也。

初，楚武王克权，权，子姓国。克，亦灭也。**使斗缗尹之**。斗缗，楚大夫。杨伯峻：“以权为楚县，使其为县尹。”**以叛，围而杀之**。斗缗因权人叛楚，楚围权杀斗缗。**迁权于那处，**惧其复为患，故迁其民于那处。**使阎敖尹之**。阎敖，楚大夫。**及文王即位，**楚文王即位于鲁庄五年。**与巴人伐申而惊其师**。文王与巴人伐申而惊巴师。陶鸿庆谓，阎敖在师，戮辱巴人以警惧之，实不可信，阎敖未必在师。**巴人叛楚而伐那处，**那处实权国遗民，楚灭其国，故恶附于楚，巴人乘此隙伐那处，那处之权民必无意为楚抵抗。**取之，遂门于楚**。门，名词作动词用，攻门、守门皆可曰门，此攻门也。**阎敖游涌而逸**。涌，水名。**楚子杀之，其族为乱。冬，巴人因之以伐楚**。因楚乱而伐之。因，依恃，凭借。

庄公十九年

【经】

十有九年春王正月。

夏四月。

秋，公子结媵陈人之妇于鄄，公子结，鲁大夫。鄄 juàn，卫地。媵 yìng，陪嫁也，以女、以仆从、以物陪嫁皆为媵。春秋时，诸侯嫁女于诸侯，同姓之国有以己国女陪嫁之礼。杨伯峻：“此当是卫国之女嫁与陈宣公为夫人，鲁国以女陪嫁，使公子结往送女，本应送至卫国都城，使与陈侯夫人同行，但公子结送之鄄，闻齐侯、宋公有会，遂临时变更计划，使他人往送女，己则代表鲁国参与会盟。陈侯夫人称陈人之妇者，以尚未嫁入陈国，犹不成为夫人。”**遂及齐侯、宋公盟。**杜预：“本非鲁公意，而又失媵陈之好，故冬各来伐。”

夫人姜氏如莒。

冬，齐人、宋人、陈人伐我西鄙。杜预：“幽之盟，鲁使微者会，鄄之盟又使媵臣行，所以受敌。鄙，边邑。”

【传】

十九年春，楚子御之，之，巴师。**大败于津。**楚大败。**还，鬻拳弗纳。**鬻（yù）拳，楚大阍（司国之门禁）。弗纳，不使楚子入国。**遂伐黄，**遂迁师伐黄。黄，嬴姓国。**败黄师于踖陵。**踖 què 陵，黄地。**还，及湫，**湫 jiǎo，楚地。**有疾。夏六月庚申，**十五日。**卒。鬻拳葬诸夕室，**凡死于征伐者，不可谓凶死，楚文王非凶死，自当入兆域，故杨伯峻谓夕室为楚国君主冢墓所在之称。**亦自杀也，而葬于绖皇。**绖 dié 皇，宣十四年“屦及于绖皇，剑及于寝门之外”，与此同，则墓室亦有绖皇。杜预：“绖皇，冢前阙。”杨伯峻：“盖门前之庭也。”且驳杜预曰“冢前不得有阙，即冢前之门亦不能葬人”。章炳麟谓绖皇为墓门内庭中之道。疑绖皇必当在墓门以里，墓冢之内。既为君王墓室，其内部构造必十分宏大与讲究，如主墓室，侧墓室，陪葬车马、甲兵之室等等，门、户、庭、道可谓一应俱全。鬻拳盖为楚子之陪葬，故当在墓门之内，仍欲为楚子守门也。

初，鬻拳强谏楚子，楚子弗从，临之以兵，惧而从之。鬻拳曰：“吾惧君以兵，罪莫大焉。”言莫有大于此罪者。**遂自刖也。楚人以为大阍，**阍音昏。阍为司门禁启闭之官，此无疑矣。此大阍者盖执掌国都各城门（及其门徒）之总官。杨伯峻谓“典守城门”，孔颖达曰“典此职”，然守门不可用“典”字。**谓之大伯，**大同太。**使其后掌之。**鬻拳既刖，当不便莅职，故使其后掌其职，但鬻拳有总理权。**君子曰：“鬻拳可谓爱君矣，谏以自纳于刑，刑犹不忘纳君于善。”**谓文王败师而拒纳之，遂使有踖陵之功。

初，王姚嬖于庄王，杜预：“王姚，庄王之妾也，姚，姓。”杨伯峻：“王之妻妾通以王字与其母家姓连言。”**生子颓。子颓有宠，**母嬖，故为庶子而得宠。**蒍国为之师。及惠王即位。**惠王，僖王之子，庄王之孙。即位在去年。**取蒍国之圃以为囿。**杜预：“圃，园也；囿（yòu），苑也。”**边伯之宫近于王宫，王取之。**夺取之。**王夺子禽祝跪与詹父田，而收膳夫之秩。**膳夫，石速也。膳夫为司王饮食之官。秩，禄次。**故蒍国、边伯、石速、詹父、子禽祝跪作乱，因苏氏。**杜预：“苏氏，周大夫，桓王夺其十二邑以与郑，自此以来遂不和。”**秋，五大夫奉子颓以伐王，不克，出奔温。**温，苏氏邑。**苏子奉子颓以奔卫。卫师、燕师伐周。**燕，南燕。**冬，立子颓。**盖败王师，遂立子颓为王。

庄公二十年

【经】

二十年春王二月，夫人姜氏如莒。夫人两年再如莒，不知何故。

夏，齐大灾。灾，火灾也，天火曰灾。

秋七月。

冬，齐人伐戎。

【传】

二十年春，郑伯和王室，斡旋惠王与王子颓。不克。克，成也。执燕仲父。为伐周故。燕仲父，南燕伯。

夏，郑伯遂以王归，王处于栎。栎，厉公为公子时之邑。

秋，王及郑伯入于邬。邬，周邑，隐十一年与郑所易者。遂入成周，取其宝器而还。惧子颓取之。器所以藏礼，为政权之象征。《传》曰："唯器与名，不可以假人。"

冬，王子颓享五大夫，乐及、遍舞。庆得立，遍及所有舞乐。杜预："皆舞六代之乐。"郑伯闻之，见虢叔，杨伯峻谓虢叔即虢公丑。曰："寡人闻之，哀乐失时，奸王位为天下之大恶，不恤其祸，反以得位为庆，故曰"哀乐失时"。殃咎必至。今王子颓歌舞不倦，乐祸也。祸，干犯王位之祸。夫司寇行戮，司寇司刑。戮，刑也。君为之不举，不举，去盛馔。举有广狭之义，广义者，凡举事皆可曰举；狭义者，用盛馔也。杨伯峻谓不举包括贬损膳食、撤除音乐二事，非也。成五年《传》"君为之不举、降服、乘缦、彻乐……"、襄二十六年"将刑，为之不举，不举则彻乐"，"不举"与"彻乐"为两事，明矣。而况敢乐祸乎？奸王之位，奸，干也，犯也。祸孰大焉？孰祸大于是祸。临祸忘忧，忧必及之。盍纳王乎？"盍，何不也。虢公曰："寡人之愿也。"

庄公二十一年

【经】

二十有一年春，王正月。

夏五月辛酉，二十七日。**郑伯突卒。**厉公也。

秋七月戊戌，五日。**夫人姜氏薨。**杜预：“薨寝祔姑，赴于诸侯，故具小君礼书之。”

冬十有二月，葬郑厉公。杜预：“八月乃葬，缓慢也。”

【传】

二十一年春，胥命于弭。胥 xū，相，互也。胥命，双方志同而无猜心，不必盟誓以质信，相互致命行事曰胥命。弭，郑地。**夏，同伐王城。**子颓在王城。**郑伯将王自圉门入，**将，犹率也，以也。**虢叔自北门入，杀王子颓及五大夫。**

郑伯享王于阙西辟，杨伯峻：“阙亦谓之观，亦谓之象魏，天子诸侯宫门皆筑台，台上起屋，谓之台门。台门之两旁特为屋高出于门屋之上者谓之双阙，亦谓之两观。阙西辟者，双阙中之西阙也。”辟同僻。**乐备。**杜预：“备六代之乐也。”**王与之武公之略，自虎牢以东。**杜预：“略，界也。郑武公辅平王，平王赐之虎牢以东，后失其地，故惠王今复与之。”虎牢，北制。**原伯曰：**原伯，原庄公。**“郑伯效尤，**尤，罪，愆，过也。**其亦将有咎。”**咎，殃，祸也。**五月，郑厉公卒。**

王巡虢守。杜预：“巡守于虢国也。天子省方，谓之巡守。”**虢公为王宫于玤，**玤 bàng，虢地。**王与之酒泉。**酒泉，周邑。**郑**

伯之享王也，王以后之鞶鉴予之。后，王后也。鞶 pán 鉴，鞶带之饰镜。鉴，镜也。虢公请器，时王在虢，故请器于王。王予之爵。爵，饮酒器，古之酒杯也，形似雀。郑伯由是始恶于王。郑伯，厉公子文公也。厉公卒于五月，不能知王与虢公爵之事，故知此郑伯为文公也。爵重，鞶鉴轻，故恶王轻郑。

冬，王归自虢。

庄公二十二年

【经】

二十二年春王正月，肆大眚。肆，赦也。《书·舜典》："眚灾肆赦。"眚 shěng，人祸也，人为之过。孔颖达引贾逵，谓文姜有罪，故鲁大赦国中罪过，欲令文姜之过因是得除，以葬文姜，有理。

癸丑，二十三日。葬我小君文姜。

陈人杀其公子御寇。御寇，陈太子，盖讳之而以公子告。

夏五月。

秋七月丙申，九日。及齐高傒盟于防。杜预："高傒，齐之贵卿，而与鲁之微者盟，齐桓谦接诸侯，以崇霸业。"防，鲁邑。

冬，公如齐纳币。亲纳币，非礼也。纳币，据杨伯峻，即纳聘礼，定婚时所纳之礼。

【传】

二十二年春，陈人杀其大子御寇，陈公子完与颛孙奔齐。公子完、颛（zhuān）孙，皆太子御寇党。颛孙自齐来奔。来奔鲁。

齐侯使敬仲为卿。敬仲，陈公子完。**辞曰："羁旅之臣，**羁同羁。杜预："羁，寄也。旅，客也。"**幸若获宥，**宥 yòu，宽也。杜预"宥，赦也"，误。赦，免也；宥亚于赦，言宽缓其罪而不尽免。**及于宽政，**宽政，言肆赦之政。**赦其不闲于教训，**闲，《周易》"娴有家"，即此闲。杨伯峻："闲，习也。"不确。惯行某事，频繁地操练某事谓习。闲者，因熟习某事，故能很好地奉持之谓闲。**而免于罪戾，弛于负担，**弛，与张对，舒缓也。负担，指所负罪责。**君之惠也，所获多矣。敢辱高位，以速官谤。**辱，忝也。无德而居高位，将速致官谤。**请以死告。**言犯死告辞。**《诗》云：'翘翘车乘，**翘翘车乘谓尊者。翘翘，高貌。《诗·国风·汉广》："翘翘错（参差）薪，言刈其楚。"《豳风·鸱鸮》："予室翘翘。"鸱鸮之巢集于长木，故曰翘翘。**招我以弓，**昭二十年："弓以招士。"**岂不欲往，畏我友朋。'"**杜预："逸《诗》也。言虽贪显命，惧为朋友所讥责。"**使为工正。**工正，百工总长。

饮桓公酒，陈完于己家饮桓公酒。**乐。**乐古音 luò，今音 lè。**公曰："以火继之。"辞曰："臣卜其昼，未卜其夜，不敢。"君子曰："酒以成礼，不继以淫，义也；**酒以辅成礼仪，纵饮则为淫。**以君成礼，**以，左右也。**弗纳于淫，仁也。"**

初，懿氏卜妻敬仲，杜预："懿氏，陈大夫。龟曰卜。"**其妻占之，**懿氏妻。**曰："吉，是谓'凤皇于飞，和鸣锵锵，**凤皇，即凤凰，传说中之神鸟，雄曰凤，雌曰凰。和鸣谓夫妻倡和。锵锵，鸣声响亮。**有妫之后，将育于姜。**妫 guī，陈姓。育，蕃育。姜，齐姓。**五世其昌，并于正卿。**并，并列。正卿，此指上中下三卿。**八世之后，莫之与京。'"**京，大也。**陈厉公，蔡出也。**蔡女所生，故曰"蔡出"。厉公为蔡国外甥，蔡为其母舅之国。**故蔡人杀五父而立之，**在桓六年。五父，陈佗。**生敬仲。其少也，周史有以《周易》见陈侯者，陈侯使筮之，**卜用龟，筮用蓍草。**遇《观》䷓之《否》䷋。**《观》，

《坤》下《巽》上。《否》，《坤》下《乾》上。《观》卦六四爻变而成《否》卦。**曰：“是谓‘观国之光，利用宾于王。’**此《观》卦六四爻之爻辞。观国之光，本意谓能观政之得失。目见曰视，视远曰望。观者，望视其表象而见其内容也。**此其代陈有国乎！**代有陈国。**不在此，其在异国；非此其身，在其子孙。**非在陈完之本身，而在其子孙。**光远而自他有耀者也。**言陈完之光远，其子孙受之而有能耀射者。耀者，非自能生光，受光于外而能耀射。**《坤》，土也；《巽》，风也；**巽 xùn。**《乾》，天也。风为天于土上，山也。**杜预：“《巽》变为《乾》，故曰风为天。自（六）二至（九）四，有《艮》象，《艮》为山。”**有山之材而照之以天光，于是乎居土上，**杜预：“山则材之所生。上有《乾》，下有《坤》，故言居土上，照之以天光。”**故曰：‘观国之光，利用宾于王。’**杜预：“四（爻）为诸侯（之位），变而之《乾》，有国朝王之象。”**庭实旅百，**杨伯峻：“诸侯朝于天子，或互相聘问，必将礼物陈列庭内，谓之庭实。《艮》有门庭之象，故云庭实。旅，陈也。百举成数言之，以见其多耳。”**奉之以玉帛，**杨伯峻引惠栋谓：“庭实多以车马等物为之，另外加之以束帛玉璧，故云‘奉之以玉帛’。《乾》为金、为玉，《坤》为布帛，故云‘奉之以玉帛’。”**天地之美具焉，**杨伯峻：“有庭实，有玉帛，故云‘天地之美具焉’。”**故曰：‘利用宾于王。’犹有观焉，**言非止于此，犹有可观者。**故曰其在后乎！风行而著于土，**著，定位，定止。**故曰其在异国乎！若在异国，必姜姓也。姜，大岳之后也。**大同太。大岳即四岳。**山岳则配天，**杨伯峻引顾炎武曰：“《诗·大雅·嵩高》云‘嵩高维岳，骏极于天’，言天之高大惟山岳足以配之。”**物莫能两大。陈衰，此其昌乎！”**杜预：“变而象《艮》，故知当兴于大岳之后。得大岳之权，则是配天之大功，故知陈必衰。”

及陈之初亡也，昭八年，楚灭陈。**陈桓子始大于齐。**陈桓子，敬仲五世孙陈无宇。**其后亡也，**陈复封在昭十三年，楚卒灭陈在哀十七年。**成子得政。**陈成子得齐国大政。

庄公二十三年

【经】

二十有三年春，公至自齐。

祭叔来聘。

夏，公如齐观社。

公至自齐。

荆人来聘。荆，楚也。

公及齐侯遇于穀。穀，齐地。

萧叔朝公。萧，宋附庸国。杜预："就穀朝公，故不言来。"

秋，丹桓宫楹。丹，朱漆也，此作动词用，涂丹也。桓宫，桓公庙也。楹 yíng，柱也。

冬十有一月，曹伯射姑卒。

十有二月甲寅，五日。**公会齐侯盟于扈。**王夫之："扈，齐地。"

【传】

二十三年夏，公如齐观社，观社，观祭祀社神。社，土神也。**非礼也。曹刿谏曰："不可。夫礼，所以整民也。**整，肃也，整肃。**故会以训上下之则，**训上下之礼仪职责范围。宣十二年："贵有常尊，贱有等威。"**制财用之节；**杜预："贡赋多少。"是也。

节，制也，度也。**朝以正班爵之义，**隐五年“明贵贱，辨等列”，班序其贵贱等列。**帅长幼之序；**杨伯峻：“帅同率，循也。诸侯之序，依爵位之贵贱，不依年龄之长幼，此云帅长幼之序者，其爵位相同者，乃依年龄。”**征伐以讨其不然。**不然，不如此者。谓不恭于会朝之礼制者。**诸侯有王，**郑玄：“有王谓朝聘于天子也。”**王有巡守，**杜预：“省四方。”**以大习之。**杜预：“大习会朝之礼。”**非是，君不举矣。君举必书，**书，书于策。**书而不法，**所书君之举动不合法度。**后嗣何观？**后嗣，后代之君。

晋桓、庄之族偪，此“族”指余子及庶子之后代。杜预：“桓叔、庄伯之子孙强盛，偪迫公室。”桓叔生庄伯，庄伯生武公，武公生献公。**献公患之。士蔿曰：“去富子，**富子为人名，乃桓、庄族善谋之人。士蔿，士会之祖父。**则群公子可谋也已。”公曰：“尔试其事。”士蔿与群公子谋，谮富子而去之。**

秋，丹桓宫之楹。

庄公二十四年

【经】

二十有四年春王三月，刻桓宫桷。杜预：“刻，镂也。桷（jué），椽也。将逆夫人，故为盛饰。”桷，方椽也。

葬曹庄公。

夏，公如齐逆女。逆，迎娶也。亲逆，非礼。

秋，公至自齐。

八月丁丑，二日。**夫人姜氏入。**夫人未与公同入。不书“至自齐”，而书“入”，杜预谓“丁丑入而明日乃朝庙”。

戊寅，三日。**大夫、宗妇觌，用币。**觌 dí，见也。杜预："宗妇，同姓大夫之妇。礼，小君至，大夫执贽以见，明臣子之道。庄公欲奢夸夫人，故使大夫、宗妇同贽俱见。"杨伯峻驳杜预，谓大夫宗妇为一事，即宗妇，非大夫及宗妇，非也。

大水。

冬，戎侵曹。

曹羁出奔陈。杜预："羁盖曹世子也。先君既葬而不称爵者，微弱不能自定，曹人以名赴。"

赤归于曹。杜预："赤，曹僖公也。盖为戎所纳，故曰归。"

郭公。杜预谓《经》有阙。

【传】

二十四年春，刻其桷，皆非礼也。皆者，谓去年之丹楹及今年刻桷。**御孙谏曰：**御孙，鲁大夫。**"臣闻之：'俭，德之共也；**共，长也，大也。**侈，恶之大也。'先君有共德而君纳诸大恶，无乃不可乎！"**无乃，乃也。

秋，哀姜至。公使宗妇觌，用币，非礼也。杜预："《传》不言大夫，唯举非常。"**御孙曰："男贽，大者玉帛，**杜预："公、侯、伯、子、男执玉，诸侯世子、附庸、孤卿执帛。"**小者禽鸟，**杜预："卿执羔，大夫执雁，士执雉。"**以章物也。**物，类也，事也。所执之贽乃其本人身份、职秩之象征。**女贽不过榛、栗、枣、修，**不用币。杨伯峻："修，经捶治而加姜桂之干肉。"**以告虔也。**虔，诚敬也。**今男女同贽，是无别也。男女之别，国之大节也。**节，制也。**而由夫人乱之，无乃不可乎！"**

晋士蔿又与群公子谋，使杀游氏之二子。游氏，亦桓叔或庄伯之子孙。**士蔿告晋侯曰："可矣。不过二年，君必无患。"**

庄公二十五年

【经】

二十有五年春，陈侯使女叔来聘。杜预：“女（rǔ）叔，陈卿。女，氏；叔，字。”

夏五月癸丑，十二日。**卫侯朔卒。**朔，惠公。

六月辛未，朔，日有食之，鼓、用牲于社。古人认为日食乃阴侵阳之兆，社为上神，阴气所聚也，故伐鼓、杀牲祭于社，以禳去阴事也。

伯姬归于杞。伯姬，鲁庄之长女。

秋，大水。鼓、用牲于社、于门。古人认为阳不堪阴，因生水涝之灾，故伐鼓、用牲以禳阴；而《传》皆以为过制，非礼。

冬，公子友如陈。公子友，成季友，庄公季弟。

【传】

二十五年春，陈女叔来聘，杜预谓女叔即原仲。**始结陈好也。嘉之，故不名。**

夏六月辛未，朔，日有食之。鼓，用牲于社，非常也。常，是人类在长期的生产生活的经验中总结制定出来的规矩和制度，它在较短时期内不会轻易变动，且不容百姓质疑的。率常为礼，非常即非礼。**唯正月之朔，**杜预：“正月，夏之四月，周之六月，谓正阳之月。”是也。据《传》文，此“六月辛未”不当“正阳之月”，而杜注曰“正月，周之六月”，似相矛盾，其实不然。杜预所谓，大概率也，并非正阳之月绝对当周正六月。

夏至常在今公历六月21日至22日左右，是谓阴生之月，正阳之月在此之前月，即今公历五月。昭十七年："夏六月甲戌朔，日有食之。祝史请所用币。平子御之曰：'唯正月朔。'大史曰：'在此月也。日过分而未至（至，夏至之月）。'"**慝未作，**慝 tè，阴气。阴气作于夏至。**日有食之，于是乎用币于社，**禳阴事。**伐鼓于朝。**荡阳事。故伐鼓于社为"非常"。

秋，大水。鼓，用牲于社、于门，亦非常也。凡天灾，天灾，水旱疠疫，雪霜风雨之不时等等。**有币无牲。**只用币不用牲。**非日月之眚，不鼓。**唯日月之愆过伐鼓，水灾而伐鼓、用牲皆非常。

晋士蔿使群公子尽杀游氏之族，乃城聚而处之。聚，晋邑。之，群公子。

冬，晋侯围聚，尽杀群公子。

庄公二十六年

【经】

二十有六年春，公伐戎。

夏，公至自伐戎。

曹杀其大夫。杜预："不称（大夫）名，非其罪，例在文七年。"

秋，公会宋人、齐人伐徐。徐，嬴姓国。

冬十有二月癸亥，朔，日有食之。

【传】

二十六年春，晋士蔿为大司空。

夏，士蔿城绛，以深其宫。绛，晋国都。宫，晋侯之宫也。

此城者，于其旧城加高加大而已，其城益高大，其宫自幽深而安固。司马迁以绛都之前无城郭，然岂有国都而无城郭之理？

秋，虢人侵晋。

冬，虢人又侵晋。

庄公二十七年

【经】

二十有七年春，公会杞伯姬于洮。伯姬，庄公嫡长女，二十五年嫁于杞者。洮 táo，鲁地。

夏六月，公会齐侯、宋公、陈侯、郑伯同盟于幽。

秋，公子友如陈，葬原仲。《传》言“非礼”，而《经》仍称“公子”。

冬，杞伯姬来。来，来宁，问安父母。

莒庆来逆叔姬。庆，莒大夫。叔姬，庄公女。杜预：“卿自为逆（非为君迎取）则称字，例在宣五年。”

杞伯来朝。杜预：“杞称伯者，盖为时王所黜。”

公会齐侯于城濮。杜预：“城濮，卫地。将讨卫也。”

【传】

二十七年春，公会杞伯姬于洮，非事也。事，民事。杜预：“非诸侯之事。”**天子非展义不巡守，**杜预：“天子巡守，所以宣布德义。”**诸侯非民事不举，**凡行事曰举。**卿非君命不越竟。**竟同境。

夏，同盟于幽，陈、郑服也。陈完在齐，故齐、陈有嫌隙。齐、郑久不和，据文十七年《传》，郑文公四年（即鲁庄二十五年），郑有成于楚。

秋，公子友如陈，葬原仲，非礼也。“卿非君命不越竟”，故曰非礼。**原仲，季友之旧也。**旧，故交也。

冬，杞伯姬来，归宁也。凡诸侯之女，归宁曰来，来者，各针对其母国而言。**出曰来归。**出相当于后世之“被休”，被休而返母国曰来归。**夫人归宁曰如某，出曰归于某。**出，同上。

晋侯将伐虢，士蔿曰：“不可，虢公骄，若骤得胜于我，骤得胜，骄必甚。**必弃其民。无众而后伐之，欲御我，谁与？**与，从也。**夫礼、乐、慈、爱，战所畜也。**乐 yuè。四者为战争之积蓄。畜同蓄。**夫民，让事、**有礼。**乐和、**乐（luò、lè）。乐（yuè）所以乐（lè）人者，言有乐（yuè）。**爱亲、**有慈。**哀丧，**有爱。**而后可用也。**可用，民可用。**虢弗畜也，亟战将饥。”**兵，财用之蠹，不蓄四者而亟战，将饥。

王使召伯廖赐齐侯命，召 shào 伯廖，王卿士，召康公之后。赐命，赐命齐侯为侯伯。侯伯，诸侯长，霸主也。**且请伐卫，以其立子颓也。**立子颓在十九年。

庄公二十八年

【经】

二十有八年春，王三月甲寅，齐人伐卫。卫人及齐人战，卫人败绩。

夏四月丁未，二十三日。**邾子琐卒。**

秋，荆伐郑，公会齐人、宋人救郑。

冬，筑郿。为郿邑修筑城郭。郿，鲁邑。

大无麦、禾，杜预："书于冬者，五谷毕入，计食不足，而后书也。"**臧孙辰告籴于齐。**臧孙辰，臧文仲。籴，买谷也。

【传】

二十八年春，齐侯伐卫，战，败卫师。数之以王命，杨伯峻："数，责也。"误。文十八年："《虞书》数舜之功，曰'慎徽五典，五典克从'。曰'纳于百揆，百揆时序……'"数，列举也。非独罪可"数"，功亦可"数"。**取赂而还。**

晋献公娶于贾，贾，姬姓国。**无子。烝于齐姜，**烝，上淫曰烝。杜预："齐姜，武公（献公父）妾。"**生秦穆夫人及大子申生。又娶二女于戎，大戎狐姬生重耳，**此大戎为姬姓小国。**小戎子生夷吾。**疑小戎子之"子"为小戎之姓。杜预以大戎、小戎为二国，可信。《晋世家》谓小戎子为大戎狐姬之女弟，不从，一者，昭十三年称大戎狐姬为"狐季姬"，既为季女，则不得再有女弟；再者，若小戎子为大戎狐姬之娣，则小戎子宜为狐姬之陪嫁。**晋伐骊戎，骊戎男女以骊姬。**男，爵也。女，动词，纳女，嫁女也。**归生奚齐。其娣生卓子。骊姬嬖，欲立其子，赂外嬖梁五与东关嬖五，**外嬖对内嬖而言，内嬖谓宠幸姬妾；外嬖为男性，贱臣而得宠者。**使言于公曰："曲沃，君之宗也。**宗，宗邑。桓叔为晋献公之始祖，曲沃为桓叔之封，晋宗庙所在。**蒲与二屈，君之疆也。**蒲与二屈当为晋疆埸重镇。二屈，北屈、南屈。**不可以无主。**主，尊贤之主。**宗邑无主则民不威，**轻慢宗邑则无以威民，民将慢其政。**疆埸无主则启戎心。**埸，边境，边界也。启戎心，开启戎狄侵犯之心。《传》例曰"晋，戎狄之与邻"。**戎之生心，民慢其政，国之患也。若使大子主曲沃，而重耳、夷吾主蒲与屈，则可以威民而惧戎，**国君既敬慎其事，则民畏威而戎戒惧。**且旌君伐。"**旌，表彰也。伐，功也。**使俱**

曰：骊姬使二五也。“狄之广莫，于晋为都。广莫犹广袤。于，在也。言皆归晋而为都邑矣。晋之启土，不亦宜乎？”启土，开启疆土。宜，合宜，犹今曰“应该”。晋侯说之。说同悦。夏，使大子居曲沃，重耳居蒲城，夷吾居屈。群公子皆鄙，鄙，边鄙，边邑也。唯二姬之子在绛。二五卒与骊姬谮群公子而立奚齐，立奚齐为太子。卒，终也。晋人谓之二五耦。二五，梁五及东关嬖五。耦同偶，物之成双成对者曰耦。

楚令尹子元欲蛊文夫人，蛊 gǔ，诱惑，迷惑。杜预：“文王夫人，息妫也。子元，文王弟。蛊，惑以淫事。”文夫人极美，盖子元欲之，故自旌以诱之。为馆于其宫侧，为馆，筑馆。而振万焉。万，舞名，此为武舞。夫人闻之，泣曰：“先君以是舞也，习戎备也。今令尹不寻诸仇雠，而于未亡人之侧，杜预：“寻，用也。妇人既寡，自称未亡人。”雠，仇敌也。仇者，仇恨，仇怨也。不亦异乎？”御人以告子元。杜预：“御人，夫人之侍人。”子元曰：“妇人不忘袭雠，我反忘之！”

秋，子元以车六百乘伐郑，入于桔柣之门。桔柣 jiédiē，杜预：“郑远郊之门也。”子元、斗御强、斗梧、耿之不比为旆，旆，前军之大旗也，故又引申为前军。旆与殿对。斗班、王孙游、王孙喜殿。殿，殿后（断后）之军。众车入自纯门，纯门，郑外郭门。及逵市。杨伯峻：“郑国城外大路之市场。”县门不发，楚言而出。子元曰：“郑有人焉。”县同悬。发，放也，悬门上下启闭，发即闭也。杜预：“县门，施于内城门。郑示楚以闲暇，故不闭城门，出兵而效楚言，故子元畏之，不敢进。”杨伯峻：“悬门犹今之闸门。人谓人才。”诸侯救郑，楚师夜遁。遁，退也，逃也。遁音 tùn，又音 dùn。郑人将奔桐丘，惧灭。谍告曰：“楚幕有乌。”谍，间谍。帐幕无人，乌鸦故敢止其上。乃止。

冬，饥。臧孙辰告籴于齐，礼也。

筑郿，非都也。凡邑有宗庙先君之主曰都，无曰邑。邑曰筑，都曰城。为邑筑城郭曰筑，为都筑城郭曰城。

庄公二十九年

【经】

二十有九年春，新延厩。厩 jiù，马棚也。杜预：“言新者，皆旧物不可用，更造之辞。”

夏，郑人侵许。

秋，有蜚。为灾，故书。

冬十有二月，纪叔姬卒。即隐七年归于纪者，纪灭之后又于庄十二年自鲁归酅。

城诸及防。诸、防，鲁邑。

【传】

二十九年春，新作延厩。书，不时也。凡马，日中而出，日中而入。前“日中”，春分也；后“日中”，秋分也。马以春分出厩放牧，秋分入厩喂养，今春作延厩，厩成即将闲置，故不时。

夏，郑人侵许。凡师有钟鼓曰伐，杜预：“声其罪。”**无曰侵，轻曰袭。**不用钟鼓曰侵，掩其不备曰袭。

秋，有蜚，为灾也。凡物不为灾不书。

冬十二月，城诸及防，书，时也。凡土功，龙见而毕务，戒事也。杜预：“谓今九月（农历九月），周十一月，龙星、角亢晨见东方，三务始毕，戒民以土功事。”**火见而致用，**杨伯峻：“火即心宿，夏正十月之初，次角、亢之后，晨出现于东方。致用，板、臿、畚、梮诸用具致之于场地。”**水昏正而栽，**夏正十月，大水星，又曰定星，于昏而正见于南方。栽，立板干而兴作。古筑城之事，先于基址之内外围立干，此曰栽。再于两侧所立干之内侧依干而平立木板，然后于其中填土打夯，再于第一层板之上接第二层板，填土打夯，反复此工序，至其所要求高度。**日至而毕。**杜预：“日南至，微阳始动，故土功息。”

樊皮叛王。樊皮，周大夫。樊，其采地，以地为氏。皮，名。

庄公三十年

【经】

三十年春王正月。

夏，次于成。杜预：“将卑师少，故直言次。齐将降鄣，故设备。”

秋七月，齐人降鄣。杜预：“鄣，纪附庸国。”

八月癸亥，二十三日。**葬纪叔姬。**

九月庚午朔，日有食之，鼓、用牲于社。非常。参庄二十五年。

冬，公及齐侯遇于鲁济。济水在鲁界者为鲁济。

齐人伐山戎。杜预：“山戎，北戎。”

【传】

三十年春，王命虢公讨樊皮。夏四月丙辰，十四日。**虢公入樊，执樊仲皮，归于京师。**

楚公子元归自伐郑，而处王宫，杜预：“欲遂蛊文夫人。”**斗射师谏，**疑斗射师即斗御强。服虔谓斗射师即斗班。**则执而梏之。**杜预：“足曰桎，手曰梏。”**秋，申公斗班杀子元，**杜预：“申，楚县也。楚僭号，县尹皆称公。”**斗穀於菟为令尹，自毁其家以纾楚国之难。**斗穀於菟，令尹子文也。纾 shū，缓也。

冬，遇于鲁济，谋山戎也，以其病燕故也。山戎为燕之患。燕，北燕，姬姓国，伯爵，召公奭之后。

庄公三十一年

【经】

三十有一年春，筑台于郎。杜预：“刺奢，且非土功之时。”

夏四月，薛伯卒。

筑台于薛。薛，鲁邑。

六月，齐侯来献戎捷。戎事有捷，以其所获献，曰献捷。杜预：“献，奉上之辞。”

秋，筑台于秦。

冬，不雨。

【传】

三十一年夏六月，齐侯来献戎捷，非礼也。凡诸侯有四夷之功，则献于王，王以警于夷。中国则否。唯伐夷狄有功，且以献于王为礼，中原国家相伐有功则不献。**诸侯不相遗俘。**杜预：“虽夷狄俘，犹不以相遗。”

庄公三十二年

【经】

三十有二年春，城小穀。齐桓公为管仲城小穀，鲁与之役，故书。

夏，宋公、齐侯遇于梁丘。梁丘，宋地。

秋七月癸巳，四日。**公子牙卒。**公子牙，僖叔牙，庄公弟。僖，谥。叔，排行及字。牙，名。

八月癸亥，五日。**公薨于路寝。**路寝，正寝也。成十八年："公薨于路寝，言道也。"

冬十月己未，二日。**子般卒。**子般，庄公太子。不书杀，讳之也。

公子庆父如齐。

狄伐邢。邢，姬姓国，侯爵，周公之后。

【传】

三十二年春，城小穀，为管仲也。

齐侯为楚伐郑之故，楚伐郑在二十八年。**请会于诸侯。**谋伐楚。**宋公请先见于齐侯。夏，遇于梁丘。**

秋七月，有神降于莘。莘 shēn，虢地。

惠王问诸内史过曰：内史过，周大夫。**"是何故也？"**故，事也。**对曰："国之将兴，明神降之，监其德也；**监，视也。《大雅·皇矣》："监观四方，求民之莫。"**将亡，神又降之，观其恶也。故有得神以兴，亦有以亡，**亦有得神以亡。**虞、夏、商、周皆有之。"**杜预："亦有神异。"**王曰："若之何？"**如之奈何？

对曰："以其物享焉，杨伯峻："物指祭品、祭服。"享，祭也。**其至之日，亦其物也。"**杜预："若以甲乙日至，祭先脾，玉用苍，服上青，以此类祭之。"详参《礼记·月令》。**王从之。内史过往，闻虢请命。**过奉王命如虢享神，闻虢请神赐土田之命。**反，曰："虢必亡矣，虐而听于神。"**听神，必不因民。虐，暴虐。

神居莘六月。虢公使祝应、宗区、史嚚享焉。嚚yín。杜预："祝，大祝。宗，宗人。史，大史。应、区、嚚皆名。"**神赐之土田。史嚚曰："虢其亡乎！**其，表倾向于肯定判断之副词。**吾闻之：国将兴，听于民；**因民意。**将亡，听于神。**杜预："求福于神。"**神，聪明正直而壹者也，**耳听为聪，目视为明。耳不能听是非，虽听不聪；目不能辨善恶，虽视不明。壹，专壹。**依人而行。**人，民也。**虢多凉德，其何土之能得？"**

初，公筑台临党氏，党氏，鲁大夫。杜预："筑台不书，不告庙。"误。杜预疏忽《传》之"初"字，筑台本不在今年，又何能书？**见孟任，从之。閟。**孟任，党氏女。孟，在姊妹之排行。任，党氏之姓。从，追也。閟，杨伯峻"闭门也"。闵二年"閟其事也"，"时以閟之"。**而以夫人言，**庄公许以孟任为夫人。**许之。**孟任答应庄公。**割臂盟公，**杨伯峻："孟任割臂与公相盟誓。割臂者，破臂出血以歃也；犹定四年《传》'割子期之心以与随人盟'，亦歃胸血而盟。割谓残破之，非割断之义。"**生子般焉。雩，讲于梁氏，**雩，求雨之祭。讲，肄也，习也，犹今演出前之排练。梁氏，鲁大夫。**女公子观之。**女公子，孟任所生，子般妹。**圉人荦自墙外与之戏。**圉人，职养马者，位卑，不在十等之内。荦luò。戏，盖调戏之。**子般怒，使鞭之。公曰："不如杀之，是不可鞭。荦有力焉，能投盖于稷门。"**能自地投盖于稷门之上。稷门，鲁南城门。

公疾，问后于叔牙。对曰："庆父材。"礼，国君有子，不立兄弟；立兄弟，有嫡不立庶，叔牙举庆父，则庆父当是嫡出，为庄公母弟。《鲁世家》：“庄公有三弟，长曰（仲）庆父，次曰叔牙，次曰季友。”**问于季友，对曰：“臣以死奉般。”公曰：“乡者牙曰‘庆父材’。”**乡同向，之先，之前。**成季使以君命命僖叔待于鍼巫氏，**以君命，矫君命。成季，季友也，成，谥；季，排行及字；友，名。僖叔，叔牙。鍼巫氏，鍼，氏；巫，官名；氏者，家也。官有世功，则有官族，故曰鍼巫氏。**使鍼季鸩之，**鍼季，鲁大夫，季，其排行及字。鸩 zhèn，杨伯峻：“鸟名，其羽毛有毒，古人用以为毒酒杀人。故以毒酒饮人亦曰鸩。”**曰：“饮此则有后于鲁国，不然，死且无后。”饮之，归，及逵泉而卒，**逵泉，鲁地。**立叔孙氏。**践立其后之言。

八月癸亥，五日。**公薨于路寝。子般即位，**即君位也，杜预：“即丧位。”未必信。天子诸侯崩薨，国有祸乱争国者，新君不乏未逾年而即位者，如隐四年之卫宣公，昭二十二年周敬王等。**次于党氏。冬十月己未，**二日。**共仲使圉人荦贼子般于党氏。**共仲，庆父，共，谥。贼，杀也。**成季奔陈。立闵公。**闵公，哀姜之娣叔姜之子。

闵公

闵公名启方，庄公之子，母叔姜。

闵公元年

【经】

元年春王正月。

齐人救邢。狄伐邢齐人救。

夏六月辛酉，七日。**葬我君庄公。**

秋八月，公及齐侯盟于落姑。落姑，齐地。**季子来归。**季子，成季友。

冬，齐仲孙来。仲孙，齐大夫。

【传】

元年春，不书即位，乱故也。杜预："国乱不得成礼。"

狄人伐邢。狄于去年冬往伐邢，故至今春师仍在邢。**管敬仲言于齐侯曰：**管敬仲，管仲，管夷吾。**"戎狄豺狼，不可厌也；**厌，足也，满足。**诸夏亲暱，不可弃也**。不可抛弃。诸夏，中原国家。**宴安鸩毒，不可怀也**。若不救邢，而贪图苟安，将纵敌速祸，故曰宴安等于鸩毒。怀，怀恋。**《诗》云：‘岂不怀归，畏此简书。’**杨伯峻据沈钦韩，谓简书即告急文书，然告急文书所书者常为紧急情报，下《传》曰“简书，同恶相恤之谓也”，则简书非告急文书。笔者认为简书为出师前国君赐予将士之书有誓师口号之竹简。**简书，同恶相恤之谓也**。同恶，彼此或众人共同厌恶的，曰同恶。**请救邢以从简书。”**以救邢来体现简书同恶相恤之精神。**齐人救邢**。

夏六月，葬庄公，乱故，是以缓。十一月而葬。

秋八月，公及齐侯盟于落姑，请复季友也。齐为诸侯霸主，故请齐侯作主复季友。**齐侯许之，使召诸陈，**去年，季友奔陈。**公次于郎以待之。“季子来归”，嘉之也**。嘉之，谓书其字。此与下文“仲孙”及桓十七年《经》“蔡季自陈归于蔡”例同。

冬，齐仲孙湫来省难。省，省察，视察。**书曰“仲孙”，**称其族氏。**亦嘉之也**。

仲孙归曰：“不去庆父，鲁难未已。”杨伯峻：“时庆父已还鲁，故仲孙为此言。”**公曰：“若之何而去之？”**怎样可以去之。**对曰：“难不已，将自毙，**毙，踣也。**君其待之。”公曰：“鲁可取乎？”**欲乘鲁难而取其国。**对曰：“不可，犹秉周礼。周礼，所以本也**。周为宗主国，故言周礼为本。**臣闻之，国将亡，本必先颠，而后枝叶从之**。以树喻。**鲁不弃周礼，**不弃周礼所以本固。**未可动也。君其务宁鲁难而亲之。亲有礼，因重固，**因，依也，依恃也。**间携贰，**携离不专壹者，钻其空隙。**覆昏乱，**昏乱者倾而覆之。**霸王之器也。”**器，工具。

晋侯作二军，之前晋仅一军，参庄十六年。**公将上军，大子申生将下军。赵夙御戎，**为公戎车之御。御，今曰司机。杨伯峻本惠栋，谓赵夙为赵衰之父。**毕万为右，**为公戎车之右。毕万，魏犨祖父，为文王弟毕公高之苗裔。毕国为文王十六国之一，后绝封。**以灭耿、灭霍、灭魏。**三者，皆姬姓国。霍，文王子叔处所封。**还，为大子城曲沃。赐赵夙耿，赐毕万魏，以为大夫。**

士蔿曰："大子不得立矣，言将被废。**分之都城而位以卿，先为之极，又焉得立？**桓二年"天子建国，诸侯立家"，家即卿大夫，赐予采地立为大夫曰立家。太子，将嗣承享国者也，今分之以都城，是比之若卿大夫也。太子身为储君，本可以准诸侯之身份与诸侯并列，今位以卿大夫之极，是不得列于诸侯矣，故曰不得立。襄十九年："光之立也，列于诸侯矣。"**不如逃之，无使罪至。为吴大伯，**《吴世家》："吴太伯、太伯弟仲雍，皆周太王之子，而王季历之兄也。季历贤，而有圣子昌，太王欲立季历以及昌，于是太伯、仲雍二人乃犇荆蛮，文身断发，示不可用，以避季历。季历果立，是为王季，而昌为文王。太伯之犇荆蛮，自号句吴。荆蛮义之，从而归之千余家，立为吴太伯。"**不亦可乎？犹有令名，与其及也。**及，及祸。杨伯峻引焦循及杨树达，谓此为"与其及也，不如逃之，无使罪至。为吴大伯，不亦可乎？犹有令名"之倒说句。**且谚曰：'心苟无瑕，何恤乎无家。'**恤，忧也。**天若祚大子，其无晋乎！"**僖二十八年"今日必无晋矣"，无晋谓灭晋；又据晋之妖梦"将以晋畀秦，秦将祀余"，言帝欲灭晋。然据上文吴太伯之例，及"何恤乎无家"之言，此"无晋"不可作"灭晋"解。句谓天若祐祚太子，必不使享在晋，而将享天祚于他处，若吴太伯、陈完者。

卜偃曰：卜偃，晋掌卜大夫。**"毕万之后必大。万，盈数也；魏，大名也。以是始赏，天启之矣。天子曰兆民，**天子称其子民曰兆民。**诸侯曰万民。今名之大，以从盈数，其必有众。"**

初，毕万筮仕于晋，遇《屯》䷂之《比》䷇。屯，《震》下《坎》上。比，《坤》下《坎》上。《屯》之初九变为初六，而成《比》卦。**辛廖占之，**服虔、刘炫谓辛廖为周大夫，可信。**曰："吉。《屯》**

固《比》入，杜预：“《屯》险难，所以为坚固。《比》亲密，所以得入。”**吉孰大焉？其必蕃昌。《震》为土，**杨伯峻：“《震》为土者，《震》卦变为《坤》卦（土）也。”**车从马，**杜预：“《震》为车，《坤》为马。”**足居之，**杜预：“《震》为足。”**兄长之，**杜预：“《震》为长男。”**母覆之，**杜预：“《坤》为母。”**众归之，**《坎》为水，众之象。**六体不易，**杨伯峻引尚秉和：“《坎》数六，遇卦、之卦皆有《坎》。不易者，《坎》卦不变也。”**合而能固，安而能杀。**杜预：“《比》合《屯》固，《坤》安《震》杀。”杨伯峻：“安为惠，杀为威，有惠有威，能生能杀。”**公侯之卦也。**作威作福，故曰“公侯之卦”。**公侯之子孙，必复其始。”**复其始，言复其祖之功业而为诸侯也。春秋之后，晋分裂为魏、赵、韩，毕万之后享魏。

闵公二年

【经】

二年春王正月，齐人迁阳。阳，国名。杨伯峻：“盖齐人逼徙其民而取其地。”

夏五月乙酉，六日。**吉禘于庄公。**

秋八月辛丑，二十四日。**公薨。**

九月，夫人姜氏孙于邾。孙同逊，国君讳出奔，故称“孙”。

公子庆父出奔莒。

冬，齐高子来盟。高子，杜预：“盖高傒也。”

十有二月，狄入卫。

郑弃其师。弃，遗弃，抛弃。

【传】

二年春，虢公败犬戎于渭汭。杨伯峻：“渭汭，渭水入河处。”水之隈曲曰汭。**舟之侨曰：“无德而禄，**禄，福也。师而有功，是获天禄。**殃也。殃将至矣。”遂奔晋。**

夏，吉禘于庄公，速也。禘，大祭也。“吉禘于庄公”者，当与襄十六年“以寡君之未禘祀”之“禘”同，特指三年丧毕之初禘，因曰“吉禘”。昭十五年《传》“禘于武公”、二十五年“禘于襄公”、定八年“禘于僖公”之“禘”则不同于此文之初禘。古礼三年之丧二十五月而毕，盖三年丧毕，致新死者之主于太庙，且列之昭穆，既而，在新死者之主庙举行吉禘之礼。时庄公三年之丧未毕，或新主于太庙昭穆未序，不宜行吉禘之礼，《传》因曰“速”。“禘于庄公”者，或以为禘于庄公之主庙，或以为禘于太庙。杨伯峻据文二年“大事于大庙，跻僖公”，谓“大事”即“吉禘”，因谓禘必当于太庙举行，不可信。彼时僖公三年之丧亦未毕，盖夏父欲登僖公，故不欲待丧毕，而先行大祭用登之也，故“大事”未必即“吉禘”。昭十五年《经》“有事于武宫（武庙）”，其《传》曰“禘于武公”，禘在武公之主庙，明矣。昭二十五年“禘于襄公，万者二人，臧孙曰‘此之谓不能庸先君之庙’”，称“先君之庙”，自是襄公之庙也，则禘亦在襄公庙。定八年《经》“从祀先公”，《传》曰“冬十月，顺祀先公而祈焉”，是行之于太庙也，《传》又曰“辛卯，禘于僖公”，则是在僖公主庙举行。故“吉禘于庄公”者，当在庄公之庙行之也。

初，公傅夺卜齮田，公不禁。秋八月辛丑，二十四日。**共仲使卜齮贼公于武闱。**卜齮怨公，故共仲因之。杜预：“宫中小门谓之闱。”杨伯峻谓，此武闱即路寝之旁门。**成季以僖公适邾。**以，能左右之曰以。僖公，庄公妾成风之子。杜预以僖公为闵公庶兄，是也。据哀姜及其娣叔姜归鲁在庄二十四年八月，则闵公此时最大不超过十岁；又据僖公十一年《经》“公及夫人姜氏会齐侯于阳穀”，而之前《经》未尝载僖公娶事，因知僖公娶在即位之前，则僖公此时已成年。**共仲奔莒，**

惧祸出奔。**乃入，立之。**共仲出奔，成季乃奉僖公入而立之。**以赂求共仲于莒，莒人归之。及密，**密，鲁地。**使公子鱼请，不许，哭而往。**共仲使子鱼先如鲁乞赦命，鲁不许，哭而返。**共仲曰："奚斯之声也。"乃缢。**子鱼未及至，庆父闻其哭声，知不得请，故先缢。奚斯即公子鱼。

闵公，哀姜之娣叔姜之子也，故齐人立之。共仲通于哀姜，哀姜欲立之。闵公之死也，哀姜与知之，哀姜，闵公之嫡母（亦其母之姊也）。与知，言参与其事。**故孙于邾。齐人取而杀之于夷，以其尸归，**以哀姜之尸归齐也。杨伯峻谓齐人以其尸归鲁，误。**僖公请而葬之。**僖公请其尸于齐，而后葬之。

成季之将生也，桓公使卜楚丘之父卜之。卜楚丘，鲁掌卜大夫。**曰："男也。其名曰友，在公之右。**杜预："在右，言用事。"**间于两社，**杜预："两社，周社、亳社。两社之间，朝廷执政所在。"**为公室辅。季氏亡，则鲁不昌。"**季氏当指季友之后代，此《传》所以称"季氏"而不称"季友"。季友为公子，其子为公孙，自其孙以后始称季氏。季氏自宣公始专鲁大政，终春秋之世。服虔谓季氏特指季友，亡谓出奔，不从。**又筮之，**先卜，又筮。**遇《大有》☲之《乾》☰，**《大有》，《乾》下《离》上。《乾》，《乾》下《乾》上。《大有》六五变而为《乾》。**曰："同复于父，敬如君所。"**杜预："筮者之辞也。《乾》为君父，《离》变为《乾》，故曰同复于父，见敬与君同。"**及生，有文在其手，曰"友"，**文，字也。谓其手纹为"友"字。**遂以命之。**命其名为"友"。

冬十二月，狄人伐卫。卫懿公好鹤，懿公，惠公之子。**鹤有乘轩者。**轩，轩车，卿大夫之车。言鹤有出入乘坐轩车者。杨伯峻用汪中，谓以卿之秩宠之，以卿之禄食之也，非使鹤乘坐轩车，误。鹤者，飞禽而已，其能有何志向？且纵使予之卿之食禄，其知受用乎？礼为君所司，君失礼是借名器于人，若使鹤乘轩车，是比鹤如卿大夫也，故鹤乘轩车，有其名，无其实也，非谓予之卿大夫食禄。**将战，国人受甲者皆曰：**国人，公民也，国都之民。凡国都及其郊隧之民人皆为国君所有，《传》所谓“家（卿大夫）施不（不可以）及国（国民）”。除国民及公邑之民为公所有，卿大夫采邑之民，虽名义上亦为公之臣民，然实为卿大夫所有。**“使鹤，鹤实有禄位，**鹤乘轩车，故谓其有卿大夫之禄位。此国人讥讽之言，并非鹤真有禄位。**余焉能战？”公与石祁子玦，与甯庄子矢，**甯庄子，甯速。玦 jué，玉玦。杜预：“玦如环而缺不连。”**使守，曰：“以此赞国，择利而为之。”**赞，助也。杜预：“玦示以当决断，矢示以御难。”**与夫人绣衣，曰：“听于二子。”**二子，石祁子、甯庄子。**渠孔御戎，子伯为右，**二人为懿公之戎御及车右。**黄夷前驱，孔婴齐殿。及狄人战于荧泽，**杜预：“荧泽当在河（黄河）北。”**卫师败绩，遂灭卫。卫侯不去其旗，**据成十六年：“‘卫懿公唯不去其旗，是以败于荧。’乃内旌于韬中。”去，藏去之去，藏也。昭十九年“纺焉以度而去之”之“去”亦此义。**是以甚败。狄人囚史华龙滑与礼孔以逐卫人。二人曰：**二人，华龙滑与礼孔。**“我，大史也，实掌其祭。不先，国不可得也。”**杜预：“夷狄畏鬼，故恐（恐之）言当先白神。”**乃先之。至，则告守曰：**守，石、甯二大夫。**“不可待也。”**杨伯峻谓待为抵御。僖十五年：“不惮征缮以待秦命。”襄十一年：“无以待戎，不能济河。”昭七年：“晋师必至，吾无以待之。”则待有抵御之义。**夜与国人出。狄入卫，遂从之，又败诸河。**杜预：“卫将东走渡河，狄复逐而败之。”

初，惠公之即位也少，杜预：“盖年十五六。”**齐人使昭伯烝于宣姜，**昭伯，宣公子顽也，惠公庶兄。宣姜，宣公夫人，惠公之生母，亦公子顽之嫡母也。**不可，强之。生齐子、**嫁于齐侯而非夫人，故曰“齐子”。**戴公、文公、宋桓夫人、许穆夫人。文公为卫之多患也，先适齐。**此句为插叙之言，不启下句。**及败，**

及卫师败。**宋桓公逆诸河，**此句不承上句。“诸”指卫之败众，非指文公，文公时在齐，不在卫师。**宵济。**夜渡，畏狄。**卫之遗民男女七百有三十人，益之以共、滕之民为五千人，**杜预：“共及滕，卫别邑。”**立戴公以庐于曹。**懿公死于师，故立戴公（戴公是年卒，《经》《传》不载，又立文公）。庐，舍也。**许穆夫人赋《载驰》。**许穆夫人痛母国之亡，欲归奔走其事，为许人控制，忧而赋《载驰》。**齐侯使公子无亏帅车三百乘、甲士三千人以戍曹。**无亏，卫姬之子，公子武孟也。**归公乘马，**归，馈遗也。章炳麟：“乘马者，通指当乘（乘车）之马，非四马为乘之谓也。”**祭服五称，**杜预：“衣单（单衣）复（复衣）具（备）曰称。”**牛、羊、豕、鸡、狗皆三百，与门材。**门材，门户之材。杜预：“使先立门户。”**归夫人鱼轩，**杜预：“鱼轩，夫人车，以鱼皮为饰。”**重锦三十两。**杨伯峻：“锦，用各种颜色之丝所织成之绸缎料。重锦，锦之熟细者。三十两，三十匹。古代布帛，每匹四丈，分为两段，两两合卷，故谓之两；若匹偶然，亦谓之匹。”

郑人恶高克，使帅师次于河上，久而弗召。师溃而归，高克奔陈。郑人为之赋《清人》。

晋侯使大子申生伐东山皋落氏。皋落氏，杜预：“赤狄别种也。”**里克谏曰：**里克，晋大夫。**“大子奉冢祀，社稷之粢盛，以朝夕视君膳者也，故曰冢子。**杨伯峻：“冢，大也。冢祀指宗庙之祀。膳，膳食。”**君行则守，有守则从。从曰抚军，**抚，慰也。**守曰监国，古之制也。夫帅师，专行谋，**杨伯峻：“专断谋略。”**誓军旅，**杨伯峻：“号令军队。”**君与国政之所图也，**国政，国之上卿。**非大子之事也。师在制命而已。**制，制定。命，军命，号令。杨伯峻：“古代行师，主帅制命，所谓‘自阃以外，将军制之’，‘将在外君命有所不受’者是也。”**禀命则不威，**不能专断号令，遇事须请示上命，则失其威严。**专命则不孝。**若专制命之权，不受制于上，则是不孝。**故君之嗣適不可以帅师。**嗣適即適嗣。**君失其官，**杨伯峻："君失其官人之道，而以太子率师。"**帅师不威，将焉用之。且臣闻皋落氏将战，君其舍之。"**舍太子，勿使之帅师。**公曰："寡人有子，未知其谁立焉。"不对而退。**

见大子，大子曰："吾其废乎！"申生已预知献公之意。**对曰："告之以临民，**治有曲沃之民，故曰"临民"。**教之以军旅，**杨伯峻："谓前令其将下军，又令其主伐东山皋落氏。"**不共是惧，**共同恭，若解作供亦通。**何故废乎？且子惧不孝，无惧弗得立，修己而不责人，则免于难。"**

大子帅师，公衣之偏衣，杜预："偏衣，左右异色，其半似公服。"**佩之金玦。**佩饰以玉为常度，今佩太子以金玦，玦又是绝离之象。金玦，以青铜制成之玦。**狐突御戎，先友为右。**杜预："狐突，伯行，重耳外祖父也，为申生御。申生以大子将上军。"先友，先丹木之族。**梁馀子养御罕夷，**申生既将上军，罕夷盖以下军佐之身份代将下军。**先丹木为右。**梁馀子养及先丹木为罕夷之御、右。**羊舌大夫为尉。**羊舌大夫，羊舌职父，叔向祖。尉，军尉。**先友曰："衣身之偏，**其服半为公服，言公衣申生以己身之偏。**握兵之要，**要，符也，兵符，即金玦。言握兵权。**在此行也，**功在此行。**子其勉之！偏躬无慝，**以偏身衣之，是公无恶意。**兵要远灾，**握兵大权，所以远害。**亲以无灾，**偏衣、兵要，示公亲爱之以使无灾也。**又何患焉？"**杨伯峻："先友以此为好事。或已心知其非，故意作此慰勉之语。"**狐突叹曰："时，事之徵也；**时指举事之时间。徵，兆也。**衣，身之章也；**戎、祀，婚、丧，尊卑、贵贱皆有服章，所以章明其事及人之身份。**佩，衷之旗也。**杜预："旗，表也，所以表明其中心。"**故敬其事，则命以始；**杜预："赏以春夏。"**服其身，则衣之纯；**杨伯峻："必以纯色为服。古代戎服，尤贵一色，故谓之均服。"**用其衷，则佩之度。**欲用人之中心，则当佩之以礼度。古以佩玉为常度。**今命以时卒，**

阏其事也；时卒，岁终。阏，关闭。时为事之征兆，今命以岁终，故曰“阏其事”。**衣之尨服，远其躬也；**尨 máng，本义为杂毛狗，引申为杂色。衣之尨服，是疏远之也。**佩以金玦，弃其衷也。服以远之，时以阏之，尨凉冬杀，金寒玦离，**尨从凉，冬主杀，金性寒，玦象离。杨伯峻：“古人以玦表决绝与离别。”**胡可恃也？虽欲勉之，狄可尽乎？”**据下文先丹木之言，献公于申生有“尽敌而反”之命。**梁馀子养曰：“帅师者受命于庙，受脤于社，**出师之前，必祭告庙、社，由司祭者授脤肉于帅师者，帅师者受之谓受脤。杜预：“脤，宜社之肉，盛以脤器。”成十三年：“祀有执膰，戎有受脤。”**有常服矣。**常服，戎服。杜预：“韦弁服，军之常（服）也。”**不获而尨，**不获常服，而获偏衣。**命可知也。**此命与庄十四年“‘臣闻命矣’，乃缢而死”之命同义，非指所言授之命，乃是探授命者本身之意志而言。**死而不孝，**言献公本欲申生死，且欲加之以不孝名。**不如逃之。”罕夷曰：“尨奇无常，**杜预：“杂色奇怪，非常之服。”**金玦不复，**金玦，示疏离决绝，故曰不复。**虽复何为，君有心矣。”**有害太子之心。**先丹木曰：“是服也。狂夫阻之。**狂夫，《诗·齐风·东方未明》，正是狂夫之生活写照，所谓召令无时——“东方未明，颠倒衣裳。颠之倒之，自公召之。东方未晞，颠倒裳衣。倒之颠之，自公令之。折柳樊圃，狂夫瞿瞿。不能辰夜，不夙则莫。”或以狂夫为役夫，或者役夫之监工；折柳为编织篱笆以御寇，非也，既为公所亲召，绝非役夫，或者监工。役夫行役，其徒必众，受命于督事官司，非公亲召。于鬯又谓，折樊圃之柳以为漏箭之用（古时无钟表，以漏壶计时。漏壶中立箭，上刻百刻，壶中水因滴漏而减，于是视壶中水在漏箭上显示的刻度计时），亦非也，漏刻之官不失昼夜，必有严格的岗位轮替，非公能随意召令。服虔、韦昭、章炳麟皆谓，狂夫相当于《周礼·夏官》之方相氏，可信，古人畏鬼，故有驱鬼御邪之官，方相氏司狂夫之职，故于其所在之国尊称其氏曰方相氏，而诸侯盖通谓之“狂夫”。方相氏玄衣朱裳，国有妖灾灵异，君有疑事猜梦，则召“方相氏”，故“方相氏”可谓召令无时。折柳者盖为作法之道具。《传》“狂夫阻之”者，谓狂夫之贱官尚服上下区分之玄衣朱裳，而拒服左右异色之偏衣。阻，阻拒，拒绝。**曰‘尽敌而反’，敌可尽乎？虽尽敌，犹有内谗，不如违之。”**违，去也。此劝之逃行。**狐突欲行。**行，逃亡。**羊舌大夫曰：“不可。违命不孝，弃事不忠。虽知其寒，**寒即“金寒”、“寒凉”，乃献公之本心。**恶不可取，**恶谓不孝不忠。**子其死之！”**

大子将战，狐突谏曰：“不可，昔辛伯谂周桓公云：杨伯峻：“谂音审，深谏也。”**‘内宠并后，外宠二政，**内宠之妾与君后（夫人）匹敌，若两后；嬖臣与国政相匹敌，曰二政。**嬖子配適，大都耦国，**宠幸之庶子与太子匹敌，大都足以与国都抗衡比耦。**乱之本也。’周公弗从，故及于难。**事在桓十八年。**今乱本成矣，立可必乎？孝而安民，子其图之！**狐突仍劝其行。杜预：“奉身为孝，不战为安民。”古礼，子之身为父母之遗体，保护己之身体发肤使不受损害亦为孝。狐突有意以奉身为孝开导太子，此变通之辞也，例如文十三年邾子解“命”、襄十七年“唯卿为大夫”、哀六年“从君之命，顺也；立君之子，亦顺也”，皆此类。**与其危身以速罪也。”**内有谗主，君有祸心，故战将危身速罪。杨伯峻：“此倒装句法，正说宜是‘与其危身以速罪也，不如孝而安民，子其图之’。”

成风闻成季之繇，杜预：“成风，庄公之妾，僖公之母也。繇（zhòu），卦兆之占辞。”**乃事之，**事，私事，奉事。**而属僖公焉，故成季立之。**

僖之元年，齐桓公迁邢于夷仪。夷仪，邢地。**二年，封卫于楚丘。**楚丘，卫地。**邢迁如归，**如归，如回家然。**卫国忘亡。**杜预：“忘其灭国之困。”不从。此句志在嘉齐桓之德，故“忘亡”者，谓卫国之灭亡若未发生然。

卫文公大布之衣，大帛之冠，杨伯峻：“大布衣、大白冠，所以示俭。”大布，粗布。**务材训农，**孔颖达：“务材，务在植材用也。”**通商惠工，敬教劝学，授方任能。**方，百事之方法。杜预：“百事之宜也。”任能，任命有才能者。**元年革车三十乘，季年乃三百乘。**革车，兵车。季年，末年。文公卒于僖二十五年，然季年并非特指其卒之年。

僖公

僖公名申，庄公之子，闵公之兄，母成风。

僖公元年

【经】

元年春王正月。

齐师、宋师、曹师次于聂北，救邢。聂北，邢地。

夏六月，邢迁于夷仪。夷仪，邢地。

齐师、宋师、曹师城邢。城邢，为夷仪筑城墙。

秋七月戊辰，二十六日。**夫人姜氏薨于夷，**不书齐人杀，讳之也。**齐人以归。**归谓具其尸返齐，下文《经》、《传》“夫人氏之丧至自齐”可证。《经》《传》“以归”之例颇多。杨伯峻“归者，归于鲁”，且驳毛奇龄“归于齐”为非，杨注实误。

楚人伐郑。在此之前《经》皆称楚为荆。

八月，公会齐侯、宋公、郑伯、曹伯、邾人于柽。杜预：“柽（chēng），宋地。”

九月，公败邾师于偃。偃，邾地。

冬十月壬午，十二日。**公子友帅师败莒师于郦。获莒挐。**杜预："郦，鲁地。挐（rú），莒子之弟。不书弟者，非卿。非卿则不应书，嘉季友之功，故特书其所获。大夫生死皆曰获。"

十有二月丁巳，十八日。**夫人氏之丧至自齐。**不书"夫人姜氏"，而书"夫人氏"，例同庄元年"夫人孙于齐"。不称姜氏，与齐绝姻亲也。

【传】

元年春，不称即位，公出故也。僖公出奔在去年八月，归鲁立为君盖在去年九月。公以出奔故，不行即位礼，故《经》不书即位。**公出复入，不书，讳之也。讳国恶，礼也。**

诸侯救邢。邢人溃，出奔师。杜预："奔聂北（诸侯）之师也。"**师遂逐狄人，具邢器用而迁之，师无私焉。**杜预："皆撰具还之，无所私取。"

夏，邢迁于夷仪，诸侯城之，救患也。凡侯伯，救患、分灾、讨罪，礼也。侯伯，霸主。分灾，分谷帛等以赈济受灾者。

秋，楚人伐郑，郑即齐故也。即，就也，从也，与也。**盟于荦，谋救郑也。**荦 luò，即柽。

九月，公败邾师于偃，虚丘之戍将归者也。邾师戍虚丘，卒戍将归，公败之。邾戍虚丘，公败邾师，盖皆与哀姜奔邾有关。杜预："虚丘，邾地。"

冬，莒人来求赂。赂，归庆父之赂。既受赂，又复来求，贪也。或谓鲁既许之而不予，故来求，不可信。**公子友败诸郦，获莒子之弟挐。非卿也，嘉获之也。公赐季友汶阳之田及费。**季友有大功于公，公不敢私赏之，故借此功以赏之。汶阳田，汶水北地。费，鲁邑。

夫人氏之丧至自齐。君子以齐人之杀哀姜也为已甚

矣， 已，太也。齐人之杀哀姜，一者，以哀姜本齐女；二者，盖欲行侯伯之义。**女子，从人者也。** 女子有三从之义，未嫁从父，既嫁从夫，夫死从子。哀姜虽有罪于鲁，非母家所宜讨。

僖公二年

【经】

二年春王正月，城楚丘。 楚丘，卫邑。杜预：“不言城卫，卫未迁。”

夏五月辛巳， 十四日。**葬我小君哀姜。**

虞师、晋师灭下阳。 杜预：“下阳，虢邑。”书“灭”者，雷学淇谓，下阳乃虢之宗庙社稷所在。

秋九月，齐侯、宋公、江人、黄人盟于贯。 江，嬴姓国。贯，宋地。

冬十月，不雨。

楚人侵郑。

【传】

二年春，诸侯城楚丘而封卫焉。 杜预：“君死国灭，故《传》言封。”**不书所会，后也。** 不书所会诸侯，鲁后至，故不书会，独书“城楚丘”。

晋荀息请以屈产之乘与垂棘之璧，假道于虞以伐虢。 杜预：“荀息，荀叔也。屈地生良马，垂棘出美玉，故以为名。自晋适虢，途出于虞，故借道。”乘，当乘车之马，非特指一乘四马。**公曰：“是吾宝也。”对曰：“若得道于虞，犹外府也。”** 若得灭虢，虞自为晋之府库矣。府者，所以藏史籍、宝器、财物等贵重之物；库则藏车、甲兵、器用等物。**公曰："宫之奇存焉。"**宫之奇，虞贤臣。言宫之奇必知我伐虢之利害，而谏阻其君。**对曰："宫之奇之为人也，懦而不能强谏，**懦，懦弱。**且少长于君，君昵之，虽谏，将不听。"**少长，少有二义，一为年少、少小之少；一为稍微之稍。长亦有二义，一为年长、长幼之长；一为生长、长育之长。成八年"武从姬氏畜于公宫"，哀二十五年"少畜于公"，哀二十六年"取公孙周之子畜诸公宫"，此皆曰"畜"；闵元年"兄长之，母覆之"，哀十四年"余长魋也，今将祸余"，此用"长"之例；又《诗·小雅·蓼莪》："拊我畜我，长我育我。"此文"少长"当取"稍长"之义，言宫之奇稍长于君，无尊长之威，公昵而不听之。林尧叟："宫之奇自少长养于公宫。"不从。**乃使荀息假道于虞，曰："冀为不道，**冀，国名。**入自颠軨，伐鄍三门。**冀自颠軨入伐虞，至鄍邑。杜预："鄍，虞邑。"**冀之既病，则亦唯君故。**杜预："言虞报伐冀使病。将欲假道，故称虞强，以说其心。"杨伯峻用于鬯谓，晋尝助虞伐冀使冀受损伤，"则亦唯君故"者，言我伐冀，非自为也，为虞复雠击敌耳，晋因有惠于虞，故责还报，不从。晋若果有德于虞，虞礼当还报，何必又厚贿之？**今虢为不道，保于逆旅，以侵敝邑之南鄙。**杜预："逆旅，客舍也。"盖虢人保于晋南境道路上之客舍，以侵晋南鄙。**敢请假道以请罪于虢。"**请罪犹问罪。问虢人晋犯何罪？此正话反说，外交辞令惯用之修辞手法。**虞公许之，且请先伐虢。**杜预："喜于厚赂而欲求媚。"**宫之奇谏，不听，遂起师。**虞起师。**夏，晋里克、荀息帅师会虞师伐虢，灭下阳。先书虞，贿故也。**虞为贿故，先导伐虢，故先书之。

秋，盟于贯，服江、黄也。杜预："江、黄，楚与国也。始来服齐，故为合诸侯。"

齐寺人貂始漏师于多鱼。寺人貂，阉官竖貂也。杜预："《传》言貂于此始擅贵宠，漏泄桓公军事，为齐乱张本。"孔颖达："云始者，言其终又甚焉。”

虢公败戎于桑田。桑田，虢邑。**晋卜偃曰：“虢必亡矣。亡下阳不惧，而又有功，是天夺之鉴，**无以自照其病。鉴，镜也。**而益其疾也**。疾、病义近同，疾者程度浅，病者程度深。小病曰疾，病重曰病。**必易晋而不抚其民矣，**易，轻易，小视。**不可以五稔。”**稔 rěn，谷熟也。谷岁一熟，五稔即五年。

冬，楚人伐郑，斗章囚郑聃伯。斗章，楚大夫。

僖公三年

【经】

三年春王正月，不雨。

夏四月，不雨。

徐人取舒。舒，国名，偃姓。

六月，雨。

秋，齐侯、宋公、江人、黄人会于阳穀。阳穀，齐地。

冬，公子友如齐莅盟。

楚人伐郑。

【传】

三年春，不雨。夏六月，雨。自十月不雨至于五月，不曰旱，不为灾也。

秋，会于阳穀，谋伐楚也。二年楚侵郑故。

齐侯为阳穀之会，来寻盟。杜预：“公时不会阳穀，故齐侯自阳穀遣人诣鲁来寻盟。”

冬，公子友如齐莅盟。

楚人伐郑，郑伯欲成。欲与楚媾和。**孔叔不可，曰：“齐方勤我，弃德不祥。”**勤，勤劳。言为我勤劳。

齐侯与蔡姬乘舟于囿，囿有人工水域，可以乘舟。**荡公。**荡舟也。**公惧，变色。**言南方女子习水性，北方丈夫而不习。**禁之，不可。公怒，归之，未之绝也。**使之返母家，未绝婚，今曰未离婚。**蔡人嫁之。**故明年侵蔡。

僖公四年

【经】

四年春王正月，公会齐侯、宋公、陈侯、卫侯、郑伯、许男、曹伯侵蔡。蔡溃，文三年：“凡民逃其上曰溃。”**遂伐楚，次于陉。**陉 xíng，楚地。

夏，许男新臣卒。卒于师。

楚屈完来盟于师，鲁亦在师，故曰来。屈完，楚大夫。**盟于召陵。**

齐人执陈辕涛涂。辕涛涂，陈大夫。

秋，及江人、黄人伐陈。及者，诸侯之师及也。

八月，公至自伐楚。

葬许穆公。

冬十有二月，公孙兹帅师会齐人、宋人、卫人、郑人、许人、曹人侵陈。公孙兹，叔牙之子叔孙戴伯。

【传】

四年春，齐侯以诸侯之师侵蔡。蔡溃，遂伐楚。楚子使与师言曰：“君处北海，寡人处南海，海者，除其本义外，古人又指四方荒晦绝远之地。《书·禹贡》“四海会同”，又“声教讫于四海”。杜预：“楚界犹未至南海，因齐处北海，遂称所近。”杨伯峻必谓此“南海”为“四海”之“海”，且谓春秋时尚不知有南海，不从。《禹贡》曰：“导黑水，至于三危，入于南海。”**唯是风马牛不相及也。**齐国走失马牛不至于跑到楚国。谓齐、楚道远，不相犯。风，走失，迷失（道路）。《书·费誓》：“马牛其风，臣妾逋逃。”僖二十八年：“晋中军风于泽。”**不虞君之涉吾地也，何故？”**虞，料也，察也。**管仲对曰：“昔召康公命我先君大公曰：**召康公，召公奭也。大公，姜子牙吕望。**‘五侯九伯，女实征之，以夹辅周室。’**杜预：“五等诸侯，九州之伯，皆得征讨其罪。”**赐我先君履，**履，鞋也，此引申为履及之地，即有权征伐之界限，非指齐之四境。**东至于海，西至于河，南至于穆陵，北至于无棣。尔贡包茅不入，王祭不共，**共同供，供给也。**无以缩酒，**缩，滤，过滤。**寡人是征。昭王南征而不复，寡人是问。”**杜预：“昭王，成王之孙，南巡守，涉汉，船坏而溺。周人讳而不赴，诸侯不知其故，故问之。”然此二事其实是齐欲伐楚之借口而已。**对曰：“贡之不入，寡君之罪也，敢不共给？**共，供也。**昭王之不复，君其问诸水滨。”**杜预：“昭王时，汉非楚竟，故不受罪。”**师进，次于陉。**杜预：“楚不服罪，故复进师。”

夏，楚子使屈完如师。如师，杜预“观强弱”。时诸侯师在陉。**师退，次于召陵。**杜预：“完请盟故。”

齐侯陈诸侯之师，与屈完乘而观之。乘，共载。**齐侯曰：“岂不穀是为？**杨伯峻谓不穀为天子自贬之称，实属王言；此齐桓公自称不穀者，盖以侯伯而为王室讨伐也；岂不穀是为者，意言诸侯兴师，非为我。**先君之好是继。与不穀同好，如何？”对曰：“君**

惠徼福于敝邑之社稷，徼 jiǎo，求也。**辱收寡君，寡君之愿也。”**谓齐若以德抚楚，楚之愿。**齐侯曰：“以此众战，谁能御之？以此攻城，何城不克？”对曰：“君若以德绥诸侯，谁敢不服？君若以力，楚国方城以为城，**杨伯峻引姚鼐：“楚所指方城，据地甚远，居淮之南，江、汉之北，西逾桐柏，东越光黄，止是一山，其间通南北道之大者，惟有义阳三关，故定四年《传》之城口。《淮南子》曰，绵之以方城。凡申、息、陈、蔡，东及城父，《传》皆谓之方城之外，然则方城连岭可七八百里矣。”**汉水以为池，**比汉水为护城河。**虽众，无所用之。”屈完及诸侯盟。**

陈辕涛涂谓郑申侯曰：申侯，郑大夫。申侯本为楚大夫，出奔而仕在郑。**“师出于陈、郑之间，国必甚病。**杜预：“当有共（供）给之费故。”出于，取道，经过。**若出于东方，观兵于东夷，循海而归，其可也。”**杜预：“东夷，郯、莒、徐夷也。观兵，示威。”**申侯曰：“善。”涛涂以告，齐侯许之。**许出东方。**申侯见，**见齐侯。**曰：“师老矣，**老，师久为老。**若出于东方而遇敌，惧不可用也。若出于陈、郑之间，共其资粮屝屦，**共，供也。杜预：“屝，草屦。”**其可也。”齐侯说，与之虎牢。**以郑之虎牢与申侯。虎牢，郑险邑，即隐元年之制。杨伯峻：“恐亦强迫郑文公为之。”说同悦。**执辕涛涂。**以不忠故。

秋，伐陈，讨不忠也。辕涛涂故。

许穆公卒于师，葬之以侯，礼也。凡诸侯薨于朝会，加一等；死王事，加二等。诸侯伐楚是勤王事，故许穆公亦是为王事而死。**于是有以衮敛。**许，男爵也。据《孟子·万章下》，“天子一位，公一位，侯一位，伯一位，子、男同一位，凡五等也”，则以子、男而用侯礼，是加二等也。然既以侯礼，又何以用衮敛？杜预：“诸侯命有三等：公为上等，侯、伯为中等，子、男为下等。”且以衮敛为加二等，亦不可信。僖二十五年：“在礼，卿不会公、侯，会伯、子、男可也。”

昭四年："献伯、子、男会公之礼六。"昭十三年："郑，伯、男也（伯、男即伯、子、男之省），而使从公、侯之贡。"显然公、侯一等，伯、子、男一等。许穆公为男爵，加一等至侯也，加二等则将用王礼矣。诸侯虽大功，然不可僭王礼，故特为礼之加等者，使以衮服敛，视为公侯之加等者，此为加二等。衮本天子之礼服，上公亦着衮服，然与天子之衮服微不同。

冬，叔孙戴伯帅师，会诸侯之师侵陈。陈成，归辕涛涂。杜预："陈服罪，故归其大夫。戴，谥也。"

初，晋献公欲以骊姬为夫人，卜之，不吉；筮之，吉。公曰："从筮。"卜人曰："筮短龟长，不如从长。僖十五年："龟，象也；筮，数也。物生而后有象，象而后有滋，滋而后有数。"则物生先有形象，滋长而后有气数。卜者，卜物之大象；筮者，筮物之详细。大象易得，而详细则难以精确，故曰"筮短龟长"。筮短龟长谓筮不如龟之灵验。**且其繇曰：**繇 zhòu，卜卦之兆辞。**'专之渝，攘公之羭。**渝，变也。攘，除也，除去。《诗·大雅·皇矣》："启之辟之，其柽其椐。攘之剔之，其檿其柘。"启、辟同义，攘、剔亦当同义。羭，牡羊也，此借指申生。**一薰一莸，**薰，香草。莸 yóu，臭草。杨伯峻引《本草》："此草茎颇似薰而臭。"**十年尚犹有臭。'**盖谓以莸置薰而复去之，十年，薰草仍遗臭味。臭有二义：凡气味，不论香臭，皆可曰臭，音秀；一谓香臭之臭。此"臭"读香臭之臭。**必不可。"弗听，立之。生奚齐，其娣生卓子。及将立奚齐，**立之为太子。**既与中大夫成谋，**成谋，谋划妥当。**姬谓大子曰："君梦齐姜，必速祭之。"**齐姜，申生母。参庄二十八年。**大子祭于曲沃，**齐姜之主在曲沃祖庙。**归胙于公。**不可自受，礼当归于公。胙，祭祀之肉，祭毕可取回食用。**公田，姬寘诸宫。六日，公至，毒而献之。**公至，姬乃投毒于胙肉而献公。**公祭之地，地坟；**毒素灼蚀地面使隆起若坟。**与犬，犬毙；与小臣，小臣亦毙。姬泣曰："贼由大子。"大子奔新城。**新城，曲沃，因新城之之故曰新城。**公**

杀其傅杜原款。或谓大子："子辞，君必辩焉。"辞，辞辩，理辩，犹今"辩护"，即宣十一年"犹可辞乎"之"辞"。辩，辩其是非。**大子曰："君非姬氏，居不安，食不饱。我辞，姬必有罪。君老矣，吾又不乐。"**吾又不能乐之。谓姬若获罪，则是我不能乐君矣。**曰："子其行乎！"**行，出奔。**大子曰："君实不察其罪，被此名也以出，**出奔则是坐实其罪。此名，投毒鸩君之名。**人谁纳我？"**

十二月戊申，缢于新城。姬遂谮二公子曰："皆知之。"知，参与、插手也，非"知道"之知。**重耳奔蒲。夷吾奔屈。**

僖公五年

【经】

五年春，晋侯杀其世子申生。书"晋侯杀"而不书"晋杀"或"晋人杀"，罪晋侯也。晋杀申生在去年十二月戊申，顾栋高、杨伯峻谓去年之"十二月戊申"乃夏正（晋用夏正），当周正则在今春，故《经》书在今春。

杞伯姬来朝其子。杞伯姬，庄二十五年嫁于杞者。来，非来宁之来。朝其子，引其子使朝鲁也。朝，例同文十七年"烛之武往，朝夷也（率夷朝晋。夷，郑太子夷）"、襄五年"穆叔觌鄫大子巫于晋"、文元年"见其二子焉"、宣十四年"见犀而行"、成十四年"晋侯强见孙林父焉"，"朝"与"觌"、"见"用法同。

夏，公孙兹如牟。牟，鲁邻国。杜预："奉公命聘于牟，因自为逆（妻）。"

公及齐侯、宋公、陈侯、卫侯、郑伯、许男、曹伯

会王世子于首止。王世子，惠王太子郑。首止，卫地。

秋八月，诸侯盟于首止。

郑伯逃归不盟。

楚人灭弦，弦，国名。弦子奔黄。黄，黄国。

九月戊申朔，日有食之。

冬，晋人执虞公。

【传】

五年春，王正月辛亥朔，日南至。日南至，冬至。公既视朔，杨伯峻：“诸侯于每月朔日，必以特羊告于庙，谓之告朔。告朔之后，仍在太庙听治一月之政事，谓之视朔。”遂登观台以望。观、台皆是助远望之建筑。台上构屋谓之观。望，望云物气象。而书，书云物气象。礼也。凡分、至、启、闭，分，春分、秋分；至，冬至、夏至。启，立春、立夏；闭，立秋、立冬。必书云物，为备故也。杜预：“素察妖祥，逆为之备。”

晋侯使以杀大子申生之故来告。初，晋侯使士蔿为二公子筑蒲与屈，二公子，重耳、夷吾。不慎，寘薪焉。不慎，不谨慎，不慎重。据下文，此“不慎”乃有意为之。寘薪，筑城当以粘土填充，此则混之以柴薪，城将不坚固。夷吾诉之。公使让之。让，责让。士蔿稽首而对曰：稽首，古代拜礼之一，臣对君行之，跪下并拱手至地，首亦至地，且作停留，为吉拜中最敬之礼。“臣闻之，无丧而戚，忧必雠焉。无死丧之事而哀戚，所忧者必为仇敌。雠指二公子。无戎而城，雠必保焉。公愁二公子之事，故为之筑城，欲鄙远之。言无寇乱之事而筑城，所为筑者（仇敌），必借之以保。寇雠之保，寇雠，指二公子。又何慎焉？守官废命不敬，废命即不从公所授筑城之命。固雠之保不忠。既是为仇敌筑保，若坚固之，则是不忠于君。失忠

与敬，何以事君？《诗》云：'怀德惟宁，宗子惟城。' 惟怀德可以得宁，惟宗子是城。**君其修德而固宗子，何城如之？** 无城可以坚固于"宗子之城"。**三年将寻师焉，焉用慎？"** 杜预："寻，用也。"**退而赋曰："狐裘尨茸，** 狐皮小，不能独成一裘，故必具数狐之皮始能制成一裘，如此其裘之毛色必杂。尨 máng，色杂也。**一国三公，** 三公犹言三君。**吾谁适从？"** 適，当也。言众皆为君，吾以谁为正適而从之。

及难， 难指申生之死与骊姬复谮二公子。**公使寺人披伐蒲。重耳曰："君父之命不校。"** 校 jiào。杨伯峻："校犹言抵抗。"**乃徇曰：** 徇，巡行宣令也。**"校者吾雠也。"逾垣而走。** 逾，翻越。走，跑也。**披斩其袪，** 杜预："袪（qū），袂也（袖也）。"《诗·郑风·遵大路》："掺执子之袪兮。"《唐风·羔裘》："羔裘豹袪。"古人袖极宽，袖口下垂甚长，故披能斩重耳之袖（此仅斩其袖口之一部分）。**遂出奔翟。** 翟音狄。

夏，公孙兹如牟，娶焉。 杜预："因聘而娶，故《传》实其事。"

会于首止，会王大子郑，谋宁周也。 惠后宠少子带，惠王以惠后故，欲废太子郑而立带，故齐桓帅诸侯会王太子以定其位。此非惠王所愿。

陈辕宣仲怨郑申侯之反己于召陵， 辕宣仲，辕涛涂。杨伯峻："申侯本与涛涂有成约，背而卖之，故曰'反己'。"**故劝之城其赐邑，** 所赐之虎牢。**曰："美城之，大名也，** 杨伯峻："盖霸主之所赐，因而夸示之。"**子孙不忘，吾助子请。"乃为之请于诸侯而城之，美。遂谮诸郑伯，曰："美城其赐邑，将以叛也。"申侯由是得罪。** 辕涛涂之劝申侯城虎牢，除谮申侯于郑之外，仍有谮郑国之嫌，谓郑城虎牢将以拒诸侯也。于是齐有猜于郑，郑伯不知，而以为不朝齐故。直至七年齐伐郑，郑伯方理顺其子丑寅卯，曰："吾知其所由来矣，姑少待我。"参七年。

秋，诸侯盟。王使周公召郑伯，曰："吾抚女以从楚，辅之以晋，可以少安。"杜预："周公，宰孔也。王恨齐桓定大子之位，故召郑伯使叛齐也。晋、楚不服于齐，故以镇安郑。"**郑伯喜于王命而惧其不朝于齐也，**庄十七年，齐即因郑之不朝而执郑詹，则至此郑伯仍未朝齐。**故逃归不盟，孔叔止之曰："国君不可以轻，轻则失亲。**轻，轻率。杜预："孔叔，郑大夫。亲，党援也。"**失亲患必至，病而乞盟，所丧多矣，君必悔之。"弗听，逃其师而归。**杨伯峻："定四年《传》云：'君行，师从；卿行，旅从。'则郑伯赴盟，有师随之。离师潜逃，惧被截留。"

楚斗穀於菟灭弦，斗穀於菟，令尹子文。**弦子奔黄。**

于是江、黄、道、柏方睦于齐，于是，于是时。江、黄、道、柏皆国名。**皆弦姻也。**《说文》："姻，婿家也。女之所因，故曰姻。"**弦子恃之而不事楚，又不设备，故亡。**

晋侯复假道于虞以伐虢。宫之奇谏曰："虢，虞之表也。表，表里之表。**虢亡，虞必从之。晋不可启，**启，开也，不可开其野心。**寇不可翫，**《传》："兵作于外为寇。"翫，耍玩，耍弄，对大事抱持戏耍之态度曰翫。简体合翫、玩通作玩。**一之谓甚，**僖二年已借虞道伐虢。**其可再乎？谚所谓'辅车相依，唇亡齿寒'者，**杨伯峻："辅，车两旁之（挡）板。"是也。**其虞、虢之谓也。"**谚语所说的就是虞、虢的关系吧！**公曰："晋，吾宗也，**谓虞国、晋国同宗太王（古公亶父）。**岂害我哉？"对曰："大伯、虞仲，大王之昭也。**杨伯峻："昭、穆为古代庙次及墓次，始祖居中，左昭右穆。周代以后稷为始祖，后稷以后第一代（后稷之子不窋）为昭，第二代（后稷之孙鞠）为穆。以后第三、五、七驯至奇数之代皆为昭，第四、六、八驯至偶数之代皆为穆。"太王（古公亶父）为后稷第十二代孙，为穆，其子太伯、虞仲（仲雍）、季历则为昭。**大伯不从，是以不嗣。**太伯、虞仲为避弟季历，出在吴地，遂为吴国。太伯卒，仲雍嗣之。至武王灭商，求太伯、虞仲之后，得周章。周章已君吴，乃封其弟虞仲，是为虞国。而晋国之始祖唐叔虞，为太伯、虞仲弟季历之曾孙，文王之孙，武王之子。**虢仲、虢叔，王季之穆也，**王季即季历。王季为昭，其子文王、虢仲、虢叔等则为穆。**为文王卿士，勋在王室，藏于盟府。**言勋载于籍策，藏在盟府。**将虢是灭，何爱于虞？**对晋而言，虢之血亲更近于虞，晋尚且灭之。**且虞能亲于桓、庄乎？其爱之也，**旧以“其爱之也”从上读，为：“且虞能亲于桓、庄乎？其爱之也？”“之”指虞国；杨伯峻以其从下读，则“之”指桓、庄之族，杨说善。**桓、庄之族何罪而以为戮，不唯偪乎？**桓、庄，桓叔、庄伯之族，乃晋献公从祖昆弟，献公尽杀之，事在庄二十三、四、五年。**亲以宠偪，**以，因。**犹尚害之，况以国乎？”公曰：“吾享祀丰洁，神必据我。”**据，依也。**对曰：“臣闻之，鬼神非人实亲，惟德是依。**鬼神所亲不在人之本身，而在其人之德行。**故《周书》曰：‘皇天无亲，惟德是辅。’**上帝没有真正亲爱的人，仅辅助其有德者。**又曰：‘黍稷非馨，明德惟馨。’**馨，香之远闻也。**又曰：‘民不易物，惟德繄物。’**杨伯峻：“昭九年《传》云：‘文之伯也，岂能改物?’《周语中》亦云：‘大物其未可改也。’此易物与改物同义，但物指祭物耳。意谓人不能改变祭物，仅有道德可以抵作祭物。”繄，隐元年“尔有母遗，繄我独无”，不知“繄”可否训作献、荐？襄十四年又有“繄伯舅是赖”。**如是，则非德，民不和，神不享矣。神所冯依，**冯同凭（憑）。**将在德矣。若晋取虞而明德以荐馨香，神其吐之乎？”**杨伯峻常以“其”作“岂”用，不从。**弗听，许晋使。**使，使者。**宫之奇以其族行，曰：“虞不腊矣，**杨伯峻：“腊，祭名，因呼腊祭之月日为腊月腊日。腊本在建亥之月，夏正之十月，周正之十二月。秦以后始改以亥月腊祭，故今以夏正之十二月为腊月。”**在此行也，晋不更举矣。”**将就此行灭虞，不再举兵矣。

八月甲午，此夏正，当周正十月十七日。**晋侯围上阳。**杜预："上阳，虢国都。"**问于卜偃曰："吾其济乎？"**功成曰济。**对曰："克之。"公曰："何时？"对曰："童谣云：'丙之晨，龙尾伏辰，**杜预："龙尾，尾星也。日月之会曰辰。日在尾，故尾星伏不见（现）。"**均服振振，**均服，戎服，戎事将卒同服。**取虢之旂。**此谓打着取虢的旗号，非谓夺取虢国之军旗。**鹑之贲贲，天策焞焞，火中成军，**成军，军队任命部署完毕，此义谓布列成阵。**虢公其奔。'**杜预："鹑，鹑火星也。贲贲（bēn），鸟星之体也。天策，傅说星，时近日，星微。焞焞，无光耀也。言丙子平旦，鹑火中，军事有成功也。"**其九月、十月之交乎！**九月、十月，夏正。交，晦朔交会。**丙子旦，日在尾，月在策，**杜预："是夜日月合朔于尾，月行疾，故至旦而过在策。"**鹑火中，必是时也。"**

冬十二月丙子朔，此周正，当夏正十月初一。**晋灭虢。虢公丑奔京师。师还，馆于虞，遂袭虞，灭之。执虞公及其大夫井伯，以媵秦穆姬。**媵，陪嫁。**而修虞祀，**修，不废也。**且归其职贡于王。**晋既灭虞，以虞国所当职贡之数贡王。**故书曰："晋人执虞公。"**不书"晋侯诡诸灭虞"。**罪虞，且言易也。**

僖公六年

【经】

六年春王正月。

夏，公会齐侯、宋公、陈侯、卫侯、曹伯伐郑，围新城。新城，郑新密。

秋，楚人围许，诸侯遂救许。

冬，公至自伐郑。

【传】

六年春，晋侯使贾华伐屈。夷吾不能守，盟而行。杜预：“贾华，晋大夫。非不欲校，力不能守，言不如重耳之贤。”盟而行，杨伯峻“与屈人盟，约其以后相助”。**将奔狄，郤芮曰：**郤芮又称冀芮，郤、冀皆其采邑，以邑为氏。**“后出同走，罪也，**杜预：“嫌与重耳同谋而相随。”**不如之梁。**之，适，至也。**梁近秦而幸焉。”乃之梁。**杜预：“以梁为秦所亲幸，秦既大国，且穆姬在焉，故欲因以求入。”

夏，诸侯伐郑，以其逃首止之盟故也。首止盟在去年。**围新密，郑所以不时城也。**《经》曰“新城”，以郑新筑，故曰新城。不时城，非土工之时，因御寇而筑，故曰不时城。

秋，楚子围许以救郑，诸侯救许，乃还。杨伯峻：“楚师以郑围自解而还也。”

冬，蔡穆侯将许僖公以见楚子于武城。楚子退舍武城，许惧楚，故因蔡而降楚。**许男面缚，**面缚，前人皆谓两手反翦缚于背，据襄十八年"乃驰弓而自后缚之，其右具丙亦舍兵而缚郭最，皆衿甲面缚"，或可信，然笔者仍存疑，姑就之。**衔璧，**杜预："以璧为贽，手缚故衔之。"据下文"受其璧而祓之"，则其璧实是所献之贽，杜说是。杨伯峻驳杜预，谓古人死有含玉之礼，如襄十九年"卒，而视，不可含"，哀十一年"命其徒具含玉"，故"衔璧"者，所以示不生。不从，一者，杨说璧非贽；二者，含玉必含于口内，璧大不可含。**大夫衰绖，士舆榇。**衰绖、舆榇，皆示其君将受死。杨伯峻："舆，举而行之也。"榇 chèn，棺也。**楚子问诸逢伯，**逢伯，楚大夫。**对曰："昔武王克殷，微子启如是。**微子启，纣兄，宋之祖也。**武王亲释其缚，**释，解也。**受其璧而祓之。**祓 fú，祛除不祥之礼，**焚其榇，礼而命之，使复其所。"**使微子启复其国。**楚子从之。**

僖公七年

【经】

七年春，齐人伐郑。

夏，小邾子来朝。杨伯峻："小邾子即郳犁来，此时已得王命，故来朝书爵。"

郑杀其大夫申侯。

秋七月，公会齐侯、宋公、陈世子款、郑世子华盟于甯母。

曹伯班卒。

公子友如齐。杜预："罢盟而聘，谢不敏也。"

冬，葬曹昭公。

【传】

七年春，齐人伐郑。孔叔言于郑伯曰：“谚有之曰：‘心则不竞，何惮于病？’则，法则。心则，心志也。竞，强也，刚强，好强。病，屈辱也。言心志不强，则不惧屈辱。**既不能强，**客观现实。**又不能弱，**主观意志。**所以毙也。国危矣，请下齐以救国。”**屈下于齐以求媾和。**公曰：“吾知其所由来矣。姑少待我。”**始悟辕涛涂之谮。**对曰：“朝不及夕，**朝之忧患尚不能应付，故不暇为夕之忧患谋议。**何以待君？”**言不能待君，当先谋眼下。

夏，郑杀申侯以说于齐，说，解说也。言城虎牢乃申侯之志，非郑有叛心。**且用陈辕涛涂之谮也。**以此事乃辕涛涂之谮向齐解释。

初，申侯，申出也，有宠于楚文王。申侯之母为申女，故曰“申出”。窃疑申侯乃楚文王之嬖妇人所生，例如“公子州吁，嬖人之子也，有宠”。**文王将死，与之璧，使行，曰：“唯我知女，**知，了解。**女专利而不厌，**杨伯峻：“专利犹言垄断货利。厌，足也。”**予取予求，**从我这里取，从我这里求。**不女疵瑕也。**吾不视汝之行为为瑕疵。**后之人将求多于女，**后之人，指继“我”之嗣君。杨伯峻：“求多于女，谓向女多求财货。”**女必不免。**不免于祸。**我死，女必速行。无适小国，将不女容焉。”既葬，出奔郑，又有宠于厉公。子文闻其死也，**子文，斗毂於菟。**曰：“古人有言曰‘知臣莫若君’，弗可改也已。”**谓此言不可改易。

秋，盟于甯母，谋郑故也。

管仲言于齐侯曰：“臣闻之，招携以礼，携，离也，离贰，此指郑国。**怀远以德，德礼不易，**易，违反也。**无人不怀。”**怀，怀思。**齐侯修礼于诸侯，诸侯官受方物。**齐侯修礼授于诸侯，诸侯官受之。所谓方物者即齐侯所修贡赋之礼。庄二十三年：“会以训上下之则，制财用之节。”《周书·旅獒》“毕献方物”，方物谓四方土物。据《禹贡》，地理不同，出产亦不同，则贡献亦不同。

郑伯使大子华听命于会。言于齐侯曰：“泄氏、孔氏、子人氏三族，实违君命。杨伯峻：“泄氏，隐五年泄驾（之族）。孔氏，孔叔是也。子人氏，郑厉公弟（语）。实违君命，指逃盟而从楚。”君若去之以为成，我以郑为内臣，杜预：“以郑事齐，如封内臣。”君亦无所不利焉。”齐侯将许之。管仲曰：“君以礼与信属诸侯，杨伯峻：“属，会合也。”而以奸终之，无乃不可乎！子父不奸之谓礼，不奸子父之义。守命共时之谓信。守命，奉戴君命。共同供。共时，以时完成使命，不留君命也。哀十五年“费日共（供）给，一日迁次”，即是不敢留君命。违此二者，奸莫大焉。”公曰：“诸侯有讨于郑，未捷；今苟有衅，子华奸父命，正郑国之衅。苟，但凡，只要。从之，不亦可乎？”对曰：“君若绥之以德，绥，安靖。加之以训，辞，此本武亿，“加之以训”为一读，“辞”自为一句。辞，不受也。而帅诸侯以讨郑。郑将覆亡之不暇，杨伯峻以“覆”为翼覆之覆，覆亡即救亡，不从，覆亡当为同义词连用，如昭十三年“贰偷之不暇”，贰偷亦同义近义词连用。昭四年：“恃此三者而不修政德，亡于不暇。”隐十一年：“吾子孙其覆亡之不暇。”覆亡，倾覆灭亡。不暇，不暇顾也。岂敢不惧？若摠其罪人以临之，杜预：“摠（zǒng），将领也。”子华奸父之命，自然为郑之罪人。郑有辞矣，何惧？辞，理也。齐奉罪人以临诸侯，齐无理；郑得理，故不惧。且夫合诸侯以崇德也，会而列奸，诸侯之太子可与诸侯同列，如“光之立也，列于诸侯矣”。子华为奸人，故曰列奸。何以示后嗣？夫诸侯之会，其德刑礼义，无国不记。记，记载。记奸之位，君盟替矣。替，废也。作而不记，作，作大事，指会盟之事。不记，隐讳不书。非盛德也。君其勿许，郑必受盟。夫子华既为大子而求介于大国，介，附也。以弱其国，谓“以郑为内臣”。亦必不免。郑有叔詹、堵叔、师叔三良为政，未可间也。”无隙可乘。齐侯辞焉。辞子华。子华由是得罪于郑。

冬，郑伯请盟于齐。

闰月，惠王崩。时不来赴，故不书。**襄王恶大叔带之难，**襄王，惠王太子郑。太叔带，襄王母弟，惠后欲立者。恶，患也。**惧不立，不发丧而告难于齐。**

僖公八年

【经】

八年春王正月，公会王人、齐侯、宋公、卫侯、许男、曹伯、陈世子款盟于洮。郑伯乞盟。

夏，狄伐晋。

秋七月，禘于大庙，用致夫人。禘，大祭也。致，三年丧毕，致新死者之主（牌位）于太庙而列之昭穆。夫人谓哀姜。此非礼，故书。

冬十有二月丁未，十八日。**天王崩。**崩在去年，讳而告以今十二月丁未，故因书之。

【传】

八年春，盟于洮，谋王室也。郑伯乞盟，请服也。襄王定位而后发丧。据赴鲁在冬十二月，盖襄王位定当在秋、冬之时。

晋里克帅师，梁由靡御，虢射为右，以败狄于采桑。梁由靡曰："狄无耻，从之必大克。"不以逃走为耻，逐之必不至于困兽顽抗，故可大克。**里克曰："惧之而已，无速众狄。"**杜预："恐怨深而群党来报。"**虢射曰："期年，**期同朞，音基，周期也。期年，一周年，一年之周期。下"期"同。**狄必至，示之弱矣。"**

此乃今春之事，杜预、杨伯峻皆以为去年事，不从。《经》不书此役者，不告也，不必刻意于《经》独书“夏，狄伐晋”，夏之役来告，故书。司马迁、俞樾皆以此役在今年。

夏，狄伐晋，报采桑之役也。复期月。 自春来伐，至此适满一月。《传》志在明其验之速，不必年信。期月，三十天为一期月。“复期月”亦非一年零一月之意。杨伯峻必以“期月”即“期年”，且引《论语》，“苟有用我者，期月而已可也，三年有成”、《中庸》，“择乎中庸而不期月守也”，谓期月皆期年，不从。

秋，禘而致哀姜焉，非礼也。凡夫人不薨于寝， 哀姜被杀于夷。**不殡于庙，** 盖初殡在堂，后移殡于庙。**不赴于同，** 不赴告同盟诸侯。**不祔于姑，** 不以其主祔（附）于诸姑主之侧。祔者，盖知会先君鬼神，使预备其事。**则弗致也。** 哀姜书薨、书葬，则仅非薨于寝而已。

冬，王人来告丧，难故也，是以缓。 有太叔带之难。

宋公疾，大子兹父固请曰：“目夷长，且仁，君其立之。” 杜预：“兹父，襄公也。目夷，兹父庶兄子鱼也。” **公命子鱼，子鱼辞，曰：“能以国让，仁孰大焉？臣不及也，且又不顺。”** 不顺，舍適立庶。**遂走而退。** 走，跑也。

僖公九年

【经】

九年春王三月丁丑，十九日。**宋公御说卒。**

夏，公会宰周公、齐侯、宋子、卫侯、郑伯、许男、曹伯于葵丘。宰周公，宰孔。

秋七月乙酉，二十九日。**伯姬卒。**鲁女非嫁于诸侯，卒，例不书；此书者，杜预意谓成婚于诸侯，未嫁而死。

九月戊辰，十三日。**诸侯盟于葵丘。**

甲子，晋侯佹诸卒。佹 guǐ。

冬，晋里克杀其君之子奚齐。不书“弑其君”，献公未葬也。书里克，罪之。

【传】

九年春，宋桓公卒，未葬而襄公会诸侯，故曰子。凡在丧，王曰小童，公侯曰子。

夏，会于葵丘，寻盟，且修好，礼也。

王使宰孔赐齐侯胙，胙，祭肉。**曰：“天子有事于文、武，**事，祭祀。**使孔赐伯舅胙。”**伯舅，盖武王娶邑姜，既封齐国，则周之子孙称齐为舅氏国。**齐侯将下拜。**下拜，下阶行稽首礼。宰孔致天子命，齐侯礼当稽首。**孔曰：“且有后命——天子使孔曰：‘以伯舅耋老，加劳，赐一级，无下拜！’”**杜预：“七十曰耋。级，等也。”劳，功劳。**对曰：“天威不违颜咫尺，**违，去也，离也。咫，八寸曰咫。颜，面也。言天威就在面前咫尺之地。**小白余敢贪天子之命无下拜？**余，我。**恐陨越于下，**陨越，同义词连用。越，坠也。《商书·盘庚》："颠越不共。"颠越连言。成公二年："射其左，越于车下。"昭二十年、定四年"越在草莽"，谓国君自尊位迭在草莽。昭二十六年："振荡播越。"**以遗天子羞。**人将谓齐侯之陨坠，实天子所启。**敢不下拜？"下，拜；登，受。**

秋，齐侯盟诸侯于葵丘，曰："凡我同盟之人，既盟之后，言归于好。"杨伯峻："言为语首助词。"然此"言"亦可读作"言誓"之"言"。**宰孔先归，**杜预："既会，先诸侯去。"**遇晋侯，**晋侯来赴会。**曰："可无会也。齐侯不务德而勤远略，**略当指征伐会同。不修德，而以征伐会同为功略。**故北伐山戎，**庄三十一年。**南伐楚，**僖四年。**西为此会也。东略之不知，西则否矣。**是否谋东略则不知，然此会已否矣（无功）。**其在乱乎！**杜预以此"其在乱乎"从下读，谓："在，存也（存念）。微戒献公，言晋将有乱。"**君务靖乱，无勤于行。"晋侯乃还。**

九月，杨伯峻："此夏正九月，下文十月、十一月亦夏正，晋用夏正。"**晋献公卒，里克、丕郑欲纳文公，故以三公子之徒作乱。**丕 pēi。三公子，申生、重耳、夷吾。

初，献公使荀息傅奚齐。公疾，召之，曰："以是藐诸孤，是，此也，指奚齐。藐，小也。诸，众也。孤，父死，则子为孤儿。以奚齐为藐小于众孤子者。**辱在大夫，**欲荀息奉保之。**其若之何？"**将如何事之。**稽首而对曰："臣竭其股肱之力，加之以忠贞。其济，**济，奚齐能定君位。**君之灵也；**灵，福也。**不济，则以死继之。"公曰："何谓忠贞？"对曰："公家之利，**公家，公室。**知无不为，**知则必为。**忠也；送往事居，耦俱无猜，贞也。"**往，死者。居，嗣者。耦，两也，死者和嗣者。猜，猜疑，怀疑。贞，正也。**及里克将杀奚齐，先告荀息曰："三怨将作，**三怨，三公子之徒。**秦、晋辅之，**杨伯峻："晋指三怨外之晋人。"**子将何如？"荀息曰："将死之。"里克曰："无益也。"**言奚齐必不济，死无补益于事。**荀叔曰："吾与先君言矣，不可以贰。**言，言誓。贰，贰叛。**能欲复言而爱身乎？**哀十六年："吾闻胜也好复言，复言，非信也。"复言，易其成言，而再为言，犹言"改口"。因情况发生变化，而以权变之辞周旋谓复言；与"食言"不同者，食言义为公然背弃誓言。如襄十三年："君命以共，若之何毁之。"定十四年："民保于信，吾以信义也。"哀六年："从君之命，顺也；立君之子，亦顺也。"此皆奉义复言之例。《论语·学而》所谓"信近于义，言可复也"，谓人而有信，其事体近于义，复言是可以的。能欲复言而爱身乎，能欲爱身而复言乎。**虽无益也，将焉辟之？**辟同避。**且人之欲善，谁不如我？**如，胜也。**我欲无贰，而能谓人已乎？"**我欲不贰事人，而能以复言教人止其事人之壹心乎？

冬十月，里克杀奚齐于次。杜预："次，丧寝。"**书曰："杀其君之子。"**不书弑不称君。**未葬也。**献公未葬。**荀息将死之，人曰："不如立卓子而辅之。"荀息立公子卓以葬。**葬献公。**十一月，里克杀公子卓于朝，荀息死之。**

君子曰："《诗》所谓'白圭之玷，尚可磨也；玷，瑕疵也。磨，打磨。**斯言之玷，不可为也，'**杜预："言之缺难治，甚于白圭。"**荀息有焉。"**此嘉荀息之忠贞。

齐侯以诸侯之师伐晋，及高梁而还，高梁，晋邑。**讨晋乱也。令不及鲁，故不书。**

晋郤芮使夷吾重赂秦以求入，曰："人实有国，我何爱焉？杜预："国非己之有，何爱而不以赂秦。"于礼，奚齐、卓子、重耳之后始能录及夷吾，故曰"人实有国"。爱，惜也。**入而能民，土于何有？"**能民，得民。土于何有，何有于土之倒装句。何有犹何爱。有，存念，吝惜，顾惜也。僖二十二年："何有于二毛。"僖二十四年："蒲人、狄人，余何有焉？”僖二十八年：“劳之不图，报于何有？”襄二十三年：“群臣若急，君于何有？”昭元年：“何有于诸游。”昭六年：“女丧而宗室，于人何有？人亦于女何有？”昭九年：“何有于余一人。”**从之。**

齐隰朋帅师会秦师，纳晋惠公。隰 xí 朋，齐大夫。惠公，夷吾。

秦伯谓郤芮曰：“公子谁恃？”杨伯峻：“问在国内所恃何人。”**对曰：“臣闻亡人无党，有党必有雠。**杜预：“言夷吾无党，无党则无仇，易出易入。”**夷吾弱不好弄，**弱，言幼时。弄，玩弄人。**能斗不过，**杨伯峻：“能斗而不为太甚。”**长亦不改，不识其他。”**

公谓公孙枝曰：“夷吾其定乎？”公孙枝，秦大夫子桑。定，定君位。**对曰：“臣闻之，唯则定国。**则，法也，法则。**《诗》曰：‘不识不知，**此针对郤芮“不识其他”之言。**顺帝之则。’**《诗》意谓，不懂的、不知道的，则当顺行上帝（天道，大自然）的法则。**文王之谓也。又曰：‘不僭不贼，鲜不为则。’**杜预：“僭，过差也；贼，伤害也。能不然，则可为人法则。”僭，人情者，好事务求多，坏事务求少；取务求多，予务求少，以礼而言，人的等级不同，制度赋予他的权力和义务亦不同。由于人性的缺点，遇有利则务取，于是超越了他本身的权力范围；遇不利则逡巡逃避，以至于不能尽其应尽的义务。无论超越还是不及，两者皆违背了其本身的“度”，是谓僭。僭又引申为“不信”。**无好无恶，**无好，无非分之欲则不思僭。无恶，无妒恨之心则不思贼（贼杀）。**不忌不克之谓也。**忌，犹惎，妒。忌则生恨，恨则思贼克。**今其言多忌克，**出言皆党、仇、弄、斗之辞，曰党曰仇，怀忌恨也；曰弄曰斗，好贼克也。**难哉！”公曰：“忌则多怨，又焉能克？是吾利也。”**杜预：“其言虽多忌，适足以自害，不能胜人也。秦伯虑其还害己，故曰是吾利。”

宋襄公即位，以公子目夷为仁，使为左师以听政，于是宋治。故鱼氏世为左师。目夷字子鱼，其后以鱼为氏。世，世代。

僖公十年

【经】

十年春王正月，公如齐。

狄灭温，温子奔卫。

晋里克弑其君卓及其大夫荀息。书“弑其君卓”，献公已葬故。晋用夏正，杀卓在夏正十一月，当周正正月（鲁用周正），故书在今。书里克，罪之也。然卓及荀息似皆无罪而书名，盖有时从告而书，并非一定有罪；且卓及荀息皆夷吾之仇敌，以名赴告，亦理所当然。

夏，齐侯、许男伐北戎。

晋杀其大夫里克。

秋七月。

冬，大雨雪。雨雪，下雪也。

【传】

十年春，狄灭温，苏子无信也。温，周畿内小国，为周司寇苏忿生之后。苏子即温子。**苏子叛王即狄，**即，就也，从也。**又不能于狄，**不能融于狄。**狄人伐之，王不救，故灭。苏子奔卫。**

夏四月，周公忌父、王子党会齐隰朋立晋侯。周公忌父，周卿士，杨伯峻疑为宰孔。王子党，周大夫。**晋侯杀里克以说。**杜预：“自解说不篡。”晋侯，惠公。**将杀里克，公使谓之曰：“微子，**微，本义为小、不显，此可训作“无”。**则不及此。**己将不得立。**虽然，**

子弑二君与一大夫，为子君者不亦难乎？”为，作也。对曰：“不有废也，君何以兴？欲加之罪，其无辞乎？臣闻命矣。”伏剑而死。于是丕郑聘于秦，且谢缓赂，杨伯峻：“所许之赂缓与之，致歉意。其实不与。”故不及。不及此祸。

晋侯改葬共大子。初葬因国乱而不成礼，此改葬当亦是以太子礼葬。共大子，申生为嫡长子而为太子者，“长”与“共”义相通，故曰“共大子”。

秋，狐突适下国，下国，曲沃新城。遇大子。大子使登，仆，杜预：“忽如梦而相见。狐突本为申生御，故复使登车为仆。”僖十五年以此事为“晋之妖梦”。仆，御也。而告之曰：“夷吾无礼，杨伯峻以为惠公烝于贾君之故。余得请于帝矣。得请，获请，言得允。将以晋畀秦，秦将祀余。”畀 bì，予也。对曰：“臣闻之，神不歆非类，《说文》：“歆，神食气也。”民不祀非族。君祀无乃殄乎！殄 tiǎn，绝也。且民何罪？言晋国之乱，非民之罪。失刑、民无罪而亡其国，是罪无辜也，故曰失刑。乏祀，神不歆非类，民不祀非族，故以晋畀秦将匮祀。君其图之。”君曰：“诺。吾将复请。七日，新城西偏，将有巫者而见我焉。”见同现。将以巫之身份现形。许之，遂不见。申生之形象遂隐没不现。及期而往，告之曰：申生现形以巫而告之。“帝许我罚有罪矣，敝于韩。”帝，上帝。有罪，惠公。杜预：“敝，败也。”僖三十年：“因人之力而敝之。”韩，晋邑。

丕郑之如秦也，言于秦伯曰：“吕甥、郤称、冀芮实为不从，杨伯峻据梁履绳谓，吕甥亦称瑕甥，又称瑕吕饴甥，又称阴饴甥，盖吕、瑕、阴皆其采邑；饴，其名；甥盖为晋侯外甥。冀芮即郤芮，冀，采邑。不从，拒予秦赂。若重问以召之，问，问候。问候必奉致礼物，故重问即厚礼慰问。召之，召之至秦。臣出晋君，出，逐也。君纳重耳，纳重耳为晋君。蔑不济矣。”蔑，无也。

冬，秦伯使泠至报、问，泠（líng）至，秦大夫，当为乐官。报，报丕郑之聘。问，重问三子。**且召三子。郤芮曰："币重而言甘，诱我也。"遂杀丕郑、祁举及七舆大夫：左行共华、右行贾华、叔坚、骓歂、累虎、特宫、山祁，皆里、丕之党也。**

丕豹奔秦，丕豹，丕郑之子。**言于秦伯曰："晋侯背大主而忌小怨，**大主，秦也。小怨，里克、丕郑。忌，惎也。**民弗与也。伐之，必出。"公曰："失众，焉能杀？**言惠公若失众，何以能杀其大臣？**违祸，谁能出君？"**皆若子避祸逃难，谁能逐出无道之君。

僖公十一年

【经】

十有一年春。晋杀其大夫丕郑父。丕郑谋乱国，故书名罪之。

夏，公及夫人姜氏会齐侯于阳穀。礼，夫人迎送不出门，见兄弟不逾阈。

秋八月，大雩。天旱则可随时雩祭，非为不礼。

冬，楚人伐黄。

【传】

十一年春，晋侯使以丕郑之乱来告。

天王使召武公、内史过赐晋侯命。召武公，周卿士。内史过，周大夫。天子赐诸侯命盖因事而异，庄二十七年、僖二十八年赐命者，乃赐齐桓、晋文侯伯之命；于鲁桓、卫襄则是死后追命；亦有诸侯初立，不能固位，而赐天子命以安固之者，如今年赐晋惠公之命；又有临时褒奖劝勉而赐命者，如天子将婚于齐而赐命齐灵公。**受玉惰。**天子赐命诸侯，以及诸侯朝聘，有授、受玉之礼。惰，不敬也。**过归，告王曰："晋侯其无后乎！**言晋侯恐不能享祭祀于晋。**王赐之命，而惰于受瑞，**瑞，玉之通称。**先自弃也已，其何继之有？**不能继其先君。**礼，国之干也；**干，体也。**敬，礼之舆也。**舆，车也。敬为车以载礼。**不敬，则礼不行；**礼无车（敬）则不能行。**礼不行，则上下昏，何以长世？"**长世，世代继承。

夏，扬、拒、泉、皋、伊、雒之戎同伐京师，入王城，焚东门，王子带召之也。杜预："王子带，甘昭公也。召戎欲因以篡位。"**秦、晋伐戎以救周。秋，晋侯平戎于王。**平，调和。

黄人不归楚贡。黄近楚，且故事楚，齐桓称霸，乃叛楚服齐。**冬，楚人伐黄。**

僖公十二年

【经】

十有二年春王三月庚午，日有食之。

夏，楚人灭黄。

秋七月。

冬十有二月丁丑，十一日。**陈侯杵臼卒。**杵 chǔ。

【传】

十二年春，诸侯城卫楚丘之郛，惧狄难也。闵二年狄灭卫，僖二年齐以诸侯复封卫于楚丘，至今仍有狄患。郛，郭也。

黄人恃诸侯之睦于齐也，不共楚职，杨伯峻："职，贡也。"**曰："自郢及我九百里，焉能害我？"夏，楚灭黄。**郢 yíng，楚国都。

王以戎难故，去年王子带召戎伐周。**讨王子带。秋，王子带奔齐。**

冬，齐侯使管夷吾平戎于王，使隰朋平戎于晋。

王以上卿之礼飨管仲，设上卿礼飨宴管仲。**管仲辞曰："臣，贱有司也。有天子之二守国、高在，**守，守土陪臣。诸侯为天子之守臣，即守土之臣，则诸侯之正卿为天子守土之陪臣，故亦曰"守"。国氏、高氏世为齐正卿，宣十六年："晋侯请于王，戊申，以黻冕命士会将中军。"成二年："而不使命卿镇抚王室，所使来抚余一人，而巩伯实来，未有职司于王室。"诸侯欲立正卿当禀命天子认可，则诸侯正卿亦受命于王室。管仲虽亦天子之陪臣，然非齐正卿，无职司于王室。**若节春秋来承王命，**春秋，文二年："春秋匪解（懈），享祀不忒。"襄十三年："唯是春秋窀穸之事，所以从先君于祢庙者，请为'灵'若'厉'。"昭四年："寡君有社稷之事，是以不获春秋时见。"诸"春秋"皆指祭祀而言，此文亦当同。又据成十三年"祀有执膰，戎有受脤"，齐以周为宗主国，盖有使正卿如周助祭之礼。节春秋，节者，祭祀有常时，必奉时而往，故曰节。**何以礼焉？**以上卿之礼礼贱官，若上卿来当以何礼礼之？**陪臣敢辞。"**诸侯之臣于天子、家臣于诸侯自称陪臣。**王曰："舅氏！**管仲奉齐侯之命，故称之曰舅氏。杨伯峻："齐侯为异姓诸侯，其臣虽为同姓（管仲姬姓），亦只谓之舅氏。"不确。**余嘉乃勋，应乃懿德，**应，受也。**谓督不忘。**汝所言所督，朕不敢忘。《周书·微子之命》："予嘉乃德，曰笃不忘。""谓"即"曰"也。**往践乃职，**杨伯峻："仍劝其受上卿之礼。"非也。往践乃职者，使管仲以其职位受飨礼。**无逆朕命！"**朕命非指受上卿宴之命。**管仲受下卿之礼而还。**

君子曰："管氏之世祀也宜哉！世祀，言不亡族。故能世代受子孙之祭祀。杜预："管仲之后，于齐没不复见，《传》亦举其无验。"**让不忘其上。**其上指高、国。**《诗》曰：'恺悌君子，神所劳矣。'"**恺 kǎi，乐也。悌 dì，宜也。劳，犒劳，言佑助。

僖公十三年

【经】

十有三年春，狄侵卫。

夏四月，葬陈宣公。

公会齐侯、宋公、陈侯、郑伯、许男、曹伯于咸。咸，卫地。

秋九月，大雩。雩，求雨之祭。

冬，公子友如齐。

【传】

十三年春，齐侯使仲孙湫聘于周，且言王子带。去年王子带奔齐。言，欲复之。**事毕，**聘问之事毕。**不与王言。**不获与王言子带事，盖王避谈此事。**归，复命曰："未可。王怒未怠，**怠，懈也，缓也。**其十年乎！不十年，王弗召也。"**

夏，会于咸，淮夷病杞故，且谋王室也。王有戎患。

秋，为戎难故，诸侯戍周，齐仲孙湫致之。致，交付也，送诸侯之戍卒交付于周。

冬，晋荐饥，杨伯峻："连年失收也。"**使乞籴于秦。**籴，买谷也。**秦伯谓子桑：**子桑，秦大夫公孙枝。**"与诸乎？"**诸，之也。**对曰："重施而报，君将何求？**报，报答。**重施而不报，**

其民必携，携，离也。杜预："不义故民离。"**携而讨焉，无众必败。"谓百里：**百里，秦大夫。**"与诸乎？"对曰："天灾流行，国家代有，**代，更也。杨伯峻："代有犹言各国更替有之。"**救灾、恤邻，道也。行道有福。"**

丕郑之子豹在秦，请伐晋。杜预："欲为父报怨。"**秦伯曰："其君是恶，其民何罪？"秦于是乎输粟于晋，自雍及绛相继，**雍，秦国都。绛，晋国都。**命之曰"泛舟之役"。**

僖公十四年

【经】

十有四年春，诸侯城缘陵。将迁杞。

夏六月，季姬及鄫子遇于防。使鄫子来朝。季姬，鄫夫人也。杨伯峻："当是僖公女。"杜预："鄫子本无朝（鲁）志，为季姬所召而来，故言使鄫子来朝。"鄫，姒姓国。

秋八月辛卯，沙鹿崩。杜预："沙鹿，山名，在晋地。"

狄侵郑。

冬，蔡侯肸卒。肸 xī。

【传】

十四年春，诸侯城缘陵而迁杞焉。不书其人，有阙也。杜预："阙谓器用不具，城池未固而去，为惠不终也。"

鄫季姬来宁，公怒，止之，以鄫子之不朝也。《经》书"季姬"，而不书"鄫季姬"，杜预："来宁不书，而后（明）年书归鄫，更嫁之文也。明公绝鄫昏，既来朝而还。"是也，详参成八年、九年，又参僖二十八年、成五年、文十二年、十四年、十五年。**夏，遇于防，而使来朝。**

秋八月辛卯，沙鹿崩。晋卜偃曰："期年将有大咎，几亡国。"杜预："国主山川。山崩川竭，亡国之征。"几，近也，几乎。

冬，秦饥，使乞籴于晋，晋人弗与。庆郑曰：庆郑，晋大夫。**"背施无亲，**不报秦施，民必携离。**幸灾不仁，**庆幸他人之灾不仁。**贪爱不祥，**贪爱货利而拒施舍不祥。**怒邻不义。四德皆失，何以守国？"虢射曰："皮之不存，毛将安傅？"**虢射，晋大夫。杜预："皮以喻所许秦城，毛以喻籴。言既背秦施，为怨已深，虽与之籴，犹无皮而施毛。"**庆郑曰："弃信、背邻，患孰恤之？无信，患作；失援，必毙。是则然矣。"**此法则是矣。**虢射曰："无损于怨而厚于寇，不如勿与。"**杜预："言与秦粟不足以解怨，适足使秦强。"**庆郑曰："背施幸灾，民所弃也。近犹雠之，况怨敌乎？"弗听。退曰："君其悔是哉！"**

僖公十五年

【经】

十有五年春王正月，公如齐。

楚人伐徐。

三月，公会齐侯、宋公、陈侯、卫侯、郑伯、许男、曹伯盟于牡丘，遂次于匡。公孙敖帅师及诸侯之大夫救徐。公孙敖，桓公之孙，庆父之子。

夏五月，日有食之。

秋七月，齐师、曹师伐厉。厉，楚与国。

八月，螽。为灾，故书。

九月，公至自会。

季姬归于鄫。杜预："来宁不书，此书者，以明中绝。"

己卯晦，九月三十日。**震夷伯之庙。**震，雷击也，如昭四年"雷不发而震"；又昭二十三年"南宫极震"，则为地震。杜预："夷伯，鲁大夫，展氏之祖父。夷，谥。伯，字。震者，雷电击之。"

冬，宋人伐曹。

楚人败徐于娄林。娄林，徐地。

十有一月壬戌，十四日。**晋侯及秦伯战于韩，获晋侯。**

【传】

十五年春，楚人伐徐，徐即诸夏故也。即，就也，从也。**三月，盟于牡丘，寻葵丘之盟，**葵丘盟在九年。**且救徐也。孟穆伯帅师及诸侯之师救徐，**孟穆伯，公孙敖也，庆父之子。**诸侯次于匡以待之。**待孟穆伯。

夏五月，日有食之。不书朔与日，官失之也。

秋，伐厉，以救徐也。

晋侯之入也，秦穆姬属贾君焉，托贾君于惠公。贾君，唐固谓贾君为太子申生之妃，惠栋、洪亮吉、杨伯峻皆从之。**且曰："尽纳群公子。"**杨伯峻："献公之子九人，除申生、奚齐、卓子已死，夷吾立为君外，尚有重耳等五人，即所谓群公子。"**晋侯烝于贾君，**杨伯峻："贾君为惠公嫡长嫂，故亦用烝字。"**又不纳群公子，是以穆姬怨之。晋侯许赂中大夫，**杜预："中大夫，国内执政里、丕等。"**既而皆背之。赂秦伯以河外列城五，**杨伯峻："河外指河西与河南。"列城五，罗列之五城。**东尽虢略，**东至虢国边界的尽头。虢，晋既灭之虢国。略，界也。**南及华山，内及解梁城，**解 xiè。

以上皆许赂秦之地。**既而不与。晋饥，秦输之粟；**在十三年。**秦饥，晋闭之籴，**在十四年。**故秦伯伐晋。**

卜徒父筮之，卜徒父，秦之卜人，名徒父。**吉："涉河，侯车败。"**秦为伯，晋为侯，秦、晋交兵，"侯车败"，"侯车"自是指晋车。**诘之，**盘问其详。**对曰："乃大吉也，三败必获晋君。其卦遇《蛊》☶☴，**《巽》下《艮》上，《蛊》。**曰：'千乘三去，三去之余，获其雄狐。'**此其繇辞。去，却也。雄狐，雄非雌雄之雄，乃雄俊之雄。襄十年："有夫出征，而丧其雄。"襄二十一年："君以为雄，谁敢不雄。"雄，引申为首领。**夫狐蛊，必其君也。**蛊，繁体为蠱，巫者以皿盛毒虫，使其自相啖食，最后不死者为蛊。故蛊亦可引申为头领之义。**《蛊》之贞，风也；其悔，山也。**六十四卦图中，各卦之下卦在内，上卦在外，故内卦为贞，外卦为悔。杜预："《巽》为风，秦象；《艮》为山，晋象。"**岁云秋矣，**杜预："周九月，夏之七月，孟秋也。"云，助词，无义。**我落其实而取其材，**晋为山，山有木，秋则果实熟；春夏之材极易生蛀虫，且被伐之后树根易死亡，故伐木之事宜在秋季以后进行。秦为风，风过山，有落实取材之象。**所以克也。实落、材亡，不败何待？"**

三败及韩。三败晋师，至于韩地。**晋侯谓庆郑曰："寇深矣，若之何？"**深，深入。**对曰："君实深之，**杨伯峻："深为使动用法，使敌深入。"**可若何？"公曰："不孙！"**孙同逊。不逊言无礼。**卜右，**右，惠公之车右。**庆郑吉。弗使。**以其不逊故。**步扬御戎，**杜预："步扬，郤犨之父。"据杨伯峻，"步"为其采邑名。**家仆徒为右。乘小驷，郑入也。**以郑献之小驷马为乘马。小驷，马品种名。**庆郑曰："古者大事，必乘其产。**大事，戎事。其产，己国所产（之马）。**生其水土而知其人心；**生，生长之生。人心，人性，即一方人之土性。**安其教训而服习其道。**安，犹闲也。服，行也。杨伯峻："服亦习也。"道，一义谓御（训练）马之术；一义谓道路，指地理而言。前者善。水土、人心言风土人情，为同义词，故“教训”与“习道”亦当为同义词。杨伯峻主“道”为“道路”解，谓解作“御马之术”则与“安其教训”重复，其实“水土”亦包括地理，解“道”为“道路”，则与“水土”亦嫌重复。**唯所纳之，无不如志。**如志，言马能洞察御者之意志，从而积极配合御者之意志。**今乘异产，**小驷马生长于郑，调驯亦在郑，且郑平而晋山，地理不同。**以从戎事，及惧而变，**不服地理，不通晋人之方言习性，不习晋国调驯之术，遇危急则易惧，从而失去理性。**将与人易。**将与御者之意志违反。**乱气狡愤，**乱气，指马在失去理性的情况下，所产生的纷乱且蕴积博发的情绪。杜预：“狡，戾也。愤，动也。”**阴血周作，**血属阴，故曰阴血。周作，遍身剧烈动作。**张脉偾兴，**张脉，青筋暴突。偾即“地坟”之坟。偾兴，盖指鸡皮疙瘩。以上皆以人性借指马性。**外强中干。**干，干竭。**进退不可，周旋不能。**周，循六十四卦图之发展方向，顺转为周。旋，逆转、反方向行为旋。《周易·履》：“其旋元吉。”《鄘风·载驰》“不能旋反”，“不能旋济”。**君必悔之。”弗听。**

九月，晋侯逆秦师，使韩简视师，视师，战前观察敌师情势，以便及时作出战术战略上的调整，其中即包括战与不战。**复曰：“师少于我，斗士倍我。”公曰：“何故？”对曰：“出因其资，**出奔受秦资助。**入用其宠，**为秦所纳。**饥食其粟，三施而无报，是以来也。今又击之，我怠秦奋，**桓八年：“所以怒我而怠寇也。”理曲则气虚，气虚则怠。**倍犹未也。”**倍于我且不止。**公曰：“一夫不可狃，**狃，因袭，拘泥。言匹夫尚且不可因袭过往经验，妄下济罢之论。**况国乎！”**言不可因其斗志而自卜凶衅。**遂使请战，曰：“寡人不佞，**佞，才也。**能合其众而不能离也。**合，纠合。离，离散。自夸得民心。**君若不还，无所逃命。”**不能逃避击秦之命。**秦伯使公孙枝对曰：“君之未入，**未入国。**寡人惧之；**忧惠公不得入。**入而未定列，**定列，定位次于诸侯。**犹**

吾忧也。苟列定矣，敢不承命？”此言晋侯不义。**韩简退曰：“吾幸而得囚。”**以不死得囚为幸。

壬戌，十四日。**战于韩原。晋戎马还泞而止。**还，盘旋。泞，泥泞。杜预：“小驷不调，故隋（堕）泥中。”**公号庆郑。**呼号庆郑求救。**庆郑曰：“愎谏违卜，**愎，乖戾自用。**固败是求，又何逃焉？”遂去之。**不救而去。**梁由靡御韩简，虢射为右，辂秦伯，将止之。**杜预：“辂，迎也。止，获也。”**郑以救公误之，**诈之，言救公为大。**遂失秦伯。秦获晋侯以归。晋大夫反首拔舍从之。**杜预：“反首，乱头发。反，下垂也。”不知信否。拔舍，杜预：“拔草舍止。”军行，临时歇宿，唯除草而舍，此谓拔舍。杨伯峻据姚范谓：“拔舍者，拔起帐篷随秦而西行。”**秦伯使辞焉，**辞，辞谢，辞之不使从。**曰：“二三子何其戚也！**二三子，指晋大夫。戚，哀也，忧也。**寡人之从君而西也，**或于“君”前加“晋”字，不从。**亦晋之妖梦是践，**践，履也，行也。妖梦，申生现形之事，在十年。古人善以迷信制造舆论，借以实现己之政治目的，所以妖魅者，不乏人为之炒作。**岂敢以至？”**以，太也。至，甚也，极也，今谓过分。**晋大夫三拜稽首曰：“君履后土而戴皇天，皇天后土实闻君之言，群臣敢在下风。”**尊秦君在上风，己在下风（受其言）。此以皇天后土要约秦君，使不食言。

穆姬闻晋侯将至，以大子罃、弘与女简璧登台而履薪焉。杜预：“罃（yīng），康公名；弘，其母弟也；简璧，罃、弘妹。古之宫闭者，皆居之台以抗绝之。”登台履薪，示将自焚。**使以免服衰绖逆，**免音问，衰音崔，绖音谍，三者皆丧服。杜预谓使使者服丧服迎秦穆公，杨伯峻驳之谓，使使者持丧服迎秦穆公，穆公若以晋侯入，即可着之而入国。杨是杜误，若使使者服之，则是夫人及子女既死之意。**且告曰：“上天降灾，使我两君匪以玉帛相见，**玉帛所以友好。**而以兴戎。若晋君朝以入，**入国都。**则婢子夕以死；**婢子，夫人谦称或自贬之称。**夕以入，则朝以死。唯君裁之！”**裁，裁量。

乃舍诸灵台。舍晋侯于灵台。

大夫请以入。公曰："获晋侯，以厚归也。大获，故曰"厚归"。**既而丧归，**若因晋侯而致夫人众子自杀，则转为丧归。**焉用之？**之，晋侯。**大夫其何有焉？**何有，何爱，何吝惜，何顾念也，详参僖九年"土于何有"。言大夫何吝惜一俘虏（晋侯）。**且晋人戚忧以重我，**重，固也，约固，与下"要"字义同。**天地以要我。**要 yāo，约也。**不图晋忧，重其怒也；**重可读众，亦可读虫。定四年有"无复怒"。**我食吾言，背天地也。重怒难任，**任，负也，荷也。**背天不祥，必归晋君。"公子絷曰：**公子絷，秦大夫。**"不如杀之，无聚慝焉。"**慝，隐恶。杜预："恐夷吾归，复相聚为恶。"**子桑曰："归之而质其大子，必得大成。晋未可灭而杀其君，只以成恶。且史佚有言曰：'无始祸，无怙乱，**怙，恃也，恃乱为恶。**无重怒。'重怒难任，陵人不祥。"乃许晋平。**

晋侯使郤乞告瑕吕饴甥，郤乞，晋大夫。瑕吕饴甥时守在晋，盖多贤能。**且召之。**之，瑕吕饴甥。召之使如灵台。**子金教之言曰：**子金，瑕吕饴甥之字。之，郤乞。郤乞从公在灵台，故欲使郤乞以君使者之身份致命国人。**"朝国人而以君命赏，且告之曰：'孤虽归，辱社稷矣。其卜贰圉也。'"**襄公二十二年："国卿，君之贰也。"昭三十二年："天生季氏，以贰鲁侯。"太子身为储君，亦当君之副贰，因国卿主外，太子主内。杨伯峻："朝国人卜贰圉为询立君。"圉，惠公太子。**众皆哭。晋于是乎作爰田。**爰田，即上文所谓"君命赏"，为赏赐国人之方式。**吕甥曰："君亡之不恤，**恤，顾也。**而群臣是忧，**言身亡在外，竟不自顾，反忧念群臣。**惠之至也。**至，极限。**将若君何？"**此所谓欲取于人，必先予之。**众曰："何为而可？"对曰："征缮以辅孺子。**征，赋也，征赋税。缮，治也，治武备。孺子，太子圉。**诸侯闻之，丧君有君，群臣辑睦，**辑，协调，协和。**甲兵益多，好我者劝，恶我者惧，庶有益乎！"众说。**

说同悦。**晋于是乎作州兵。**州兵，即上文“征缮”之方式，此乃取于民者。

初，晋献公筮嫁伯姬于秦，遇《归妹》䷵之《睽》䷥。《归妹》，《兑》下《震》上。《睽》，《兑》下《离》上。《归妹》上六爻变而为《睽》。**史苏占之，**史苏，晋卜筮之史。**曰：“不吉。其繇曰：‘士刲羊，亦无衁也；女承筐，亦无贶也。**此繇由《归妹》上六爻之爻辞而来，其爻辞本谓“女承筐，无实；士刲羊，无血”。刲 kuī，割也。衁 huāng，血也。《诗·小雅·鹿鸣》：“承筐是将。”承筐，致献也。无实，筐中无实，不成贶也。《归妹》为嫁女之卦，士，女夫也；女，士妇也，夫妇享宾，而不能致贶，失婚礼之实。**西邻责言，不可偿也。**《归妹》之六五：“帝乙归妹，其君之袂不如其娣之袂良。”归妹之志，意在巩固与盟国的关系，因为天子与诸侯，诸侯与诸侯之间结成的盟约，不如嫁女所结成的裙带关系牢固。今嫁伯姬于秦，不能承归妹之志，反使秦国多有责言。西邻指秦。偿，偿付。**《归妹》之《睽》，犹无相也。’**杜预：“《归妹》，女嫁之卦；《睽》，乖离之象，故曰无相。相，助也。”**《震》之《离》，亦《离》之《震》，‘为雷为火。**《震》为雷，《离》为火。**为嬴败姬，**嬴，秦国之姓。姬，晋国之姓。**车说其輹，**《震》为车。说同脱。杜预：“輹，车下缚也，车下伏菟。”杨伯峻：“輹所以固舆于轴上。”**火焚其旗，**《离》为火，火焚。旗，军旗，军帅之旗。**不利行师，败于宗丘。《归妹》《睽》孤，**《睽》，离孤之卦。**寇张之弧，**弧，弓也。张弧，张弓。在《睽》之上九，“睽孤，见豕负涂，载鬼一车，先张之弧，后说之弧”，张弧者为主人公，此文张弧者为寇。**侄其从姑，**言子圉质于秦。穆姬与子圉为姑侄关系。**六年其逋，**逋，亡也。子圉自僖十七年质秦，逃归在二十二年。**逃归其国，而弃其家，**杨伯峻：“桓十八年《传》云：‘女有家，男有室。’然室家亦通言，此弃其家犹言弃其妻，指弃怀嬴。”**明年其死于高梁之虚。’”**明年，逃归之第二年。**及惠公在秦，曰：“先君若

从史苏之占，吾不及此夫！”不至于此地步。**韩简侍，曰：“龟，象也；筮，数也。**杨伯峻：“卜用龟，灼以出兆，视兆象而测吉凶，故曰龟象也。筮之用蓍，揲以为卦，由筮策之数而见祸福，故曰筮数也。”数亦言气数。**物生而后有象，**物生而后有形象。象，形象，形体。**象而后有滋，**有形体于是能滋长，生长。**滋而后有数。**滋长而后见气数。数 shù，指事物发展达到的度数（即事物发展达到的程度）。**先君之败德，及可数乎！**及，至也，到达。“可数（shù）”为一词。事物的分寸、火候达到适宜的程度曰可。事物的生长、发展可视之为量变的过程，量变积累到一定程度，将发生质变；从量变到将要发生质变的这个临界点，即为“可数”。此文谓先君（献公）之败德已经盈贯。**史苏是占，勿从何益？**勿从，谓奉占筮之兆，不从己志嫁伯姬于秦。**《诗》曰：‘下民之孽，匪降自天，僔沓背憎，职竞由人。’”**杨伯峻：“谓下民之灾祸，匪由天降，人相聚面语则雷同附合，相背则增疾毁谤，故皆当由人而生也。”

震夷伯之庙，罪之也，于是展氏有隐慝焉。隐慝，隐恶，不易明见之恶。

冬，宋人伐曹，讨旧怨也。杜预：“庄十四年，曹与诸侯伐宋。”

楚败徐于娄林，徐恃救也。恃诸侯之救。

十月，晋阴饴甥会秦伯，盟于王城。王城，秦地。**秦伯曰：“晋国和乎？”对曰：“不和。小人耻失其君而悼丧其亲，**丧亲，指亲人战死。**不惮征缮以立圉也，曰：‘必报雠，宁事戎狄。’**杨伯峻：“谓宁肯屈事戎狄之国而必报秦仇也。”**君子爱其君而知其罪，不惮征缮以待秦命，曰：‘必报德，有死无二。’**必报秦德，有死无二心。**以此不和。”秦伯曰：“国谓君何？”**杨伯峻：“谓惠公之前途将如何也。”**对曰：“小人戚，谓之不免；君子恕，以为必归。小人曰：‘我毒秦，秦岂归君？’君子曰：‘我知罪矣，秦必归君。贰而执之，**

服而舍之，德莫厚焉，刑莫威焉。服者怀德，贰者畏刑。此一役也，此役，杨伯峻“包括伐晋与假想释惠公言之”。**秦可以霸。纳而不定，**既纳惠公又不能定之。**废而不立，**俘惠公以归，是废之，且使晋国无君。**以德为怨，**以德始而以怨终。**秦不其然。’”**秦不至如此。**秦伯曰：“是吾心也。”**言正中己意。**改馆晋侯，馈七牢焉。**牛、羊、豕各一为一牢。七牢，诸侯之礼。既视之为诸侯，则不敢羁留之，将归之也。

蛾析谓庆郑曰：蛾析，晋大夫。**“盍行乎？”**行，出奔。**对曰：“陷君于败，**杜预：“谓呼不往，误晋师，失秦伯。”**败而不死，又使失刑，**杨伯峻：“逃亡，则晋不得而罚之，是失刑也。”**非人臣也。臣而不臣，行将焉入？”十一月，晋侯归。丁丑，**二十九日。**杀庆郑而后入。**《传》言晋侯不恕。

是岁，晋又饥，秦伯又饩之粟，曰：“吾怨其君而矜其民。矜，哀怜。**且吾闻唐叔之封也，**言唐叔受封时。唐叔，晋始封君唐叔虞。**箕子曰：**箕子，殷末贤臣，即商灭后辅周立《洪范》大法者。杜预以箕子为纣之庶兄。**‘其后必大。’晋其庸可冀乎！**其，表揣测之副词。冀，望也。杨伯峻：“言晋之后望无穷也。”**姑树德焉，以待能者。”于是秦始征晋河东，**征即征赋税。杨伯峻：“河东即《传》所谓‘东尽虢略，南及华山，内及解梁城’者。”**置官司焉。**晋既战败，固当履行其赂秦之承诺，致其许秦之地。于是秦征晋河东，且置己之官司，行使主权。不书河外五城者，河东且征之，故河外五城自不必言说矣。

僖公十六年

【经】

十有六年春王正月戊申朔，陨石于宋五。是月，六鹢退飞，过宋都。风劲，鹢逆风而飞，不能进而反退，犹逆水行舟，不进则退，故曰退飞。

三月壬申，二十五日。**公子季友卒。**

夏四月丙申，二十日。**鄫季姬卒。**

秋七月甲子，十九日。**公孙兹卒。**公孙兹，叔孙戴伯。

冬十有二月，公会齐侯、宋公、陈侯、卫侯、郑伯、许男、邢侯、曹伯于淮。

【传】

十六年春，陨石于宋五，陨星也。六鹢退飞，过宋都，风也。周内史叔兴聘于宋，宋襄公问焉，曰："是何祥也？吉凶焉在？"杜预："祥，吉凶之先见者，襄公以为石陨、鹢退能为祸福之始，故问其所在。"据昭十五年"吾见赤黑之祲，非祭祥也"，笔者认为《传》之"祥"，乃祲祥之省。**对曰："今兹鲁多大丧，**今兹，今年。**明年齐有乱，君将得诸侯而不终。"**杜预："鲁丧、齐乱、宋襄不终，别以政刑吉凶他占知之。"**退而告人曰："君失问。是阴阳之事，非吉凶所生也。**陨石、鹢退与水旱疠疫，雪霜风雨之不时，皆天道阴阳之事；吉凶则是人事（人为）所致，与阴阳无关。杜预："襄公不知阴阳而问人事，故曰君失问。叔兴自以对非其实，恐为有识所讥，故退而告人。”**吉凶由人，吾不敢逆君故也。”** 杜预：“积善余庆，积恶余殃，故曰吉凶由人。君问吉凶，不敢逆之，故假他占以对。”

夏，齐伐厉，不克，救徐而还。

秋，狄侵晋，取狐、厨、受铎，涉汾，及昆都，因晋败也。 狐、厨、受铎皆晋邑。汾，汾水。及，至也。

王以戎难告于齐，齐徵诸侯而戍周。

冬，十一月乙卯， 十二日。**郑杀子华。** 子华，郑太子。僖七年奸父之命，欲以郑为齐内臣，为郑人所恶。

十二月，会于淮，谋鄫， 鄫有淮夷之患，谋救之。**且东略也。** 此为齐桓之东略。**城鄫，役人病。** 杨伯峻：“病谓困弊。”是也。**有夜登丘而呼曰：** 杨伯峻：“有用法同或，有人也。”**“齐有乱！”** 盖齐之乱衅，虽役夫亦已知之。**不果城而还。**

僖公十七年

【经】

十有七年春，齐人、徐人伐英氏。 英氏，楚与国，偃姓。

夏，灭项。 鲁灭项。项，国名。

秋，夫人姜氏会齐侯于卞。 请舍僖公。卞，鲁邑。

九月，公至自会。

冬十有二月乙亥， 八日。**齐侯小白卒。**

【传】

十七年春，齐人为徐伐英氏，以报娄林之役也。 娄林役在十五年。

夏，晋大子圉为质于秦，秦归河东而妻之。秦征河东置官司在十五年。归，馈遗也。杨伯峻："惠公奔梁在僖六年春，即令子圉生于是年冬，此时亦不过十一岁耳，而秦伯妻之。"**惠公之在梁也，梁伯妻之。梁嬴孕，过期，**过十月生产之期而不生。**卜招父与其子卜之。**卜招父，梁太卜。**其子曰："将生一男一女。"招曰："然。**然，是也。**男为人臣，女为人妾。"**杨伯峻："臣、妾之本义为奴婢。"**故名男曰圉，女曰妾。及子圉西质，妾为宦女焉。**杜预："事秦为妾。"

师灭项。淮之会，在去年十二月。**公有诸侯之事，未归，而取项。**公仍在会事，而鲁人取项。**齐人以为讨，而止公。**为项讨鲁而止公。杜预："内讳执，皆言止。"

秋，声姜以公故，声姜，僖公夫人，齐女。**会齐侯于卞。九月，公至。书曰："至自会。"犹有诸侯之事焉，**杨伯峻："犹有者，尚有而未毕也。"**且讳之也。**书"至自会"者，明诸侯之事未毕，且讳见执也。

齐侯之夫人三：王姬，徐嬴，蔡姬，皆无子。齐侯好内，内，妇人。**多内宠，内嬖如夫人者六人：长卫姬，生武孟；**武孟，公子无亏，为众嬖子之长，故曰孟。**少卫姬，生惠公；**公子元。**郑姬，生孝公；**公子昭。**葛嬴，**葛，国名。**生昭公；**公子潘。**密姬，**密，国名。**生懿公，**公子商人。**宋华子，**杜预："华氏之女。子，姓。"**生公子雍。公与管仲属孝公于宋襄公，以为大子。雍巫有宠于卫共姬，**杜预："雍巫，雍人，名巫，即易牙。"雍人，主烹割者。襄二十八年有"饔人"，昭二十五年有"饔人檀"，皆作"饔"。**因寺人貂以荐羞于公，亦有宠，公许之立武孟。**杜预："易牙既有宠于公，为长卫姬请立武孟。"

管仲卒，五公子皆求立。冬十月乙亥，七日。**齐桓公卒。易牙入，与寺人貂因内宠以杀群吏，**杨伯峻："内宠，服虔以为即‘如夫人者六人’。”群吏，朝中执事官司。服虔谓群吏即诸大夫也，不从。**而立公子无亏。孝公奔宋。十二月乙亥，**八日。**赴。辛巳夜，**十四日。**殡。**杜预：“六十七日乃殡。”

僖公十八年

【经】

十有八年春王正月，宋公、曹伯、卫人、邾人伐齐。齐桓与管仲曾属孝公于宋襄公，故襄公以诸侯之师伐齐，纳孝公。

夏，师救齐。鲁不欲立孝公，故救齐。

五月戊寅，十四日。**宋师及齐师战于甗。**甗 yán，齐地。**齐师败绩。**

狄救齐。杜预：“救四公子之徒。”

秋八月丁亥，葬齐桓公。杜预：“十一月而葬，乱故。”

冬，邢人、狄人伐卫。

【传】

十八年春，宋襄公以诸侯伐齐。三月，齐人杀无亏。杜预：“以说（悦）宋。”

郑伯始朝于楚。郑伯，郑文公。杜预：“中原无霸故。”始，言首次也。**楚子赐之金，**金，青铜。**既而悔之，与之盟曰：“无以铸兵。”**兵，兵器。**故以铸三钟。**

齐人将立孝公，不胜四公子之徒，无亏已死，除孝公外，为四公子。**遂与宋人战。**齐人欲致宋师以攻四公子，故与宋人战。**夏**

五月，宋败齐师于甗，立孝公而还。

秋八月，葬齐桓公。

冬，邢人、狄人伐卫，围菟圃。菟圃，卫地。卫侯以国让父兄子弟。及朝众，据杨伯峻，“及朝众”当从下读。及，比及。众，国人。及朝众，犹言至朝国人时。曰：“苟能治之，燬请从焉。”燬huǐ。从父兄子弟之能治卫国者而使为君。众不可，而后师于訾娄。狄师还。邢为兵主，狄为从，狄还，邢乃亦还。

梁伯益其国而不能实也，杜预谓“多筑城邑”。国，此盖指大都大邑。桓十一年《传》称随、绞、州、蓼四国为“四邑”，昭十二年楚灵王称陈、蔡、二不羹四邑为“四国”。《周易》“利用行师，征邑国”，“邑”亦国也。详参隐元年注。实，言以民人充实之。命曰新里，秦取之。

僖公十九年

【经】

十有九年春王三月，宋人执滕子婴齐。宋欲为霸主，故以师讨无道，欲借以求诸侯。杜预：“称人以执，宋以罪及民告。《传》例不以名为义，书名及不书名皆从赴。”

夏六月，宋公、曹人、邾人盟于曹南。盟者，欲使诸侯服事己。杜预：“曹虽与盟而犹不服，不肯致饩，无地主之礼，故不以国地而曰曹南，所以及秋而见围。”

鄫子会盟于邾。不及曹南之盟。己酉，二十一日。邾人执鄫子，用之。用之，杀之以祭社也。杜预：“称人以执，宋以罪及民告也。鄫虽失大国会盟之信，然宋用之，为罚已虐，故直书用之，言若用畜产也。不书社，赴不及也。不书宋使邾而以邾自用为文，南面之君，善恶自专，不得托之于他命。”

秋，宋人围曹。

卫人伐邢。

冬，会陈人、蔡人、楚人、郑人盟于齐。会者，盖鲁公会。杜预：“地于齐，齐亦与盟。”

梁亡。杜预：“以自亡为文，非取者之罪，所以恶梁。”

【传】

十九年春，遂城而居之。接去年《传》。

宋人执滕宣公。

夏，宋公使邾文公用鄫子于次睢之社，欲以属东夷。杜预：“睢水受汴，东经陈留、梁、谯、沛、彭城县入泗。此水次有妖神，东夷皆社祠之，盖（东夷）杀人而用祭（之）。”杨伯峻：“属东夷，使东夷诸国来附己也。”属即下文“属诸侯”、宣十二年“克敌得属”之属。宋欲使东夷诸国来附，故为之祭次睢之社。**司马子鱼曰：**子鱼，公子目夷。**“古者六畜不相为用，**六畜，马、牛、羊、豕、犬、鸡。相，互也，相互僭用。杨伯峻：“（如当）用马之祭，不以牛、羊、豕、犬代之耳。”是也。**小事不用大牲，**小的祭祀不用大的牺牲。**而况敢用人乎？祭祀以为人也。民，神之主也。用人，其谁飨之？**言用人非礼。**齐桓公存三亡国以属诸侯，**杜预：“三亡国：鲁、卫、邢。”**义士犹曰薄德。今一会而虐二国之君，**执滕宣公、用鄫子。**又用诸淫昏之鬼，**淫昏之鬼指次睢之社。杜预：“非周社故。”**将以求霸，不亦难乎？得死为幸。”**《传》“得死”皆谓得好死、得善终。杜预：“恐其亡国。”

秋，卫人伐邢，以报菟圃之役。邢、狄围菟圃在去年。**于是卫大旱，卜有事于山川，**事，祭事。**不吉。甯庄子曰：“昔**

周饥，克殷而年丰。今邢方无道，诸侯无伯，齐失霸，中原无伯。天其或者欲使卫讨邢乎！”从之，师兴而雨。

宋人围曹，讨不服也。子鱼言于宋公曰：“文王闻崇德乱而伐之，杜预：“崇，崇侯虎。”军三旬而不降，军三旬，攻之三旬。退修教而复伐之，因垒而降。修教，修德教。因，依也。杨伯峻：“因垒者，依前所筑之垒，未曾修缮与增筑，既示未尝增兵，亦示决战之速也。”《诗》曰：‘刑于寡妻，至于兄弟，以御于家邦。’杜预：“言文王之教，自近及远。寡妻，嫡妻，谓大姒也。刑，法也。御，治也。”今君德无乃犹有所阙，而以伐人，若之何？盍姑内省德乎？盍，何不。无阙而后动。”

陈穆公请修好于诸侯，以无忘齐桓之德。冬，盟于齐，修桓公之好也。杜预：“宋襄暴虐，故思齐桓。”

梁亡，不书其主，其主，灭梁之主。自取之也。言梁自取灭亡，非人伐之咎。初，梁伯好土功，亟城而弗处，民寡，无有余民使居处新城，故新城无守。亟，屡也。民罢而弗堪，则曰：“某寇将至。”此梁伯之言。梁伯不恤民之罢病，唯欲其役之速，故恐之曰“某寇将至”。罢音义皆同疲。乃沟公宫，乃，于是。环公宫挖沟也，欲为池隍以作防御之用。曰：“秦将袭我。”民惧而溃，“秦将袭我”亦梁伯恐惧民众之言，梁伯本欲惧之使速役，不料弄巧成拙，民信公之言，惧而溃散逃国。溃，凡民逃其上曰溃。秦遂取梁。

僖公二十年

【经】

二十年春，新作南门。杜预：“鲁城南门也。本名稷门，僖公更高大之，今犹不与诸门同，改名高门也。言新，以易旧；言作，以兴事，皆更造之文也。”

夏，郜子来朝。郜，姬姓国。

五月乙巳，二十三日。**西宫灾。**杜预：“西宫，公别宫也。天火曰灾。”

郑人入滑。

秋，齐人、狄人盟于邢。

冬，楚人伐随。

【传】

二十年春，新作南门。书，不时也。春非土功之时。**凡启塞从时。**杜预：“门户道桥谓之启，城郭墙堑谓之塞。”

滑人叛郑而服于卫。滑，姬姓国。**夏，郑公子士、泄堵寇帅师入滑。**杜预：“公子士，郑文公子。泄堵寇，郑大夫。”

秋，齐、狄盟于邢，为邢谋卫难也。去年卫伐邢。**于是卫方病邢。**于是时，卫使邢病也。

随以汉东诸侯叛楚。冬，楚斗穀於菟帅师伐随，取成而还。君子曰：“随之见伐，不量力也。量力而动，其过鲜矣。善败由己，杨伯峻：“善败犹成败。”**而由人乎哉？**

《诗》曰：‘岂不夙夜，谓行多露。’”行 háng，道也。言非不欲行“五更”，惧行道多露水，自量不胜其露，故不行夙夜。随若能自量，不致见伐。

宋襄公欲合诸侯，臧文仲闻之，曰：“以欲从人，则可；以人从欲，鲜济。”使己之欲望能够兼顾众人之欲望，则可；使众人舍其欲而屈从己之欲望，鲜有济事者。

僖公二十一年

【经】

二十有一年春，狄侵卫。杜预：“为邢故。”

宋人、齐人、楚人盟于鹿上。杜预：“鹿上，宋地。宋为盟主，故在齐人上。”

夏，大旱。

秋，宋公、楚子、陈侯、蔡侯、郑伯、许男、曹伯会于盂。杜预：“盂，宋地。楚始与中国行会礼，故称爵。”**执宋公以伐宋。**杜预：“不言楚执宋公者，宋无德而争盟，为诸侯所疾，故总见众国共执之文。”

冬，公伐邾。杜预：“为邾灭须句故。”

楚人使宜申来献捷。来献宋捷。宜申，斗宜申。

十有二月癸丑，十日。**公会诸侯盟于薄。**薄，宋地。**释宋公。**宋服故。

【传】

二十一年春，宋人为鹿上之盟，以求诸侯于楚。杨伯峻：“十八年，郑始朝楚；十九年，楚又与陈、蔡、郑盟于齐，则此时楚已得诸侯矣。故宋襄欲继齐桓之霸业，必求于楚而后可。”**楚人许之。公子目夷曰：“小国争盟，祸也。宋其亡乎！幸而后败。”**以败而不亡国为幸。

夏，大旱。公欲焚巫尪。杜预：“巫尪（wáng），主祈祷请雨者。”据昭十二年，齐欲诛祝、史，曰：“今君疾病，为诸侯忧，是祝、史之罪也。”言祝、史失职故欲诛之。此则责巫尪不能求雨，故欲焚之。然据下文“若能为旱”之言，则《传》乃谓旱实因巫尪而生，故杜预又曰：“或以为尪非巫也，瘠病（罗锅）之人，其面向上，俗谓天哀其病，恐雨入其鼻，故为之旱，是以公欲焚之。”**臧文仲曰：“非旱备也。**旱则饥，焚巫尪非救饥之所备。备，预备，防备。**修城郭，**惧天灾启寇，故修城郭为守备。**贬食、省用、**俭也。**务穑、**古时桑农社会，于春夏秋三时，民人之全部工作就是种地，虽天大旱，仍可致力于人工浇灌，以资穑事。**劝分，**劝有者分无者。**此其务也。**此乃救灾之要务。**巫尪何为？**此可解为，巫尪何能为；又可解为，焚巫尪何为。**天欲杀之，则如勿生；**杨伯峻据王引之谓：“如，应当之义。”“如”解为“胜”亦通。**若能为旱，焚之滋甚。”公从之。是岁也，饥而不害。**虽饥，然不为害。

秋，诸侯会宋公于盂。子鱼曰：“祸其在此乎！君欲已甚，已，太也。**其何以堪之？”**其，诸侯。**于是楚执宋公以伐宋。**

冬，会于薄以释之。子鱼曰：“祸犹未也，未足以惩君。”为罚不重，不足以使君戒惧。

任、宿、须句、颛臾，风姓也。实司大皞与有济之祀，杜预：“司，主也。大皞，伏羲。四国，伏羲之后，故主其祀。四国封近于济，故世祀之。”**以服事诸夏。**诸夏，中国。**邾人灭须句。须句子来奔，因成风也。**据杜预，须句乃成风母家。成风，庄公之妾，僖公之母。**成风为之言于公曰：“崇明祀，**明祀，太皞、有济之祀。**保小寡，周礼也；蛮夷猾夏，**杜预：“猾夏，乱诸夏。”**周祸也。若封须句，**封，封建。**是崇皞、济而修祀纾祸也。”**杨伯峻据俞樾谓：“‘修祀’当作‘修礼’，修礼承‘周礼’，纾祸承‘周祸’，因‘禮’古文作‘礼’，与祀字相似致误。若作修祀，则与‘皞、济’意复。”可信。纾，解也。

僖公二十二年

【经】

二十有二年春，公伐邾，取须句。

夏，宋公、卫侯、许男、滕子伐郑。

秋八月丁未，八日。**及邾人战于升陉。**升陉，鲁地。

冬十有一月己巳朔，宋公及楚人战于泓，泓，水名。**宋师败绩。**

【传】

二十二年春，伐邾，取须句，反其君焉，礼也。杜预：“得恤小寡之礼。”

三月，郑伯如楚。

夏，宋公伐郑。宋与楚争诸侯，恶郑伯如楚，故伐之。**子鱼曰：“所谓祸在此矣。”**

初，平王之东迁也，周平王东迁雒邑，在公元前770年，春秋前四十八年。**辛有适伊川，**杜预：“辛有，周大夫。伊川，周地。伊，水名。”**见被发而祭于野者，**被同披。被发，披头散发。杨伯峻疑祭于野即祭于墓。**曰：“不及百年，此其戎乎！**以其弃周礼，而用戎人之礼故。言不及百年，伊川将为戎所居处。**其礼先亡矣。"秋，秦、晋迁陆浑之戎于伊川。**杜预："计此去辛有过百年，而云不及百年，《传》举其事验，不必其年信。"迁陆浑戎事，又见昭九年。

晋大子圉为质于秦，在十七年。**将逃归，谓嬴氏曰：**嬴氏，秦所妻子圉之怀嬴。**"与子归乎！"**子，汝也。归，欲使同逃归晋。**对曰："子，晋大子，而辱于秦。**辱，屈身也。**子之欲归，不亦宜乎？**宜，合宜。**寡君之使婢子侍执巾栉，以固子也。**栉zhì。杨伯峻："《礼记·曲礼下》云：'自世妇以下自称曰婢子。'巾为拭巾，栉乃梳篦之总名。侍执巾栉，当时谦语。"**从子而归，弃君命也。不敢从，亦不敢言。"**言，泄言。**遂逃归。**

富辰言于王曰："请召大叔。富辰，周大夫。太叔，襄王母弟王子带，十二年奔齐。**《诗》曰：'协比其邻，昏姻孔云。'**协比，协和亲比。昏姻，所娶之族及嫁女之族。孔，甚，大，很也。云，聚，集，附会也。据《周易·小畜》，"密云不雨，自我西郊。复自道，何其咎"，云，引申有凝聚，聚集，蕴蓄之义。《诗·郑风·出其东门》："出其东门，有女如云。"云亦作云聚，云集，聚集之义。**吾兄弟之不协，焉能怨诸侯之不睦？"**不睦，谓不睦于周。**王说。**说同悦。**王子带自齐复归于京师，王召之也。**

邾人以须句故出师。公卑邾，卑，微也。**不设备而御之。臧文仲曰："国无小，**言国之所以立，不在于其大小。**不可易也。**易，容易，轻视。**无备，虽众不可恃也。《诗》曰：'战战兢兢，如临深渊，如履薄冰。'**《诗》意取敬慎。**又曰：'敬之敬之，天惟显思，命不易哉！'**显，明也。思，语气词，无义。言不可不敬，天道昭显，保有天命（有国之命）不容易。**先王之明德，犹无不难也，无不惧也，况我小国乎？君其无谓邾小。蠭虿有毒，**蠭，大黄蜂。虿chài，杨伯峻："虿为蝎属，《通俗文》'长尾为虿，短尾为蝎'。"**而况国乎？"弗听。**

八月丁未，公及邾师战于升陉，我师败绩。邾人获公胄，胄，头盔。**县诸鱼门。**旌功也（于鲁则为耻辱）。县同悬。鱼门，邾城门。

楚人伐宋以救郑。宋公将战，大司马固谏曰：杜预："大司马固，庄公之孙公孙固也。"**"天之弃商久矣，**言商既为天所抛弃久矣。宋为商之后代。**君将兴之，弗可赦也已。"**俞樾："盖即违天必有大咎之意。天固弃之，君必兴之，是得罪于天也，故曰弗可赦也已。"是。**弗听。**

冬十一月己巳朔，宋公及楚人战于泓。泓，水名。**宋人既成列，楚人未既济。**杜预："未尽渡泓水。"**司马曰："彼众我寡，及其未既济也，请击之。"公曰："不可。"既济而未成列，**成列，成阵列。**又以告。**告趁其未成列而击之。**公曰："未可。"既陈而后击之，宋师败绩。公伤股，门官歼焉。**杨伯峻引沈钦韩："门官即门子也。卿大夫之子弟卫公，襄九年《传》，大夫门子皆从郑伯。"歼，尽被歼灭。

国人皆咎公。公曰："君子不重伤，不禽二毛。不重（chóng）伤，既伤之之后，不再次伤之。杨伯峻："二毛，有白发间于黑发者。"**古之为军也，不以阻隘也。**杨伯峻从俞樾，谓阻隘为阻其隘，阻为动词。又曰："阻，扼（扼同扼）也。不以阻隘，言不扼敌于险隘。"**寡人虽亡国之余，**宋本殷商之遗民。**不鼓不成列。"**鼓，鼓以进军，故"鼓"引申为攻击。**子鱼曰："君未知战。**战，军事。**勍敌之人，**杨伯峻："勍音擎，强也。"**隘而不列，天赞我也。**而，且也。赞，助也。**阻而鼓之，不亦可乎？犹有惧焉。**言阻而鼓之，犹恐不胜。**且今之勍者，皆吾敌也。虽及胡耇，**杨伯峻："胡，寿也；耇音苟，亦寿也。"**获则取之，何有于二毛？**何有，何顾惜，何怜惜也。杨伯峻："何有，不顾之辞。"**明耻、教战，**明耻，明示何为将卒之耻，如逃奔、投降、战败、被俘等。杨伯峻谓耻为国耻，非也。**求杀敌也。伤未及死，如何勿重？**以其尚能害己也。**若爱重伤，则如勿伤；爱其二毛，则如服焉。**杨伯峻："两'爱'字皆怜惜义。两'如'字皆应当之义。""如"字解作"胜"亦通。**三军以利用也，**利，利害之利，言有利于己则用之，不利则不用。**金鼓以声气也。**以声音激扬士气。**利而用之，阻隘可也；声盛致志，鼓儳可也。"**致志，致其斗志。儳 chán，不齐也，不整也。

丙子晨，十一月八日。**郑文夫人芈氏、姜氏劳楚子于柯泽。**芈 mǐ，楚国之姓。杜预："楚子还，过郑。郑文公夫人芈氏，楚女。姜氏，齐女也。柯泽，郑地。"**楚子使师缙示之俘馘。**杜预："师缙，楚乐师也。俘，所得囚。馘（guó），所截耳。"**君子曰："非礼也。妇人送迎不出门，见兄弟不逾阈，**阈 yù，门限。**戎事不迩女器。"**迩，近也。女器，妇人之器物。言军事不近女器，况以妇人至军中乎。

丁丑，楚子入飨于郑，郑伯飨楚子。**九献，**俞樾谓九献为国君飨燕之礼。杨伯峻："九献者，主酌献宾，宾酢主人，主人酬宾为献，如此者九。"**庭实旅百，**实，礼实也。旅，陈列也。言庭中陈列礼物百种。庭实旅百本是宾献主人之礼物，杨伯峻谓此乃郑伯享楚子之礼物。**加笾豆六品。**杨伯峻："于正礼之外复有所增添曰加。"杜预："食物六品加于笾豆。笾豆，礼食器。"**飨毕，夜出，文芈送于军，取郑二姬以归。叔詹曰："楚王其不没乎！**没，终也，善终。**为礼卒于无别，**无别，男女之别。言戎事别男女。**无别不可谓礼，将何以没？"诸侯是以知其不遂霸也。**遂，成也。

僖公二十三年

【经】

二十有三年春，齐侯伐宋，围缗。缗，宋邑。

夏五月庚寅，二十五日。**宋公兹父卒。**

秋，楚人伐陈。

冬十有一月，杞子卒。杜预："杞入春秋称侯，庄二十七年（已）绌称伯，至此用夷礼，贬称子。"

【传】

二十三年春，齐侯伐宋，围缗，以讨其不与盟于齐也。此实因其败而伐之之借口。

夏五月，宋襄公卒，伤于泓故也。

秋，楚成得臣帅师伐陈，成得臣，子玉也。**讨其贰于宋也。遂取焦、夷，城顿而还。**焦、夷皆陈邑。顿，国名，姬姓。**子文以为之功，**以为子玉之功。**使为令尹。叔伯曰："子若国何？"**犹言将要把国家怎么样。杜预："叔伯，楚大夫薳吕臣也。以为子玉不任令尹。"**对曰："吾以靖国也。**靖，安也。**夫有大功而无贵仕，其人能靖者与有几？"**杨伯峻："与同欤，谓其人能靖者有几欤，《马氏文通》谓'与'本在句末，倒在前。"言若有大功于国，而不得贵仕，鲜有能自安其位者。杜预："言必矜功为乱，不可不赏。"

九月，晋惠公卒。怀公命无从亡人。怀公，子圉。从，追随也。亡人指重耳。**期，**期，期限之期，戒定从重耳者之归期。**期而不至，**

期音基，周期满则为期（朞）。**无赦。狐突之子毛及偃从重耳在秦，弗召。**偃，子犯也。**冬，怀公执狐突曰："子来则免。"**杜预："未期而执突，以不召子故。"**对曰："子之能仕，父教之忠，古之制也。策名委质，贰乃辟也。**策名，杜预："名书于所臣之策。"委质，杨伯峻据沈钦韩谓，委，置也；质同贽，庄二十四年所谓"男贽，大者玉帛，小者禽鸟"，委质即置贽，不知信否。辟，罪也。**今臣之子，名在重耳，有年数矣。若又召之，教之贰也。父教子贰，何以事君？刑之不滥，君之明也，臣之愿也。淫刑以逞，谁则无罪？臣闻命矣。"乃杀之。**

卜偃称疾不出，曰："《周书》有之：'乃大明，服。'乃，汝也。言君能大明，则臣民自服。**己则不明而杀人以逞，**则，法也。**不亦难乎？民不见德而唯戮是闻，其何后之有？"**戮，刑也。杜预："言怀公必无后于晋。"

十一月，杞成公卒。书曰"子"，杞，夷也。杞为中原诸侯，弃周礼而用夷礼，故《经》贱之曰"子"。**不书名，未同盟也。凡诸侯同盟，死则赴以名，礼也。**诸侯同盟，盟歃时以名告神，故死亦以赴名为礼。**赴以名，则亦书之，**言未同盟之国，若其国君卒，来赴以名，则亦书名。**不然则否，**未同盟之国，若其赴不以名，则不书名。**辟不敏也。**杜预："敏犹审也。"避不审，恐误书也。若赴以名而书之，自然不至于误书其名；若赴不以名，而自以为闻知其名而书之，则可能导致因不审而误书。

晋公子重耳之及于难也，晋人伐诸蒲城。事在五年。**蒲城人欲战。重耳不可，曰："保君父之命而享其生禄，**保，守也，受也。杨伯峻："生禄犹言养生之禄。"**于是乎得人。有人而校，**校音教，杨伯峻"校犹抵抗"。**罪莫大焉。吾其奔也。"遂奔狄。从者狐偃、赵衰、颠颉、魏武子、司空季子。**重耳之从者众，此特举其达者五人。狐偃，狐突之子子犯也。赵衰，杨伯峻疑为赵夙之子。颠颉，颠颉被杀在二十八年，无后于晋。魏武子，毕万之孙魏犨。杨伯峻："司空季子（胥臣），司空是其官，季子是其字；胥，其氏；臣，其名；食邑于臼，故亦谓之胥臣，亦谓之臼季。"**狄人伐廧咎如，**廧 qiáng，咎 gāo。杜预："廧咎如，赤狄之别种也，隗姓。"**获其二女，叔隗、季隗，纳诸公子。**隗 wěi。**公子取季隗，生伯儵、叔刘，**儵音抽。**以叔隗妻赵衰，生盾。将适齐，谓季隗曰："待我二十五年，不来而后嫁。"对曰："我二十五年矣，**年，岁也，此"年"特指年龄，与上"年"字不同。**又如是而嫁，**又如是，又二十五年。则五十岁矣。**则就木焉。**木指棺椁。古人平均寿命短，故有诗曰"人生七十古来稀"。**请待子。"处狄十二年而行。**自僖五年至僖十六年在狄，凡十二年。

过卫，卫文公不礼焉。出于五鹿，杨伯峻："言自五鹿出而东行。五鹿，卫地。"**乞食于野人，**卫侯不馈，故食用不济。**野人与之块。**块，土块也。**公子怒，欲鞭之。子犯曰："天赐也。"**杜预："得土，有国之祥，故以为天赐。"**稽首，受而载之。**既为天赐，固当稽首。

及齐，齐桓公妻之，有马二十乘，一乘四马，二十乘，马八十匹也。**公子安之。从者以为不可，将行，谋于桑下。**杜预："齐桓既卒，知孝公不可恃故。"**蚕妾在其上，以告姜氏。**蚕妾窃闻其谋，告姜氏。姜氏，重耳妻。**姜氏杀之，**杀之灭口，恐孝公知之。**而谓公子曰："子有四方之志，**霸诸侯之志。四方，天下也。**其闻之者吾杀之矣。"公子曰："无之。"姜曰："行也。怀与安，实败名。"**杨伯峻谓，怀指怀恋妻室，安谓安逸而重迁。**公子不可。姜与子犯谋，醉而遣之。醒，以戈逐子犯。**

及曹，曹共公闻其骈胁。杨伯峻"骈胁者，肋骨比迫若一骨然。"**欲观其裸。**骈胁非裸不得见。**浴，薄而观之。**杜预："薄，迫也。"杨伯峻："设帘而窥之。薄即《晋语四》之'微薄'，亦即帷薄，今之帘也。"

今当以《左传》证《左传》，薄，固为“迫”义，杜预是。薄者，谓待其沐浴且不知情之际，骤然逼迫其前以观之，故下文曰“而诛无礼，曹其首也”。若设帘以窥之，一者，骈胁不近观，未必能见其状；再者，既设帘而窥，乃惧其知也，若重耳不知，是无以获迫犯之罪也，又何以诛其无礼。**僖负羁之妻曰：“吾观晋公子之从者，皆足以相国。若以相，**杜预：“若遂以为傅相。”**夫子必反其国。反其国，必得志于诸侯。**仍因有贤相故。**得志于诸侯而诛无礼，曹其首也。**观骈胁之状，罪大。**子盍蚤自贰焉？”**蚤同早。贰言贰事之。**乃馈盘飧，寘璧焉。**杜预：“臣无竟外之交，故用盘藏璧飧中，不欲令人见。”飧 sūn，夕食曰飧，熟食也。**公子受飧反璧。**

及宋，宋襄公赠之以马二十乘。

及郑，郑文公亦不礼焉。叔詹谏曰：“臣闻天之所启，启，开也。**人弗及也。**天欲开启之人，非凡人所能及。**晋公子有三焉，天其或者将建诸，**杨伯峻：“‘其’与‘或者’皆表示不肯定之副词，此处强调其语气，故连用。诸，之乎合音。”**君其礼焉。男女同姓，其生不蕃。**蕃，茂也。蕃多指子孙后代繁盛，此文当特指重耳之本身茂盛（健康）。**晋公子，姬出也，**其母为大戎狐姬（狐季姬），故曰姬出，犹言姬姓女所生。**而至于今，**言未毁折。**一也。离外之患，**离同罹，遭受也。离外之患，言遭受流亡在外之忧患。**而天不靖晋国，**言晋祸乱无休止。**殆将启之，二也。有三士足以上人，而从之，三也。晋、郑同侪，**杜预：“侪，等也。”**其过子弟，固将礼焉，况天之所启乎？”弗听。**

及楚，楚子飨之，曰：“公子若反晋国，返晋得国。**则何以报不穀？”对曰：“子、女、玉、帛，则君有之；**杨伯峻：“子女盖指男女奴隶。”**羽、毛、齿、革，**所以为礼器之物。**则君地生焉。其波及晋国者，君之余也，其何以报君？”曰：“虽然，何以报我？”对曰：“若以君之灵，**灵，福也。

得反晋国。晋、楚治兵，杨伯峻："治兵本为教练军队或习武之义，此处为外交辞令，避免战争字样。"**遇于中原，其辟君三舍。**一舍三十里。辟同避。**若不获命，**不获命，不得舍晋之命。**其左执鞭、弭，右属櫜、鞬，以与君周旋。"**櫜 gāo，鞬 jiàn。杜预："弭，弓末无缘者。櫜以受箭，鞬以受弓。属，著也。周旋，相追逐也。"顺转为周，逆转为旋。周旋者，如两武夫将欲格斗，而皆不敢先出手，空摆着式，来回盘旋试探对方。此周旋其实亦是交战之婉转辞令。**子玉请杀之。楚子曰："晋公子广而俭，**广，言子、女、玉、帛，羽、毛、齿、革，知其广博，故杜预谓"志广"。报不以滥，故曰俭。**文而有礼。**文，善文辞。礼，服行事之善道谓礼，礼非仪也。**其从者肃而宽，**肃，整也，端庄，引为敬。**忠而能力。晋侯无亲，**晋侯，惠公。**外内恶之。吾闻姬姓唐叔之后，其后衰者也，其将由晋公子乎！**言将由晋公子中兴。**天将兴之，谁能废之？**两"之"，皆指重耳。**违天必有大咎。"乃送诸秦。**

秦伯纳女五人，怀嬴与焉。杜预："怀嬴，子圉妻。子圉谥怀公，故号为怀嬴。"**奉匜沃盥，**奉，捧也。匜 yí，沃盥器，用以盛水。沃，浇也，注也。盥 guàn，洗也。一人捧匜于盥者手之上方，浇（倒）水于盥者之手，使其洗盥，下有盘以接污水，此古之洗盥。**既而挥之。**挥之者，甩去手上附着之残水。本当受巾以擦拭，或重耳不受怀嬴所奉之巾，或不待奉巾而先甩其手使干。**怒曰：**怀嬴怒。**"秦、晋匹也，**匹，匹敌。**何以卑我？"**谓卑我是卑秦也。盖自因怀公故心甚敏感。**公子惧，降服而囚。**杜预："去上服，自拘囚以谢之。"**他日，公享之。子犯曰："吾不如衰之文也，**文，有文辞，今曰口才好，善修辞。**请使衰从。"公子赋《河水》，**杜预："《河水》，逸《诗》，义取河水朝宗于海。海喻秦。"言若得返国，当朝事秦。**公赋《六月》。**杜预："《六月》，《诗·小雅》，道尹吉甫佐宣王征伐，喻公子还晋必能匡王国。"**赵衰曰："重耳拜赐。"公子降，**

拜，稽首。杨伯峻：“降，降阶至堂下，再拜而后稽首。”**公降一级而辞焉。**杨伯峻据沈钦韩谓：“秦穆公降阶一等。辞者，辞其降拜，非辞其稽首。杜以为‘辞公子稽首’，误。”是也。重耳在秦穆，固当稽首。**衰曰：“君称所以佐天子者命重耳，**《六月》之二章曰，“以佐天子”，言称“佐天子”，所贶甚大，是以重耳比诸侯也。**重耳敢不拜？”**

僖公二十四年

【经】

二十有四年春王正月。

夏，狄伐郑。

秋七月。

冬，天王出居于郑。杜预：“襄王也。天子以天下为家，故所在称居。”成十二年《经》“周公出奔晋”，其《传》曰“凡自周无出，周公自出故也”，与此“出”不同。此“出居”连言，明“出”非出奔，言因事而他居也，例如桓三年《传》“芮伯万出居于魏”、僖二十八年《传》“卫侯出居于襄牛”，“出居”皆言未出境，非出奔之义。

晋侯夷吾卒。

【传】

二十四年春，王正月，秦伯纳之。纳重耳也。接去年《传》。**不书，不告入也。**《经》不书晋文之入，晋未来告也。

及河，子犯以璧授公子，曰：“臣负羁绁从君巡于天下，羁，马络头。绁 xiè，缰绳。凡系人与动物之索皆可曰绁，如累绁即为捆人者。杨伯峻："不言流亡诸侯间，而言'巡于天下'，表敬之辞令。"**臣之罪甚多矣。臣犹知之，而况君乎？请由此亡。"公子曰："所不与舅氏同心者，有如白水。"**杜预："子犯，重耳舅也。"有如，为誓之辞。白水即黄河水，白水非清水，此盖指黄河水之本色。有如白水者，指黄河水为誓也。**投其璧于河。**杜预："质信于河。"

济河，围令狐，入桑泉，取臼衰。二月甲午，晋师军于庐柳。杜预："怀公遣军距重耳。"**秦伯使公子絷如晋师，师退，军于郇。**怀公之师退于郇。**辛丑，狐偃及秦、晋之大夫盟于郇。壬寅，公子入于晋师。**重耳入于怀公之师也。怀公之大夫信重耳，受盟而背怀公，怀公不得民，内外弃之。**丙午，入于曲沃。丁未，朝于武宫。**武宫，重耳祖武公之庙。武公，曲沃桓叔（成师）之孙，曲沃庄伯之子。鲁庄十六年，周僖王命曲沃武公以一军为晋侯。**戊申，使杀怀公于高梁。不书，亦不告也。**外事不来告者，《经》皆不书。

吕、郤畏偪，杜预："吕甥、郤芮，惠公旧臣，故畏为文公所偪害。"**将焚公宫而弑晋侯。寺人披请见，公使让之，且辞焉，**让，责备。辞，辞不见。**曰："蒲城之役，**在五年。**君命一宿，女即至。**献公命寺人披于明日率师伐蒲城，寺人披则率师于当日而至。**其后，余从狄君以田渭滨，**田，猎也。**女为惠公来求杀余，命女三宿，女中宿至。**命披三宿之后，即第四日杀重耳，披则于第二日至。**虽有君命，何其速也？夫袪犹在，女其行乎！"**披斩重耳袪在僖五年，盖重耳仍藏其服。行，亡也。**对曰："臣谓君之入也，其知之矣。**杜预："知君人之道。"**若犹未也，又将及难。君命无二，古之制也。除君之恶，唯力是视。**视其力之所能，犹言竭尽全力。**蒲人、狄人，余何有焉？**言己不顾怜其是蒲人还是狄人。**今君即位，其无"蒲"、"狄"乎？**"蒲"、"狄"借指仇敌。**齐桓公置射钩而使管仲相，**杜预："乾时之役，管仲射桓公中带钩。”射钩，被射中之带钩。**君若易之，何辱命焉？**杜预：“言若反齐桓，己将自去，不须辱君命。”**行者甚众，岂唯刑臣？”**披为阉臣，故曰刑臣。**公见之，以难告。**告吕、郤将作难。**三月，晋侯潜会秦伯于王城。**王城，秦地。**己丑晦，公宫火。瑕甥、郤芮不获公，乃如河上，秦伯诱而杀之。晋侯逆夫人嬴氏以归。**嬴氏，穆公女文嬴也。**秦伯送卫于晋三千人，实纪纲之仆。**文公初入而有吕、郤之难，秦惧文公仍有祸难，故送兵卫于文公。杨伯峻：“纪纲之仆犹言得力之仆。”

初，晋侯之竖头须，守藏者也。晋侯，重耳也。杜预：“竖，左右小吏。”守藏者，此指掌管重耳财物者。**其出也，**出，重耳自蒲城出奔。**窃藏以逃，尽用以求纳之。**求纳重耳。**及入，求见，公辞焉以沐。**重耳以正在洗头为借口，辞不见。洗头曰沐，洗澡曰浴。**谓仆人曰：“沐则心覆，心覆则图反，**洗头则当弯腰面腹向下，于是心亦朝下，故曰“心覆”。心覆则所图谋亦反于正常，此想当然之辞也。**宜吾不得见也。居者为社稷之守，行者为羁绁之仆，**羁绁即羁绁。**其亦可也，**言居者之功劳亦可矣。**何必罪居者？国君而雠匹夫，**忌小怨。**惧者甚众矣。”仆人以告，公遽见之。**

狄人归季隗于晋，而请其二子。请留其二子伯儵、叔刘于狄。后《传》未载伯儵、叔刘之事，盖终老于狄。**文公妻赵衰，生原同、屏括、楼婴。**原、屏、楼为三人采邑之名。**赵姬请逆盾与其母，**杜预：“赵姬，文公女也。盾，狄女叔隗之子。”**子余辞。**子余，赵衰字。**姬曰：“得宠而忘旧，何以使人？**使，使唤。**必逆之！”固请，许之。来，以盾为才，固请于公，以为嫡子，而使其三子下之，以叔隗为内子而己下之。**杜预：“卿之嫡妻为内子。”

晋侯赏从亡者，介之推不言禄，禄，爵禄。介之推亦在从亡之列，相传重耳逃亡时介之推有割股食重耳之事。**禄亦弗及。推曰：“献公之子九人，唯君在矣。**在，在世。**惠、怀无亲，外**

内弃之。天未绝晋，必将有主。主晋祀者，非君而谁？天实置之，而二三子以为己力，不亦诬乎？诬，欺也。**窃人之财，犹谓之盗，况贪天之功以为己力乎？下义其罪，上赏其奸，上下相蒙，难与处矣！”**蒙，蒙蔽，欺也。处，相处。**其母曰：“盍亦求之，以死，谁怼？”**盍，何不也。怼 duì，怨也。**对曰：“尤而效之，**尤，罪也，愆过也。言既责人之非，而又效法之。**罪又甚焉，且出怨言，不食其食。”其母曰：“亦使知之，若何？”对曰：“言，身之文也。**文同纹。谓言语好比身体之纹饰。哀七年：“断发文身。”**身将隐，焉用文之？是求显也。”**言所以为纹饰者，意在求显达。**其母曰：“能如是乎！与女偕隐。”遂隐而死。晋侯求之，不获。以绵上为之田，曰：“以志吾过，且旌善人。”**志，记也。旌，表彰也。

郑之入滑也，入滑在二十年。**滑人听命。师还，又即卫。**即，就也，从也。**郑公子士、泄堵俞弥帅师伐滑。**公子士，郑文公子。泄堵俞弥疑即泄堵寇。或以为“泄堵”为氏，可商；据僖七年《传》“泄氏、孔氏、子人氏三族实违君命”，当以“泄”字为氏；又疑“泄”为其固有之氏，“堵”为其采邑之名，故又称堵氏，因泄堵连言。**王使伯服、游孙伯如郑请滑。**请舍滑。**郑伯怨惠王之入而不与厉公爵也，**事在庄二十一年。**又怨襄王之与卫、滑也，故不听王命而执二子。王怒，将以狄伐郑。富辰谏曰：“不可。臣闻之：大上以德抚民，其次亲亲以相及也。**杜预：“先亲以及疏。”**昔周公吊二叔之不咸，**吊，伤也。咸，全、遍、同、共也。不咸者，不是咸有也，谓二叔世既无德化，又不亲亲，两者咸无。《周书·牧誓》：“今商王受（纣），昏弃厥遗，王父母弟不迪。乃惟四方之多罪逋逃，是崇是长，是信是使，是以为大夫卿士。”此虽是商末之事，然亦可为不亲亲之证。二叔，马融、杜预皆谓“夏、殷之叔氏”，可信。王引之、李贻德、杨伯峻皆主二叔为管叔、蔡叔（以其作乱故），不从。仅下文封建文王十六国，即可为证。若管、蔡作乱在先，将讨之不暇，又何必封之？《周书·金縢》：“武王既丧，管叔及其群弟乃流言于国……周公居东两年，则罪人斯得。”三监之乱本在成王之时，而周初大规模封建诸侯，则在武王时，亦即今年《传》所载之封建。昭二十八年亦载此次封建，曰：“昔武王克商，光有天下，其兄弟之国者（被封国者）十有五人（武王兄弟封十六国，此曰十五，姑不论之），姬姓之国者四十人。”昭二十六年“昔武王克殷，成王靖四方，康王息民，并建母弟”，亦以封建自武王始，此其一。周既灭商，瓜分其地为三，分封管、蔡、霍，欲其监视殷商遗民，是为三监。不期三叔乃联合殷武庚作乱，周公讨杀武庚，罪三叔。《周书·蔡仲之命》曰：“群叔流言，乃致辟管叔于商，囚蔡叔于郭邻，以车七乘；降霍叔于庶人。”此次作乱者实三叔，纵使霍叔罪小，然实参与其事，史称“三监之乱”者，为何不言“吊三叔之不咸”，而独称“二叔”？此其二。**故封建亲戚以蕃屏周**。周公伤夏、殷之叔氏，思自古唯德之难保，故亲亲以求其次，大封亲戚以为周室藩屏。**管**、管国，管叔鲜。**蔡**、蔡国，蔡叔度。**郕**、**霍**、霍国，霍叔处。**鲁**、**卫**、**毛**、**聃**、**郜**、**雍**、**曹**、**滕**、**毕**、**原**、**酆**、**郇**，**文之昭也**。十六国，皆文王子。**邘**、**晋**、**应**、**韩**，**武之穆也**。四国皆武王子。**凡**、**蒋**、**邢**、**茅**、**胙**、**祭**，**周公之胤也**。胤，嗣也。六国与鲁同宗周公。**召穆公思周德之不类**，召穆公，召公虎，周卿士；召，采地名。类，善也。**故纠合宗族于成周而作诗，曰：‘常棣之华，鄂不韡韡**。杨伯峻：“常棣（dì），今名小叶杨。”华，花也。杨伯峻：“鄂，今作萼。”萼在花瓣或絮状花正下以承托花之部分。韡韡 wěi，光明貌。不，无义副词。杜预：“不韡韡，言韡韡。以喻兄弟和睦，则强盛而有光辉韡韡然”。**凡今之人，莫如兄弟。’** 由自然之理推及人道，言兄弟当如花鄂相亲附。**其四章曰：‘兄弟阋于墙，外御其侮。’** 阋 xì，争斗也。杨伯峻：“兄弟内虽不和，犹同心御外侮。”**如是，则兄弟虽有小忿，不废懿亲**。杜预：“懿，美也。”**今天子不忍小忿以弃郑亲，其若之何？** 若周公、召公何。**庸勋**、亲亲、暱近、杜预："庸，用也。暱，亲也。"尊贤，德之大者也。即聋、从昧、与顽、用嚚，奸之大者也。嚚 yín，奸诈也。弃德、崇奸，祸之大者也。郑有平、惠之勋，杜预："平王东迁，晋、郑是依；惠王出奔，虢、郑纳之，是其勋也。"又有厉、宣之亲，杜预："郑始封之祖桓公友，周厉王之子，宣王之母弟。"弃嬖宠而用三良，杜预："七年杀嬖臣申侯，十六年杀宠子子华也。三良，叔詹、堵叔、师叔。"于诸姬为近，杜预以"近"为道近，竹添光鸿驳之谓："以道路之近为四德之一，竟觉不妥。近是亲近之近，言桓公为司徒，武、庄为卿士，世亲近于王，与晋、卫诸国疏于周室者不同也。"善。四德具矣。耳不听五声之和为聋，目不别五色之章为昧，心不则德义之经为顽，口不道忠信之言为嚚。狄皆则之，四奸具矣。周之有懿德也，犹曰'莫如兄弟'，故封建之。其怀柔天下也，犹惧有外侮。扞御侮者莫如亲亲，故以亲屏周。召穆公亦云。上两句言周公因亲亲而封建，此句言召穆公为兄弟翕和而作诗。召穆公作诗，亦在亲亲，故曰"亦云"。今周德既衰，于是乎又渝周、召，渝，变也，易也。以从诸奸，杨伯峻："从奸谓将用狄师。"无乃不可乎！民未忘祸，杜预："前有子颓之乱，中有叔带召狄，故曰民未忘祸。"王又兴之，其若文、武何？"杜预："言将废文、武之功业。"王弗听，使颓叔、桃子出狄师。杜预："二子，周大夫。"

夏，狄伐郑，取栎。

王德狄人，德，恩也，犹言感激、感戴。将以其女为后。富辰谏曰："不可。臣闻之曰：'报者倦矣，施者未厌。'报恩者频繁报答，已厌倦矣，施恩者责求报答之心仍不满足。狄固贪惏，惏同婪。王又启之。杨伯峻："以狄女为后，是开导启发其报之无已。"女德无极，妇怨无终，未嫁为女，既嫁为妇。未嫁时必淑慎其德，以期高就，故曰为女时德无极；一旦嫁为人妇，其所有僻邪怨戾的本性就逐日暴露无遗，不再掩饰，今曰“婚姻是爱情的坟墓”，此之谓矣。狄一旦嫁女于王，其贪婪将有所怙恃而无终止。**狄必为患。”王又弗听。**

初，甘昭公有宠于惠后，甘昭公，即太叔带，王子带，襄王之母弟；甘，采地；昭，谥。惠后，襄王及子带之生母。**惠后将立之，未及而卒。昭公奔齐，王复之，又通于隗氏。**隗 wěi 氏，王所立狄后。**王替隗氏。**替，废也。**颓叔、桃子曰：“我实使狄，狄其怨我。”遂奉大叔以狄师攻王。王御士将御之。王曰：“先后其谓我何？**杜预：“先后，惠后也。诛大叔，恐违先后志。”**宁使诸侯图之。”王遂出。及坎欿，**坎欿（dǎn），周地。**国人纳之。**纳之于王所。

秋，颓叔、桃子奉大叔，以狄师伐周，大败周师，获周公忌父、原伯、毛伯、富辰。王出适郑，处于氾。氾 fán，郑地。**大叔以隗氏居于温。**

郑子华之弟子臧出奔宋，杜预：“十六年杀子华故。”**好聚鹬冠。**鹬 yù，鸟名。鹬冠，鹬羽所饰之冠。非当子臧之身份。**郑伯闻而恶之，**恶其服非法。**使盗诱之。八月，盗杀之于陈、宋之间。君子曰：“服之不衷，**杜预：“衷，犹适也。”**身之灾也。《诗》曰：‘彼己之子，不称其服。’**杨伯峻：“（己）今《诗》作‘其’。彼其之子即彼子，其、之皆虚词以足句者，无义。”称 chèn，匹配，得当也。**子臧之服，不称也夫。《诗》曰，‘自诒伊感’，**杨伯峻：“诒，遗也。伊，是也，此也。感，今《诗》作‘戚’，忧也。言自遗此忧愁也。”**其子臧之谓矣。**《诗》所说的就是子臧吧。**《夏书》曰：‘地平天成’，称也。”**

宋及楚平，宋成公如楚。还，入于郑。郑伯将享之，问礼于皇武子。杜预：“皇武子，郑卿。”**对曰：“宋，先代之后也，**宋为殷商之后。**于周为客，天子有事，膰焉；**事，祭祀之事。膰 fán，祭肉，此作动词用。成十三年“祀有执膰”，执膰为祭祀之礼节，盖祭祀毕，则分发膰肉于众。杨伯峻："周天子祀祖，于同姓诸侯致胙，于夏、商二王之后致胙，于异姓诸侯之有大功者亦致胙，僖九年赐齐桓公胙是也。"**有丧，拜焉**。杜预："宋吊周丧，王特拜谢之。"**丰厚可也。"郑伯从之，享宋公有加，礼也。**

冬，王使来告难，曰："不穀不德，得罪于母弟之宠——子带，母弟之宠言受宠之母弟。**鄙在郑地氾，**鄙，鄙居也。**敢告叔父。"臧文仲对曰："天子蒙尘于外，敢不奔问官守？"**杜预："官守，王之群臣。"**王使简师父告于晋，使左鄢父告于秦**。杜预："二子，周大夫。"

天子无出，书曰"天王出居于郑"，辟母弟之难也。天子凶服、降名，杜预："凶服，素服。降名，称不穀。"**礼也。**

郑伯与孔将鉏、石甲父、侯宣多省视官具于氾，杜预："三子，郑大夫。省官司，具器用。"**而后听其私政，**听，治也。私政，郑国之政事。王事不论巨细，皆诸侯之公事；虽郑之国政在王而言，亦只是私事。**礼也**。杜预："得先君后臣之礼。"

卫人将伐邢，礼至曰："不得其守，国不可得也。杜预："礼至，卫大夫。守，谓邢正卿国子。"**我请昆弟仕焉。"乃往，得仕。**

僖公二十五年

【经】

二十有五年春王正月丙午，二十日。**卫侯燬灭邢。**燬音毁。杜预：“卫、邢同姬姓，恶其亲亲相灭，故称名罪之。”邢国与鲁国同宗周公。

夏四月癸酉，十九日。**卫侯燬卒。**

宋荡伯姬来逆妇。杜预：“伯姬，鲁女，为宋大夫荡氏妻也。自为其子来逆。非礼，故书。”

宋杀其大夫。言宋杀，盖杀者众，或者为众人意志。大夫无罪被杀不称名。

秋，楚人围陈，纳顿子于顿。杜预：“顿迫于陈而出奔楚，故楚围陈以纳顿子。不言遂，明一事也。”

葬卫文公。

冬十有二月癸亥，十二日。**公会卫子、莒庆盟于洮。**杜预：“卫文公既葬，成公不称爵者，述父之志，降名从未成君，故书子以善之。”莒庆，莒大夫。洮，鲁地。

【传】

二十五年春，卫人伐邢。二礼从国子巡城，二礼，礼至与其弟。**掖以赴外，杀之。**掖，挟持对方之手臂也。赴外，赴城外也。杨伯峻：“赴借为仆，此谓二礼随从国子，出其不意，左右夹持其臂，然后仆以投诸城外。”误。**正月丙午，**二十日。**卫侯燬灭邢。同姓也，故名。**《经》书名以罪卫侯。**礼至为铭曰：“余掖杀国

子，莫余敢止。" 莫敢止者，礼至得仕于邢，盖有宠，故掖国子赴城外无有敢疑阻之者；或者守城将卒误以为二者相狎侮，故未予阻止。杜预："恶其不知耻，诈以灭同姓，反铭功于器。"

秦伯师于河上，将纳王。狐偃言于晋侯曰： 狐偃，子犯。**"求诸侯，莫如勤王。** 欲求诸侯归附，没有比勤王更奏效的。勤王，此指纳王。**诸侯信之，且大义也。继文之业而信宣于诸侯，** 文，晋文侯仇也。杨伯峻："平王东迁，晋文侯定天子，得平王赐命，《尚书·文侯之命》是也。" **今为可矣。"**

使卜偃卜之，曰："吉。遇黄帝战于阪泉之兆。" 杜预："黄帝与神农之后姜氏战于阪泉之野，胜之。今得其兆，故以为吉。"**公曰："吾不堪也。"** 此卜本是卜出师纳王之吉凶，卜得黄帝战于阪泉之兆，则己出师是助黄帝也。据下句之意，此并非谓晋侯当于黄帝，所以不堪者，晋侯自形位卑，不敢承佐黄帝也。**对曰："周礼未改。今之王，古之帝也。"** 言周王与黄帝匹敌，今助周王，犹助黄帝，晋堪为黄帝辅佐。**公曰："筮之！"** 卜不决疑，故复筮之。**筮之，遇《大有》䷍之《睽》䷥，** 《大有》，《乾》下《离》上。《睽》，《兑》下《离》上。《大有》九三变而为《睽》。**曰："吉。遇'公用享于天子'之卦。** 公用享于天子，《大有》九三之爻辞。"享"今《易》作"亨"。**战克而王飨，吉孰大焉？且是卦也，天为泽以当日，** 《乾》为天，《兑》为泽，《离》为火为日，下卦《乾》变为《兑》，故曰天为泽，上卦《离》不变，故曰当日。**天子降心以逆公，** 《乾》为天子，变而为《兑》，故曰天子降心。《兑》为容纳、纳受之卦，故曰逆公。**不亦可乎？《大有》去《睽》而复，** 复，复归曰复，《大有》去《睽》而仍复《大有》。《睽》，离孤之卦，天子之现状也。**亦其所也。"**

晋侯辞秦师而下。 北为阳，南为阴，北方为上，南方为下。**三月甲辰，** 十九日。**次于阳樊。右师围温，左师逆王。** 右师主力，左为偏师，各择其宜。**夏四月丁巳，** 三日。**王入于王城。取**

大叔于温，杀之于隰城。

戊午，四日。晋侯朝王。王飨醴，命之宥。请隧，杜预本贾逵："阙地通路曰隧，王之葬礼也。"阙，掘，挖也。弗许，曰："王章也。杨伯峻："章即典章制度之章。"可信。未有代德，天命无常，唯德是辅，若德厚于周，天自辅之代周而王天下，然晋未有代周之德。而有二王，不能取代周德，而用王礼，是有二王也。亦叔父之所恶也。"非礼为天下同恶，故曰亦叔父之所恶。与之阳樊、温、原、欑茅之田。晋于是始启南阳。启，开启，启土。杜预："在晋山（大行）南河北，故曰南阳。"

阳樊不服，围之。苍葛呼曰：苍葛，阳樊人。"德以柔中国，刑以威四夷，宜吾不敢服也。此谁非王之亲姻，亲姻，言兄弟甥舅。其俘之也？"乃出其民。阳樊人不服，不能兼得其民，唯取其地而已。

秋，秦、晋伐鄀。杨伯峻："鄀音若，秦、楚界上小国，此时犹都商密。"楚斗克、屈御寇以申、息之师戍商密。杨伯峻："斗克，字子仪，时为楚之申公；屈御寇字子边，时为楚之息公。"申、息皆故国，楚灭为己县者。时二子屯兵于析地以为商密守，析当紧临商密。秦人过析，杨伯峻谓析当是鄀之别邑，杜预则谓析为楚地而近商密者。隈入而系舆人，杨伯峻："隈（wēi），水曲也。盖秦人过析，从丹水曲过师，以避戍兵之路也。"系舆人，系己之舆人，伪若已取析，而所得囚俘也。以围商密，昏而傅焉。傅，逼附其城。昏傅者，不欲商密人识破其伪装。宵，坎血、加书，伪与子仪、子边盟者。使己之人扮作子仪、子边，而伪与之盟。仍惧商密人识破，故以宵盟。坎血加书，杜预："掘地为坎，以埋盟之余血，加盟书其上。"商密人惧曰："秦取析矣！戍人反矣！"乃降秦师。秦师囚申公子仪、息公子边以归。既取商密，复返师克析，囚子仪、子边。楚令尹子玉追秦师，弗及。遂围陈，纳顿子于顿。

冬，晋侯围原，命三日之粮。命具三日之粮，三日不克将返也。**原不降，命去之。谍出，**谍，晋之间谍。**曰："原将降矣。"军吏曰："请待之。"公曰："信，国之宝也，民之所庇也，得原失信，**失信，愆期也。**何以庇之？**之，民也。**所亡滋多。"退一舍，而原降。迁原伯贯于冀。**杜预："伯贯，周守原大夫也。"**赵衰为原大夫，狐溱为温大夫。**狐溱，狐毛之子。

卫人平莒于我，十二月，盟于洮，修卫文公之好，且及莒平也。杜预："莒以元年郦之役怨鲁，卫文公将平之，未及而卒，成公追成父志，降名以行事，故曰修文公之好。"

晋侯问原守于寺人勃鞮，杜预："勃鞮，披也。"原守，守原之大夫。**对曰："昔赵衰以壶飧从，**飧音孙。从有二义，一者，亲随曰从；二者，先后不同行，后者追随前者亦曰从。例如襄二十七年"五月甲辰，晋赵武至于宋……六月丁未……甲寅，晋荀盈从赵武至"，昭二十五年"昭子从公于齐"，此不亲随曰"从"之例。又成二年"申叔跪从其父将适郢"之"从"，及此文之"从"盖皆当从后者。军队、团体等，于行进途中，因特殊情况，须要分道而行，或者一队先行，一队后随，然后于某地会合者，此常有之事。《韩非子》载此事则谓"迷而失道，与公相失"。**径，馁而弗食。"**径，本小路之义。此谓赵衰行于小路，虽馁而不敢食公之食。焦循、杨伯峻皆主此义，以"径"字一字为句。**故使处原。**

僖公二十六年

【经】

二十有六年春王正月，己未，九日。**公会莒子、卫甯速盟于向。**甯速，卫大夫甯庄子。向，莒地。

齐人侵我西鄙，公追齐师，至酅，弗及。酅 huī，齐地。齐既失霸，孝公至今仍欲争诸侯，怒鲁与卫、莒会盟，故侵鲁。

夏，齐人伐我北鄙。

卫人伐齐。从洮、向之盟，为鲁伐齐。

公子遂如楚乞师。公子遂，东门襄仲也，又称东门遂、仲遂，庄公之子。

秋，楚人灭夔，以夔子归。夔 kuí，楚同姓国。《经》而称夔子，则“子”盖诸侯爵号。

冬，楚人伐宋，围缗。公以楚师伐齐，取穀。

公至自伐齐。

【传】

二十六年春，王正月，公会莒兹丕公、甯庄子盟于向，寻洮之盟也。洮盟在去年。杜预：“兹丕，时君之号。莒，夷，无谥，以号为称。”

齐师侵我西鄙，讨是二盟也。二盟，洮、向之盟。齐、鲁交界，鲁素弱于齐，往往屈下于齐，齐孝公至今仍不能接受失去霸主地位之现实，怒鲁与二国盟，故独侵鲁。

夏，齐孝公伐我北鄙。卫人伐齐，洮之盟故也。

公使展喜犒师，犒师，犒劳齐师。**使受命于展禽。**展禽，柳下惠，展，氏；禽，字。盖展喜善外交，展禽善辞令，故使展喜如展禽处受犒师措辞之命。**齐侯未入竟，**尚在边境外。竟同境。**展喜从之，**从，此往就之义。**曰："寡君闻君亲举玉趾，将辱于敝邑，使下臣犒执事。"**杜预："言执事，不敢斥尊。"**齐侯曰："鲁人恐乎？"对曰："小人恐矣，君子则否。"齐侯曰："室如县罄，**如，若也。县同悬。县罄，言空空如。**野无青草，**《经》、《传》仅书"夏"，未书月。此当是周正夏四月，当今农历二月，青草未出，故曰野无青草，若周五月，则草已出矣。**何恃而不恐？"对曰："恃先王之命。昔周公、大公股肱周室，夹辅成王。成王劳之而赐之盟，曰：'世世子孙，无相害也。'载在盟府，大师职之。**杜预："载，载书也。"杜预以大师指大公（姜子牙），可信。杨伯峻从武亿、阮芝生谓"大师当作大史"，不从。**桓公是以纠合诸侯，而谋其不协，弥缝其阙，而匡救其灾，**弥，合。缝，补。**昭旧职也。**旧，指齐先祖太公也。**及君即位，诸侯之望曰：'其率桓之功！'我敝邑用不敢保聚，**杨伯峻："保聚，保城聚众。"**曰：'岂其嗣世九年而弃命废职，其若先君何？'**若先君之功业何。**君必不然。恃此以不恐。"齐侯乃还。**

东门襄仲、臧文仲如楚乞师，臧文仲，臧孙辰。**臧孙见子玉而道之伐齐、宋，**杨伯峻："子玉，楚令尹成得臣。道，引导。"**以其不臣也。**杨伯峻引沈钦韩："云不臣者，以齐、宋不肯尊事楚耳。"是也。齐孝公不能接受失去霸主地位的现实，固不服楚；宋国则因与楚争诸侯。十九年，诸侯盟于齐，楚与盟而宋不与；二十二年，郑伯如楚，宋怒而伐之，楚救郑，宋败；二十四年，宋及楚平，宋公如楚，然宋并不甘心，下文即公开叛楚。

夔子不祀祝融与鬻熊，杜预："祝融，高辛氏之火正，楚之远祖也。鬻熊，祝融之十二世孙。夔（kuí），楚之别封，故亦世绍其祀。”**楚人让之，对曰：“我先王熊挚有疾，鬼神弗赦，而自窜于夔，**盖古人有疾，以为鬼神加罪，故祈祷先君鬼神以求赦免，参《周书·金縢》。鬼，在宗庙曰鬼，祖先也。神，包括天地山川，日月星辰，以及先人之有圣德而封为神者等。杜预：“熊挚，楚嫡子，有疾不得嗣位，故别封为夔子。”**吾是以失楚，**失，绝也。**又何祀焉？”秋，楚成得臣、斗宜申帅师灭夔，以夔子归。**成得臣，令尹子玉。斗宜申，司马子西。

宋以其善于晋侯也，叛楚即晋。二十四年，“宋及楚平，宋成公如楚”，是宋服楚也，今叛之。**冬，楚令尹子玉、司马子西帅师伐宋，围缗。**

公以楚师伐齐，取穀。凡帅能左右之曰以。杨伯峻：“能左右之者，指挥客军如己军也。”**寘桓公子雍于穀，易牙奉之以为鲁援。**杜预：“雍本与孝公争立，故使居穀以偪齐。”**楚申公叔侯戍之。桓公之子七人，为七大夫于楚。**杜预：“言孝公不能抚公族。”

僖公二十七年

【经】

二十有七年春，杞子来朝。上次《经》书“杞子”在二十三年。

夏六月庚寅，十八日。**齐侯昭卒。**

秋八月乙未，二十四日。**葬齐孝公。**杜预：“三月葬，速。”

乙巳，九月四日。**公子遂帅师入杞。**

冬，楚人、陈侯、蔡侯、郑伯、许男围宋。去年宋叛楚服晋故。

十有二月甲戌，五日。**公会诸侯，盟于宋。**诸侯者，楚、陈、蔡、郑、许也。

【传】

二十七年春，杞桓公来朝，用夷礼，故曰“子”。公卑杞，杞不共也。共同恭。时杞已降为伯爵。此与二十三年称“子”者，乃鲁贬称之，非其本身之爵号。

夏，齐孝公卒。有齐怨，去年齐两次伐鲁。**不废丧纪，礼也。**杜预：“吊赠之数不有废。”

秋，入杞，责礼也。来朝不敬，故伐之，责其用夷礼。

楚子将围宋，使子文治兵于睽，子文，楚前任令尹。治兵，习号令也。睽，楚地。**终朝而毕，不戮一人。**朝 zhāo，自旦至食时。戮，刑也。子文治兵盖自鸡鸣至终朝而毕，《传》言子文闲习其道，故治兵高效得法。**子玉复治兵于蒍，**时子玉为令尹。蒍，楚地。**终日而毕，鞭七人，贯三人耳。**言子玉不堪事。杨伯峻：“贯耳，以箭穿耳也。”**国老皆贺子文，**贺子文治兵有道。杨伯峻引孔颖达谓：“国老者，国之卿大夫士之致仕（退休）者也。”**子文饮之酒。蒍贾尚幼，**蒍贾，伯嬴，孙叔敖之父。**后至，不贺。子文问之，对曰：“不知所贺。子之传政于子玉，曰：‘以靖国也。’**参二十三年。**靖诸内而败诸外，**指二十五年，楚商密之戍为秦所败，子玉为令尹，责无旁贷。**所获几何？子玉之败，子之举也。举以败国，将何贺焉？子玉刚而无礼，不可以治民。过三百乘，其不能以入矣。**杨伯峻：“入谓全师入国。”**苟入而贺，何后之有？”**苟，若也。

冬，楚子及诸侯围宋，宋公孙固如晋告急。公孙固，宋庄公之孙。**先轸曰：**先轸，晋下军佐原轸也。**“报施救患，取**

威定霸，于是乎在矣。”言在于此。**狐偃曰：**狐偃，子犯。**“楚始得曹，而新昏于卫，若伐曹、卫，楚必救之，则齐、宋免矣。”**去年楚使申叔侯戍穀以偪齐，今若伐曹、卫，则齐与宋之患皆将缓解。**于是乎蒐于被庐，**被庐，晋地。**作三军。**闵元年献公作二军，此更作三军。三军者，中军、上军、下军。中军主力，上军受制于中军，下军受制于上军。**谋元帅。**元帅，中军帅。**赵衰曰：“郤縠可。臣亟闻其言矣，说礼、乐而敦《诗》、《书》。**亟，数也，屡也。说同悦。敦，本厚义，此自当取引申义，不必过分解读。**《诗》、《书》，义之府也。**府，犹房也。**礼、乐，德之则也。**德以礼、乐为法则。**德、义，利之本也。**德、义以生利。**《夏书》曰：‘赋纳以言，明试以功，车服以庸。’**杨伯峻：“赋今作敷，赋为敷之借字，遍也。谓不论尊卑远近，如其言善，即遍加纳取。”杜预：“赋纳以言，观其志也；明试以功，考其事也。”车服以庸，赐车服以赏劝其功也。杨伯峻：“庸谓酬劳报功。”**君其试之。乃使郤縠将中军，郤溱佐之。使狐偃将上军，让于狐毛，而佐之。**毛，偃之兄。**命赵衰为卿，让于栾枝、先轸。**栾枝谥贞子，栾宾之孙。**使栾枝将下军，先轸佐之。荀林父御戎，魏犨为右。**二人为晋侯戎车之御、右。魏犨 chōu，魏武子。

晋侯始入而教其民，晋侯入在二十四年。**二年，欲用之。子犯曰：“民未知义，**杜预：“无义则苟生。”**未安其居。”于是乎出定襄王，入务利民，**大公曰义，定王、利民，所以教民义。**民怀生矣，**《传》例曰，“义以建利”、“义者利之本”、“义以生利，利以平民”，利者，物质财富也。利以生民，且知义所，故能怀生。**将用之。子犯曰：“民未知信，未宣其用。”**宣即下句“示之信”之示，言以“信”之应用示范于民。**于是乎伐原以示之信。民易资者不求丰焉，**易，交易。丰，厚利也。**明徵其辞。**徵，求也，收取。辞，理也。明求其理当收支之数，犹今曰“明码实价”，卖者不漫天要价，买者不就地还钱。**公曰：“可矣乎！”子犯曰：“民未知礼，未生其共。”**共同恭。无礼不恭。**于是乎大蒐以示之礼，**大蒐，蒐本春猎之名，隐五年：“春蒐、夏苗、秋狝、冬狩，皆于农隙以讲事也。”古时地广人稀，野兽成群，故以农隙进行田猎，其实是对民生的重要补给。而把田猎提升到国家战略层面，则其动用的人力物力显然是十分庞大的。大规模的人力物力，必然涉及统一的调动、指挥和管理。在这种情况下，田猎逐渐被赋予了军事之意义，且与军事同制，如哀十四年：“君欲速（田逢泽），故以乘车逆子。”又据《周易·师》卦，可能在西周之前，田猎已被赋予军事之意义。上引隐五年“皆于农隙以讲事也”，讲事即讲习武事，田猎作为讲习武事的途径，自当奉行军事之制。于是田猎之制命；上下左右之协从；田猎技能，包括律令、阵行、车乘、宿备、射御、驱侵等等的考量，是了解、掌握军队战斗力的重要途径。田猎亦进一步成为军队检阅，将帅黜陟的重要手段。所以独取“蒐”为名者，以“春蒐”在首，且春为启之兆，故以蒐为检阅之名。**作执秩以正其官，**秩，爵秩禄次。杜预：“执秩，主爵秩之官。”昭二十四年：“文公是以作执秩之官，为被庐之法。”**民听不惑而后用之。**知义、知信、知礼，故遇事不惑。**出穀戍，**穀戍，楚戍穀偪齐之师。**释宋围，一战而霸，文之教也。**一战，明年城濮之战。文，晋文公。

僖公二十八年

【经】

二十有八年春，晋侯侵曹，晋侯伐卫。

公子买戍卫，不卒戍，刺之。公子买，鲁大夫子丛也。刺，杀也。杜预："公实畏晋，杀子丛而诬丛以废戍之罪，恐不为远近所信，故显书其罪。"

楚人救卫。

三月丙午，八日。**晋侯入曹，执曹伯。畀宋人。**杨伯峻据叶梦得谓："据《传》'执曹伯，分曹、卫之田以畀宋人'之文，则'执曹伯'与'畀宋人'为两事，当作两句读。'畀宋人'者，以田畀宋人也。"

夏四月己巳，二日。**晋侯、齐师、宋师、秦师及楚人战于城濮，楚师败绩。**

楚杀其大夫得臣。得臣，令尹子玉。

卫侯出奔楚。

五月癸丑，十六日。**公会晋侯、齐侯、宋公、蔡侯、郑伯、卫子、莒子，盟于践土。**践土，郑地。称卫子者，卫侯弟叔武奉盟，从未成君之礼称子。

陈侯如会。

公朝于王所。晋侯召王，王至践土，居之。此王所，王在践土临时之居所。

六月，卫侯郑自楚复归于卫。卫元咺出奔晋。

陈侯款卒。

秋，杞伯姬来。杜预："庄公女，归宁曰来。"

公子遂如齐。

冬，公会晋侯、齐侯、宋公、蔡侯、郑伯、陈子、莒子、邾子、秦人于温。

天王狩于河阳。河之北岸为阳，故名曰河阳。陈侯称陈子，父卒未葬故。

壬申，十月七日。**公朝于王所。**

晋人执卫侯，归之于京师。杜预："称人以执，罪及民也。例在成十五年。"**卫元咺自晋复归于卫。**

诸侯遂围许。中原诸侯从楚者，皆示屈服于晋，独许两会不至，王在践土亦不朝，故围之。

曹伯襄复归于曹，遂会诸侯围许。

【传】

二十八年春，晋侯将伐曹，假道于卫。杜预："曹在卫东故。"**卫人弗许。还，自南河济。**绕道自南河济，再东行。**侵曹伐卫。正月戊申，**九日。**取五鹿。**二十三年，重耳出于五鹿，乞食于野人，得土块，此应其兆。**二月，晋郤縠卒。原轸将中军，**原轸即先轸，原为其食邑，故亦称原轸。**胥臣佐下军，上德也。**杨伯峻："先轸以下军佐跃为中军帅，故云尚德。上即尚。"**晋侯、齐侯盟于敛盂。**敛盂，卫地。**卫侯请盟，晋人弗许。卫侯欲与楚，国人不欲，故出其君，以说于晋。**说同悦。**卫侯出居于襄牛。**襄牛，卫地。

公子买戍卫，杜预："晋伐卫，卫，楚之昏姻，鲁欲与楚，故戍卫。"**楚人救卫，不克。公惧于晋，杀子丛以说焉。**说同悦，取悦晋。**谓楚人曰："不卒戍也。"**杜预："诈告楚人，言子丛不终戍事而归，故杀之。"

晋侯围曹，门焉，门，名词作动词用，攻其城门也。**多死。曹人尸诸城上，**陈所得晋尸于城上，向晋施加心理压力。**晋侯患之。听舆人之谋“称舍于墓”。**宣称将舍曹墓，诈曹人也。杜预：“舆，众也。舍墓，为将发冢。”称，宣称，诈称也。**师迁焉，**师迁，将如曹墓也。此乃诈曹人，师并未至曹墓地，杜预、杨伯峻皆谓已迁至曹墓，非也。**曹人兇惧，**兇 xiōng，因极度恐惧而众口争谪蕘蕘然。《说文》：“兇，扰恐也。”**为其所得者，**所得，所得晋尸。**棺而出之。因其兇也而攻之。**兇则场面混乱，将导致临时性失谋，惊骇交谪疏于防御。**三月丙午，入曹。数之以其不用僖负羁，而乘轩者三百人也。**数，犹罗列，列举也。功与罪皆可曰数。轩，大夫车。杨伯峻引郝敬：“曹蕞尔国，举群臣不能三百人，而况大夫？言三百者，极道其滥耳。”**且曰：“献状。”**杨伯峻：“《晋语四》云：‘文公诛观状以伐郑。’惠栋因谓‘献状，谓观状也。先责其用人之过，然后诛观状之罪，以示非恶报也。’”则献状谓观重耳骈胁之状。杜预：“言其无德居位者多，故责其功状。”**令无入僖负羁之宫而免其族，报施也。**报馈盘飧置璧之惠。**魏犫、颠颉怒曰：“劳之不图，报于何有？”**劳之，劳师伐曹。不图，犹不取。报于何有，何有于报，何顾念于报答也。言伐之而不取，反欲报答之，将何有于报矣？**爇僖负羁氏。**爇 ruò，烧也。**魏犫伤于胸。公欲杀之而爱其材。使问，且视之。**问，问候。视，视其病情。**病，将杀之。**病谓伤重，不堪利用。**魏犫束胸见使者曰：**束胸，紧束伤口，缓解因运动对伤口的牵扯。**“以君之灵，不有宁也！”**灵，福也。“不有宁”乃“不病”之侧面回答。病则必当将息，是犹宁也；不宁者，言将奔君所命，不敢自安宁，唯不病始能堪也。**距跃三百，曲踊三百。**距跃犹今跳远，曲踊犹今跳高。邵宝谓距跃为直跳，曲踊为横跳，不从。**乃舍之。杀颠颉以徇于师，立舟之侨以为戎右。**杜预：“舟之侨，故虢臣，闵二年奔晋，以代魏犫。”

宋人使门尹般如晋师告急。门尹，司门禁之官。杨伯峻疑此门尹相当于庄十九年楚之大阍。**公曰："宋人告急，舍之则绝，**杜预："与晋绝。"**告楚不许。**杨伯峻："请楚释宋围，楚又不肯。"**我欲战矣，齐、秦未可，**齐、秦虽从晋，然并不欲与楚战。**若之何？"先轸曰："使宋舍我而赂齐、秦，藉之告楚。**使宋勿求我，而转赂齐、秦，借齐、秦之口请宋于楚。**我执曹君而分曹、卫之田以赐宋人。**执曹君，分曹、卫田与宋，一则怒楚，一则补偿于宋。**楚爱曹、卫，必不许也。**不许齐、秦之请。**喜赂、怒顽，**齐、秦喜得宋之贿赂，而怒于楚之顽固不化。**能无战乎？"公说，执曹伯，分曹、卫之田以畀宋人。**说同悦。畀 bì，予也。

楚子入居于申，楚子本在围宋之师，申在方城内，自宋至申，故曰入。**使申叔去榖，使子玉去宋，**去，犹撤军也。**曰："无从晋师！晋侯在外十九年矣，**在外，言流亡。**而果得晋国。险阻艰难，备尝之矣；民之情伪，尽知之矣。**杨伯峻："情，实也；情伪犹今言真伪。"**天假之年，**言天借予其年寿。二十三年"男女同姓，其生不蕃，晋公子（重耳），姬出也，而至于今"，即是天借予重耳年寿之证。**而除其害。**杜预："除惠、怀、吕、郤。"**天之所置，其可废乎？《军志》曰：'允当则归。'**杜预："无求过分。《军志》，兵书。"杨伯峻："言适可而止。"**又曰：'知难而退。'又曰：'有德不可敌。'此三志者，晋之谓矣。"子玉使伯棼请战，**伯棼，子越椒也，斗伯比之孙。**曰："非敢必有功也，愿以间执谗慝之口。"**间，病稍痊可曰间；讨伐兵乱，形势缓解亦曰间，昭二十三年"王使告间"，可为明证，则师小有收获可曰间。执，制也。谗慝之口指蔿贾之言，谓子玉过三百乘，将不能以入国。**王怒，少与之师，唯西广、东宫与若敖之六卒实从之。**杜预："楚子还申，遣此兵以就前围宋之众。楚有左右广，又大子有宫甲，分取以给之。"杨伯峻："若敖为楚武王之祖，楚君之无谥者，皆以'敖'称，而冠以所葬之地。则若敖者，为楚君之葬于若者，实亦子玉之祖也。"

子玉使宛春告于晋师曰：宛春，楚大夫。**“请复卫侯而封曹，臣亦释宋之围。”**杜预：“卫侯未出竟，曹伯见执在宋，已失位，故言复卫封曹。”**子犯曰：**子犯，狐偃。**“子玉无礼哉！君取一，臣取二，**杨伯峻：“晋文为君，仅得宋围之释；子玉为臣，却得复卫、封曹两事。”**不可失矣。”**杨伯峻：“言时不可失，必与之战也。”**先轸曰：“子与之！**杨伯峻：“与，许也；许其所请也。”**定人之谓礼，楚一言而定三国，**杨伯峻：“宋围释，曹、卫得复，是三国定也。”**我一言而亡之。我则无礼，何以战乎？不许楚言，是弃宋也。救而弃之，谓诸侯何？**杨伯峻：“无辞以对齐、秦诸国。”**楚有三施，我有三怨，**杨伯峻：“宋、曹、卫三国皆将怨我。”**怨雠已多，**已，太也。**将何以战？不如私许复曹、卫以携之，**与其许子玉之请，使曹、卫德楚，不如己私许复曹、卫，而使之叛楚。杜预：“私许二国，使告绝于楚而后复之。携，离也。”**执宛春以怒楚，既战而后图之。”公说，乃拘宛春于卫，且私许复曹、卫。曹、卫告绝于楚。**

子玉怒，从晋师。杨伯峻：“撤宋之围而从晋师也。”**晋师退。军吏曰：“以君辟臣，辱也。且楚师老矣，何故退？”**老，师久为老。楚师自去年冬围宋，至此五、六月矣，故曰老。**子犯曰：“师直为壮，曲为老。岂在久乎？微楚之惠不及此，退三舍辟之，所以报也。**文公流亡楚国时，许退避三舍以报楚子。**背惠食言，以亢其雠，**食言，古今同义。亢当从《周易·乾》“亢龙有悔”之亢，激亢，极也。**我曲楚直，其众素饱，不可谓老。**理直，故士气常饱。**我退而楚还，我将何求？若其不还，君退臣犯，曲在彼矣。”退三舍。楚众欲止，子玉不可。**

夏四月戊辰，晋侯、宋公、齐国归父、崔夭、秦小子慭次于城濮。国归父、崔夭，齐大夫也。小子慭 yìn，秦穆公子。城濮，卫地。**楚师背酅而舍，**杜预：“酅，丘陵险阻名。”**晋侯患之，**

听舆人之诵，曰："原田每每，舍其旧而新是谋。"原，《尔雅》"广平曰原"。每每，盖禾苗盛貌。言当舍其旧之丰歉（指楚旧之恩惠），而专注于新功是谋。**公疑焉。**杜预："疑众谓己背旧谋新。"**子犯曰："战也。战而捷，必得诸侯。若其不捷，表里山河，**杜预："晋国外河而内山。"善。河，黄河。**必无害也。"公曰："若楚惠何？"栾贞子曰："汉阳诸姬，楚实尽之，**杜预："栾贞子，栾枝。水北曰阳。姬姓之国在汉北者，楚尽灭之。"**思小惠而忘大耻，**以楚施为小惠，以灭姬姓国为大耻。**不如战也。"晋侯梦与楚子搏，**搏，今曰肉搏。**楚子伏己而盬其脑，**楚子将晋侯压制在身下。杨伯峻："盬音古，咀嚼也。"**是以惧。子犯曰：**子犯，狐偃。**"吉。我得天，楚伏其罪，吾且柔之矣。"**杜预："晋侯上向故得天，楚子下向地故伏其罪。脑所以柔物。子犯审见事宜，故权言以答梦。"且柔之者，楚子盬己脑，故曰已柔之，此应上文"若楚惠何"，言已报之也。

子玉使斗勃请战，斗勃，楚大夫。**曰："请与君之士戏，君冯轼而观之，得臣与寓目焉。"**戏，实即比试、交战之俏皮话，不必过分解读。冯同凭（凴），倚，靠也。寓，寄托也。**晋侯使栾枝对曰："寡君闻命矣。楚君之惠未之敢忘，是以在此。为大夫退，**晋实践诺言，退避三舍，而子玉为臣子，故曰为大夫退。**其敢当君乎？**其，表揣测副词。当犹敌也。料子玉不敢以臣敌君，与晋君对战。**既不获命矣，**不获命，不得舍晋之命。**敢烦大夫谓二三子，**大夫指斗勃。二三子，子玉、子西等。**戒尔车乘，敬尔君事，诘朝将见。"**杨伯峻："诘朝，明日之晨。"不知诘朝是否指诘问朝政之时，即临朝之时，引申为明朝，则诘朝将见者，戒定以诘问朝政之时刻相战也。

晋车七百乘，韅、靷、鞅、靽。四字读显引央半。杜预："在背曰韅，在胸曰靷，在腹曰鞅，在后曰靽。言驾乘修备。"**晋侯登有莘之虚以观师，**有莘，旧国名。**曰："少长有礼，**少长各得其次，行列整肃，不失等威。**其可用也。"遂伐其木，以益其兵。**兵，兵器。

己巳，晋师陈于莘北，杨伯峻："莘北，当即城濮。"**胥臣以下军之佐当陈、蔡。**常例，交战时主力对主力，偏师对偏师。故晋中军当楚中军，晋上军当楚左师（楚人上左），晋下军敌楚右师。陈、蔡属楚右师，故胥臣以下军佐当陈、蔡。**子玉以若敖之六卒将中军，曰："今日必无晋矣。"**《传》言子玉狂傲。**子西将左，子上将右。胥臣蒙马以虎皮，先犯陈、蔡。陈、蔡奔，楚右师溃。**（胥臣，下军佐。狐毛，上军将。栾枝，下军将。原轸，中军将。郤溱，中军佐。狐偃，上军佐。）**狐毛设二旆而退之，栾枝使舆曳柴而伪遁，楚师驰之。原轸、郤溱以中军公族横击之。狐毛、狐偃以上军夹攻子西，楚左师溃。**据成二年，士燮佐上军，栾书将下军，既败齐师，公以次见之，栾书曰："燮之诏也，士用命也，书何力之有焉？"郤克将中军，而栾书反不曰"克之诏也"，知古礼，上军协从中军，下军协从上军。在此文，栾枝将下军当楚右师，胥臣既以下军佐败楚右师，栾枝当即刻协从上军狐毛作战。狐毛因设二旆而使伪避退，栾枝协从之伪遁，楚左师驰之。原轸、郤溱以中军公族（仅中军之一支）横击楚左师腰。狐毛、狐偃又首尾夹攻楚左师，即以避退之二旆及栾枝之"遁师"，反师与上军未动之兵力夹攻追出之楚左师。**楚师败绩。子玉收其卒而止，故不败。**晋军采取先解楚军羽翼之战术，故中军主力与子玉周旋不动。

晋师三日馆、谷，杜预："馆，舍也。食楚军谷三日。"**及癸酉而还。**癸酉，六日。**甲午，**二十七日。**至于衡雍，**杜预："衡雍，郑地。"**作王宫于践土。**杜预："襄王闻晋战胜，自往劳之，故为作宫。"然《传》明言"是会也，晋侯召王"，杜预不可信。

乡役之三月，乡同向，前也。乡役，役前也。三月，春三月之三月；又一义谓，自役向前推三个月之月，此役在四月，前推三个月即一月。前者是。**郑伯如楚致其师，**将援楚之师交付于楚。**为楚师既败而**

惧，使子人九行成于晋。杨伯峻：“子人九当为桓十四年郑厉公弟语之后。”**晋栾枝入盟郑伯。五月丙午，**九日。**晋侯及郑伯盟于衡雍。**

丁未，十日。**献楚俘于王，驷介百乘，徒兵千。**杜预：“驷介，四马被甲。徒兵，步卒。”**郑伯傅王，用平礼也。**郑伯，郑文公。杜预：“傅，相也。以周平王享晋文侯仇之礼享晋侯。”襄二十五年载此事曰：“我先君武、庄为平、桓卿士，城濮之役，文公布命曰‘各复旧职’，命我文公戎服辅王，以授楚捷。”**己酉，**十二日。**王享醴，命晋侯宥。王命尹氏及王子虎、内史叔兴父策命晋侯为侯伯，**杜预：“以策书命晋侯为伯也。《周礼》：九命作伯。尹氏、王子虎，皆王卿士也。叔兴父，大夫也。三官命之以宠晋。”**赐之大辂之服、戎辂之服，**杨伯峻：“辂亦作路，大辂乃天子车之总名，不但可以赐之诸侯，亦可以赐之国卿。《周礼·春官·巾车》谓王有五路，玉路、金路、象路、革路、木路是也。戎辂，戎车也。二辂各有其服装与配备，赐时一同颁赐，故云大辂之服、戎辂之服。”**彤弓一、彤矢百，玈弓矢千，**杜预：“彤，赤弓。玈（lú），黑弓。弓一矢百，则矢千弓十矣。”**秬鬯一卣，**杜预：“秬（jù），黑黍。鬯（chàng），香酒。所以降神。卣（yǒu），器名。”**虎贲三百人。**虎贲bēn，勇武非常之士。**曰：“王谓叔父，**叔父，晋文。**敬服王命，以绥四国，纠逖王慝。”**绥，靖也，安也。四国，四方诸侯。逖tì，远也。慝tè，恶也。**晋侯三辞，从命。曰：“重耳敢再拜稽首，奉扬天子之丕显休命。”**丕，大也。显，明也。杜预：“休，美也。”杨伯峻：“休，赐也。”**受策以出，出入三觐。**杨伯峻：“杜注谓‘出入犹去来也。从来至去，凡三见王也’，则出入犹言前后。”

卫侯闻楚师败，惧，出奔楚，自襄牛出奔。**遂适陈，使元咺奉叔武以受盟。**杨伯峻：“使叔武摄政。”**癸亥，**五月二十六日。**王子虎盟诸侯于王庭，要言曰：**要yāo，约也。**“皆奖王室，**

韦昭："奖，成也。"犹言成其美也。**无相害也。有渝此盟，明神殛之，**渝，变也，背也。殛 jí，诛也。**俾队其师，无克祚国，**俾 bǐ，使也。队同坠。无克，犹不得。**及而玄孙，**据杨伯峻，此玄孙乃远孙之通称。**无有老幼。"**杨伯峻："犹言不论老幼，皆将被殛。"**君子谓是盟也信，谓晋于是役也，能以德攻。**

初，楚子玉自为琼弁、玉缨，杨伯峻："琼弁，马冠，在马鬣毛前，其弁饰之以琼玉，故谓之琼弁；缨即马鞅，马颈之革，饰之以玉，故谓之玉缨。"**未之服也。先战，梦河神谓己曰："畀余！余赐女孟诸之麋。"**杜预："孟诸，宋薮泽。水草之交曰麋。"**弗致也。大心与子西使荣黄谏，弗听。**杜预："大心，子玉之子。子西，子玉之族。子玉刚愎，故因荣黄。荣黄，荣季也。"**荣季曰："死而利国，犹或为之，况琼玉乎？是粪土也，而可以济师，将何爱焉？"**爱，惜也。**弗听。出，告二子曰："非神败令尹，令尹其不勤民，实自败也。"**杨伯峻："不勤民谓不以民事为重。"**既败，王使谓之曰："大夫若入，其若申、息之老何？"**杨伯峻："申、息二邑子弟皆从子玉而死，言子玉何以对其父兄。"**子西、孙伯曰："得臣将死，二臣止之曰：'君其将以为戮。'"**杜预："孙伯即大心，子玉之子也。二子以此答王使，言欲令子玉往就君戮。"**及连縠而死。**杜预："至连縠，王无赦命，故自杀也。文十年《传》曰：城濮之役，王使止子玉曰无死，不及。子西亦自杀，缢而县绝，故不得死。王时别遣追前使。连縠，楚地。"

晋侯闻之而后喜可知也，杜预："喜见（现）于颜色。"**曰："莫余毒也已！"**毒，害也。**蔿吕臣实为令尹，奉己而已，不在民矣。**奉己即自奉，犹言假公济私。杜预："言其自守，无大志。"非。

或诉元咺于卫侯曰："立叔武矣。"其子角从公，角，元咺子。**公使杀之。咺不废命，**杨伯峻："不废卫侯之命。"**奉夷叔以入守。**夷叔，叔武；夷，谥。守，守国。

六月，晋人复卫侯。杨伯峻：“卫侯本出居，又出奔，叔武受盟之后，晋人听其返国。”**甯武子与卫人盟于宛濮，**甯武子，甯俞。**曰：“天祸卫国，君臣不协，以及此忧也。**杜预：“卫侯欲与楚，国人不欲，故不和也。”**今天诱其衷，**犹言天启其善。衷，善也。天诱其衷，《传》凡五见，余者见成十三年、襄二十五年、定四年、哀十六年，下文又有“以诱天衷”。**使皆降心以相从也。**降心，犹忍让其心。**不有居者，谁守社稷？不有行者，谁扞牧圉？**扞，捍卫，保护也。牧圉，养牛曰牧，养马曰圉。此“牧圉”乃“君之牧圉”之省。襄十四年“天生民而立之君，使司牧之”，牧本有统治者、国君之义，然此“牧圉”非此义，此“牧圉”之用法如“执事”、“下执事”、“下吏”等。交际外交场合，使臣见国君或敌国之君，言辞涉及对方时，不敢斥尊称“君”，故辞曰其“执事”、“下执事”、“下吏”等，此例颇多，如僖二十六年“使下臣犒执事”，哀十五年“吊君之下吏”，故此“牧圉”仍指卫侯而言。**不协之故，用昭乞盟于尔大神以诱天衷。自今日以往，既盟之后，行者无保其力，**杨伯峻：“杜注云：‘保犹恃也。’力谓功劳。”**居者无惧其罪。有渝此盟，以相及也。**及于盟诅之祸。**明神先君，是纠是殛。”**杜预：“纠，绳治之也。”**国人闻此盟也，而后不贰。**

卫侯先期入，杜预：“不信叔武也。”先期，先于所约之归期。**甯子先。**杜预：“甯子患公之欲速，故先入，欲安喻国人。”**长牂守门，以为使也，**长牂 zāng，卫大夫。杨伯峻：“重甯武子为公之使者。”**与之乘而入。**杨伯峻：“与甯武子同乘一车而入。长牂不守，此卫侯所以能直入而杀叔武。”**公子歂犬、华仲前驱。**二人为卫侯之前驱，卫侯从之而行。**叔孙将沐，**盖欲沐整仪容以逆君。洗头曰沐。杨伯峻：“叔孙即叔武。”**闻君至，喜，捉发走出，**沐不毕，君至，握发跑出以逆君。捉，握也。**前驱射而杀之。公知其无罪也，枕之股而哭之。歂犬走出，**歂犬既杀叔武，遽入内以察凶异而复出。**公使**

杀之。元咺出奔晋。一者避难，一者愬卫侯于晋。

城濮之战，晋中军风于泽，风，迷失，迷路，走失。此与僖四年“风马牛不相及”及《尚书》“马牛其风，臣妾逋逃”之“风”同义。言中军迷失道路，误入于泽。**亡大旆之左旃。祁瞒奸命，**盖祁瞒为大旆之帅，因其奸命，致中军迷路入泽，且亡大旆之左旃。（此为《传》之记事顺序，本当是先亡左旃，又中军入泽。）旆本前军之大旗，故旆又引申为前军之号。大旆为前军，职师之耳目，行于军前，及时为后随之主力部队探明正确的行进道路，大旆与主力部队间盖保持有一定的距离。旃，亦军旗之名。盖大旆设左右二部，左旃即左部之旗，亦即左部也。因祁瞒奸命，致大旆入泽而陷左旃之车，又致中军主力从之而入泽（然中军未陷入泽）。亡左旃者，因戎事不待，不及出之，失车则与徒卒无异，故曰亡左旃。**司马杀之，以徇于诸侯，使茅伐代之。师还。壬午，**六月十六日。**济河。舟之侨先归，士会摄右。**杜预：“权代舟之侨也。士会，随武子，士蔿之孙。”士会即士季，又称随会、范会，字季，谥武子，随、范皆其采邑名。**秋七月丙申，振旅，恺以入于晋。**振旅，盖治兵或出师得胜，返归入国之时激扬军威而入。杜预：“恺，乐（yuè）也。”乐以示喜。**献俘、授馘，**献俘、授馘于庙。授，致授之授。馘 guó，截取敌人左耳曰馘。馘者，用计数献功。**饮至、大赏，**行饮至之礼，大赏有功，皆于庙中行之。**徵会、讨贰。**征召诸侯，将冬会于温。讨贰，讨有贰心者，如卫、许。**杀舟之侨以徇于国，民于是大服。**

君子谓：“文公其能刑矣，三罪而民服。三罪，杀颠颉、祁瞒、舟之侨。**《诗》云：‘惠此中国，以绥四方。’不失赏刑之谓也。”**“惠此中国，以绥四方”之下句为“无纵诡随，以谨无良，式遏寇虐，憯不畏明，柔远能迩，以定我王”，是谓不失赏刑也。

冬，会于温，讨不服也。讨卫、许。

卫侯与元咺讼，杜预：“争杀叔武事。”**甯武子为辅，鍼**

庄子为坐，士荣为大士。辅，杨伯峻谓辅相卫侯，孔颖达谓辅庄子，孔说可信。杜预："大士，治狱官也。《周礼》：命夫命妇，不躬（亲身）坐狱讼。元咺又不宜与其君对坐，故使鍼庄子为主（代卫侯），又使卫之忠臣（甯武子）及其狱官（士荣）质正元咺。《传》曰王叔之宰与伯舆之大夫坐狱于王庭，各不亲身。"俞樾："鍼庄子为坐，不过代卫侯坐讼耳；至其往反辩论，与晋狱官对理，则皆士荣为之。"**卫侯不胜。杀士荣，刖鍼庄子，谓甯俞忠而免之。执卫侯，归之于京师，寘诸深室。**杨伯峻："别为囚室，其室幽深，故曰深室。"**甯子职纳橐饘焉。**杜预："甯俞以君在幽隘，故亲以衣食为己职。橐（tuó），衣囊。饘（zhān），糜（粥）也。言其忠至，所虑者深。"**元咺归于卫，立公子瑕。**杜预："瑕，卫公子適。"

是会也，晋侯召王，以诸侯见，且使王狩。狩，冬猎。**仲尼曰："以臣召君，不可以训。"**召者，尊对卑之辞，以卑召唤尊，非礼，故曰不可以垂训后世。训犹教也。**故书曰："天王狩于河阳。"言非其地也，且明德也。**一者讳晋侯召王；二者，言河阳非王田猎之所（天子诸侯皆有其固定的田猎场所）；三者，杜预"隐其召君之阙，欲以明晋之功德"。

壬申，公朝于王所。

丁丑，十月十二日。**诸侯围许。**

晋侯有疾，曹伯之竖侯獳货筮史，獳nòu。杜预："竖，掌通内外者。史，晋史。"货，贿赂也。**使曰以曹为解：**杨伯峻"为解犹为辞也"，以"解"为"解说"之"解"。**"齐桓公为会而封异姓，**封邢、卫。**今君为会而灭同姓。曹叔振铎，文之昭也；**杜预："叔振铎，曹始封君，文王之子。"**先君唐叔，武之穆也。**唐叔虞，晋始封君，武王之子。**且合诸侯而灭兄弟，非礼也；与卫偕命，**杜预："私许复曹、卫。"**而不与偕复，非信也；同罪异罚，非刑也。**曹、卫同罪，复卫而不复己。**礼以行义，信以守礼，**

刑以正邪。舍此三者，君将若之何？” 之，诸侯也。**公说，复曹伯，遂会诸侯于许。**

晋侯作三行以御狄。荀林父将中行，屠击将右行，先蔑将左行。 行háng。杨伯峻据僖十年“左行共华、右行贾华”，谓晋之前已有二行，今作三行者，徒增一行而已。且据昭元年“彼徒我车，请皆卒，乃毁车以为行”，谓行为步卒。

僖公二十九年

【经】

二十有九年春，介葛卢来。 介，小国。葛卢，介君之名。来，来朝也。不书朝，杜预谓“不见公，且不能行朝礼”，然据“冬，介葛卢来”，亦不书朝，杜未必信。

公至自围许。

夏六月，会王人、晋人、宋人、齐人、陈人、蔡人、秦人盟于翟泉。 会，公会也。《经》不书公归，盖讳与大夫盟。

秋，大雨雹。

冬，介葛卢来。

【传】

二十九年春，介葛卢来朝，舍于昌衍之上。公在会， 杨伯峻：“此时当会诸侯围许。”**馈之刍、米，** 刍chú，杨伯峻：“刍为干草，可以饲牲。”**礼也。**

夏，公会王子虎、晋狐偃、宋公孙固、齐国归父、陈辕涛涂、秦小子慭，盟于翟泉，寻践土之盟，且谋伐郑也。

卿不书，罪之也。杜预："王子虎下盟列国，以渎大典，诸侯大夫上敌公侯，亏礼伤教，故贬诸大夫，讳公与盟。"**在礼，卿不会公、侯，**尊卑不敌故。杨伯峻："王子虎为周卿士，鲁僖公亲往，是公、侯也。"**会伯、子、男可也。**昭二十三年"列国之卿当小国之君，固周制也"，故大国之卿可会伯、子、男。

秋，大雨雹，为灾也。

冬，介葛卢来，以未见公故，复来朝。礼之，加燕好。杜预："燕，燕礼也。好，好货也。一岁再来，故加之。"

介葛卢闻牛鸣，曰："是生三牺，是，所鸣之牛也。牺，祭祀之牺牲。**皆用之矣，**用，杀之以祭也。**其音云。"**言其鸣叫的声音是这么说的。**问之而信。**

僖公三十年

【经】

三十年春王正月。

夏，狄侵齐。

秋，卫杀其大夫元咺及公子瑕。元咺称名，罪之也。杜预："瑕立经年，未会诸侯，故不称君。"未必。郑子仪于桓十八年被立为郑君，在位十四年，屡会诸侯，庄四年《经》明称之曰"郑伯"，庄十四年被弑，不见于《经》，《传》亦仅称"郑子"、称"杀"。此公子瑕不称君者，盖国人不视之为君也。**卫侯郑归于卫。**

晋人、秦人围郑。

介人侵萧。

冬，天王使宰周公来聘。

公子遂如京师，遂如晋。杜预："如京师，报宰周公。"

【传】

三十年春，晋人侵郑，以观其可攻与否。狄间晋之有郑虞也，杨伯峻："间，犹言乘隙，今曰钻空子。"虞，料，察，图谋，算计。**夏，狄侵齐。**齐，晋与国。

晋侯使医衍鸩卫侯。衍，医之名。**甯俞货医，使薄其鸩，不死。**货，贿赂。薄，减也，今曰稀释。**公为之请，纳玉于王与晋侯，皆十瑴。王许之。**瑴 jué，双玉曰瑴。周公与康叔为同母兄弟，故鲁、卫常好，因为之请。**秋，乃释卫侯。**

卫侯使赂周歂、冶廑，曰："苟能纳我，吾使尔为卿。"此时公子瑕已立为卫君，卫侯欲入，必先除元咺及子适（公子瑕），故赂周、冶。**周、冶杀元咺及子适、子仪。**子仪，子适母弟。**公入，祀先君。周、冶既服，将命，**杜预："服卿服，将入庙受命。"**周歂先入，及门，遇疾而死。冶廑辞卿。**杜预："见周歂死而惧。"

九月甲午，十日。**晋侯、秦伯围郑，以其无礼于晋，**杜预："文公亡过郑，郑不礼之。"**且贰于楚也。晋军函陵，秦军氾南。**

佚之狐言于郑伯曰：佚之狐，郑大夫。**"国危矣，若使烛之武见秦君，师必退。"**烛之武，郑贤大夫而在下位者。**公从之。辞曰："臣之壮也，犹不如人，今老矣，无能为也已。"公曰："吾不能早用子，今急而求子，是寡人之过也。然郑亡，子亦有不利焉。"许之。夜，缒而出。**缒 zhuì，本绳索名，缘绳索上、下（包括登城、出城）皆曰缒。昭十九年："子占使夜缒而登，登者六十人，缒绝。"**见秦伯，曰："秦、晋围郑，郑既知亡矣。若亡郑而有益于君，敢以烦执事。越国以鄙远，君知其难也，**杨伯峻："鄙远，以远地为其边鄙也。"杜预："设得郑以为秦边邑，则越晋而难保。”**焉用亡郑以陪邻？**陪，附也，贴附。杜预：“益也。”《传》有“陪臣”、昭五年“飧有陪鼎”、昭三十二年“有陪贰”、定四年“土田陪敦”、《大雅·荡》：“以无陪无卿。”**邻之厚，君之薄也。若舍郑以为东道主，**杨伯峻：“东道主，东道之主人也。秦有事于诸侯，必须向东行，多须经过郑国国境，郑可任招待之责，为秦东道之主人。”**行李之往来，共其乏困，**行李，使人。共同供。**君亦无所害。且君尝为晋君赐矣，**晋惠公曾许赂秦以河外列城五等地。**许君焦、瑕，**焦、瑕，河外五城之二。**朝济而夕设版焉，君之所知也。**杜预：“朝济河而夕设版筑以距秦，言背秦之速。”**夫晋何厌之有？既东封郑，又欲肆其西封，**厌，满足也。封，疆也。杨伯峻：“肆，放恣也。放恣其心力以向西拓其边界。”**不阙秦，将焉取之？阙秦以利晋，唯君图之。”秦伯说，与郑人盟，使杞子、逢孙、扬孙戍之，乃还。**杜预：“三子，秦大夫。反为郑守。”

子犯请击之，公曰：“不可。微夫人之力不及此。子犯，狐偃。杜预：“请击秦也。夫人，谓秦穆公。”**因人之力而敝之，不仁；**敝，败也。**失其所与，不知；**秦本晋之与国。**以乱易整，不武。**杜预：“秦、晋和整而还相攻，更为乱也。”**吾其还也。”亦去之。**

初，郑公子兰出奔晋，兰，郑穆公。宣三年：“公逐群公子，公子兰奔晋。”**从于晋侯伐郑，请无与围郑。许之，使待命于东。**杜预：“晋东界。”**郑石甲父、侯宣多逆以为大子，以求成于晋，晋人许之。**杜预：“二子，郑大夫。言穆公所以立。”

冬，王使周公阅来聘，飨有昌歜、白黑、杜预：“昌歜（cán），昌蒲菹。白，熬稻。黑，熬黍。”杨伯峻：“昌蒲根，切之四寸，腌以为菜，古人又谓昌蒲菹。”**形盐。**当是将散盐经模具压制，脱成某种形状，此特指虎形。**辞曰：“国君，文足昭也，武可畏也，**文德堪昭明于世，武功足以威不敬。**则有备物之飨以象其德。荐**

五味，杨伯峻："昌歜有五味之和。"**羞嘉谷，**杨伯峻："荐、羞，皆进也。嘉谷指稻黍。"五味、嘉谷，以象其文德。**盐虎形，**虎以象武功。**以献其功**。此"献"字取引申义，与"象"字义同。以备物象其文、武之德以献之，则所献之物已非止为物耳，乃当受献者之功德，故曰献其功。**吾何以堪之？"**

东门襄仲将聘于周，将，未遂之辞。**遂初聘于晋**。遂，既成之谓。此当是襄仲于往聘周之途中，先借道聘晋，既聘晋，乃复取道如周聘。

僖公三十一年

【经】

三十有一年春，取济西田。杜预："晋分曹田以赐鲁，故不系曹。"

公子遂如晋。

夏四月，四卜郊，郊，郊祭也。襄七年"夫郊，祀后稷以启农事也"、桓五年"启蛰而郊"。卜郊，杨伯峻"卜宜郊与否"。**不从，乃免牲**。杜预："不从，不吉也。卜郊不吉，故免牲。"杨伯峻："免牲者，为郊所准备之牺牲，免而不杀也。"**犹三望**。杨伯峻："《尚书·舜典》云：'望于山川'、'望秩于山川'，哀六年《传》云'三代命祀，祭不越望，江、汉、睢、漳，楚之望也'，则望为山川之祭，毫无可疑。"望祭者，盖设祭礼，遥望其向以祭之。望者，类似于今之注目礼。鲁三望，郑玄以为东海、泰山及淮水。

秋七月。

冬，杞伯姬来求妇。杜预："自为其子成昏。"

狄围卫。十有二月，卫迁于帝丘。避狄难。

【传】

三十一年春，取济西田，分曹地也。晋分曹地于亲己者，鲁得分济西田。**使臧文仲往，宿于重馆。**重，地名。杨伯峻：“馆者，候馆也。”**重馆人告曰：“晋新得诸侯，必亲其共。不速行，将无及也。”**共同恭。无及，不及于分也。**从之。分曹地，自洮以南，东傅于济，尽曹地也。**

襄仲如晋，拜曹田也。

夏四月，四卜郊，不从，乃免牲，杨伯峻：“免牲即不郊，不郊，牲无用矣。”**非礼也。**郊为常祀，今卜其宜郊与否，本已非礼，又因卜而不郊，故曰非礼。**犹三望，亦非礼也。礼不卜常祀，**常，人们在长期的生产生活的经验中总结制定出来的规矩制度曰常。“常”不会轻易改变，纪、纲、经、纬皆得曰常。常祀即不可或缺之祀。**而卜其牲、日，**杨伯峻：“先卜牲，后卜日。卜牲者，卜用此牛之吉凶，如宣三年‘正月，郊牛之口伤，改卜牛’是也。”卜日者，卜郊之吉日。**牛卜日曰牲。**杜预：“既得吉日，则牛改名曰牲。”杨伯峻引孔颖达：“此言免牲，是已得吉日，牲既成矣。成七年乃免牛，是未得吉日，牲未成也。”**牲成而卜郊，上怠慢也。望，郊之细也。**细，小节也。宣三年“望，郊之属也”，属即附属者，与此“细”义同。**不郊，亦无望可也。**

秋，晋蒐于清原，作五军以御狄。赵衰为卿。晋作三军在二十七年。杜预谓，罢三行更为上下新军，不知信否。

冬，狄围卫，卫迁于帝丘。卜曰三百年。

卫成公梦康叔曰：康叔，卫始封君。**“相夺予享。”**杜预：“相，夏后启之孙，居帝丘。享，祭也。”**公命祀相。甯武子不可，曰：“鬼神非其族类，不歆其祀。**《说文》：“歆，神食气也。”**杞、鄫何事？**何，谁也。言杞、鄫祀谁。杜预：“言杞、鄫夏后，自当祀相。”**相之不享于此久矣，非卫之罪也，**杜预：“言帝丘久不祀相，非卫所绝。”**不可以閒成王、周公之命祀。**閒与间通用，干犯也，例如《传》“远间亲，新间旧”、“或閒兹命”、“间诸侯，难”、“以閒先王”、“王室其有间王位”、“惎间王室”、“吴犯间上国多矣”，皆此义。**请改祀命。”** 杜预：“改祀相之命。”

郑洩驾恶公子瑕，郑伯亦恶之，故公子瑕出奔楚。 洩驾，郑大夫。公子瑕，文公子。

僖公三十二年

【经】

三十有二年春王正月。

夏四月己丑， 十五日。**郑伯捷卒。** 郑文公也。

卫人侵狄。 报去年之围。

秋，卫人及狄盟。

冬十有二月己卯， 九日。**晋侯重耳卒。**

【传】

三十二年春，楚斗章请平于晋，晋阳处父报之。 报，如楚答请。**晋、楚始通。** 通，通使。

夏，狄有乱。卫人侵狄，狄请平焉。

秋，卫人及狄盟。

冬，晋文公卒。庚辰， 十二月十日。**将殡于曲沃，** 春秋时，国君卒有殡庙之礼，曲沃为晋文公祖庙所在，故殡于曲沃。**出绛，柩有声如牛。** 杜预：“《礼》云：在床曰尸，在棺曰柩。”**卜偃使大夫拜，曰：“君命大事：** 声出自柩，故曰君命。大事，戎事也。**将有西师过轶我，** 轶，隐九年“惧其侵轶我也”即此轶。杜预：“突也。”杨伯峻：“轶，自后突出于前也。过轶我者，秦兵袭郑，必过晋之南境，秦过晋境而不假道也。”盖欲待晋猝不及防，而师已过之矣。**击之，必大捷焉。”**杨伯峻：“杜注：‘卜偃闻秦密谋，故因柩声以正众心。’说固合理，然《左传》卜筮之辞，其应如响者多有，盖左氏迷信而附会其说，固不必强为之解。”

杞子自郑使告于秦，三十年，秦使大夫杞子等三人戍郑。**曰：“郑人使我掌其北门之管，若潜师以来，国可得也。”穆公访诸蹇叔，**蹇（jiǎn）叔，秦大夫。**蹇叔曰：“劳师以袭远，非所闻也。师劳力竭，远主备之，**言备豫以待之。**无乃不可乎！师之所为，郑必知之。勤而无所，**杨伯峻：“勤，劳也。所仍是处所之义。此谓郑既知其来袭而有备，则无用武之地。”**必有悖心。**悖，违忤。杨伯峻：“士卒千里行军而无所施其力，必有背犯之心。”**且行千里，其谁不知？”公辞焉。**杜预：“辞不受其言。”**召孟明、西乞、白乙，**杜预：“孟明，百里孟明视。西乞，西乞术。白乙，白乙丙。”**使出师于东门之外。蹇叔哭之，曰：“孟子，**孟子即孟明。**吾见师之出而不见其入也！”公使谓之曰：“尔何知？中寿，尔墓之木拱矣。”**知同智。中寿，古人云“人生七十古来稀”，古代由于生存物资的匮乏，医学水平的落后等，导致人类的平均寿命较低，这是毋庸质疑的，故笔者认为，古代六十及寿，六十至六十九为下寿，七十至七十九为中寿，八十以上为上寿。拱，合抱曰拱。句意谓汝多寿无益，反不如早死，汝墓之木得成材矣。**蹇叔之子与师，**蹇叔子亦从在师。或以为蹇叔之子为上文三帅之一，误。**哭而送之，曰：“晋人御师必于殽，殽有二陵焉。**殽（xiáo），本又作“崤”，其地绝险。杨伯峻：“二陵者，东崤山与西崤山也。”**其南陵，夏后皋之墓也；**南陵，西崤山也。杜预：“皋，夏桀之祖父。”**其北陵，文王之所辟风雨也。**北陵，东崤山也。**必死是间，**杜预：“以其深险故。”**余收尔骨焉。”秦师遂东。**

僖公三十三年

【经】

三十有三年春王二月，秦人入滑。滑，国名。杜预：“灭而书入，不能有其地。”杨伯峻据襄二十九年“虞、虢、焦、滑、霍、扬、韩、魏，皆姬姓也，晋是以大。若非侵小，将何所取”，谓滑被灭后即入于晋。

齐侯使国归父来聘。

夏四月辛巳，十三日。**晋人及姜戎败秦师于殽。**

癸巳，二十五日。**葬晋文公。**

狄侵齐。

公伐邾，取訾娄。訾 zī。

秋，公子遂帅师伐邾。公子遂，庄公之子，东门襄仲，东门遂，仲遂也。

晋人败狄于箕。

冬十月，公如齐。

十有二月，公至自齐。

乙巳，十一日。**公薨于小寝。**成十八年：“公薨于路寝，言道也。”

陨霜不杀草。据杨伯峻，定元年“冬十月，陨霜杀菽”，冬十月，夏正之八月也，不当陨霜，更不当杀菽，故“杀菽”者言天道失时令；然今年实建亥年，冬十二月，当夏正之九月，陨霜自不杀草。当时误以冬十二月为夏正十月，霜当杀草而不杀，此非天道失时令，实是当时误判其月。**李、梅实。**李、梅在北方的成熟期在公历七、八月份，也就是周正八、九月份。今年为建亥年，十二月李、梅实者，当公历十月，此时李、梅早已下市。“李、梅实”言李、梅于此时又二度开花坐果，俗称二茬果。二茬果坐果量较少，且此果不能成熟。果树坐二茬果常在公历九、十月之间，当时因误判一月，认为此时乃夏正十月，即公历十一月，故古人认为此月不当有坐二茬果的现象，进而认为是天暖失时令所致。

晋人、陈人、郑人伐许。

【传】

三十三年春，秦师过周北门，左右免胄而下，古时兵车，御在中，射者在左，勇士在右。唯元帅之车，因旗鼓所在，故元帅居车中位，御在左，勇士在右。此文指一般兵车，故左右下，御者不下，仍驾车前行。**超乘者三百乘。**《传》数见“超乘”之词，义谓徒步追赶正在行进之车，跃而上之也。超乘者示勇也。**王孙满尚幼，观之，言于王曰：“秦师轻而无礼，**杜预：“谓过天子门，不卷甲束兵，超乘示勇。”杨伯峻：“轻指超乘，谓其轻佻不庄重也；无礼指仅免胄而不卷甲束兵，过天子之门而不敬。”**必败。轻则寡谋，无礼则脱。**脱，溃散剥离。**入险而脱，又不能谋，能无败乎？”**

及滑，郑商人弦高将市于周，商，古谓行商坐贾。市，买卖之通名。**遇之。以乘韦先牛十二犒师，**先致献乘韦，后继以十二牛。古之致送礼物，先以轻者为引，后致其重者。乘韦，熟牛皮四张。乘，一乘四马，乘因有四义。**曰：“寡君闻吾子将步师出于敝邑，**杨伯峻：“步师，犹今言行军。”出于，路过，经过。**敢犒从者。不腆敝邑，**腆，本肚大之突出下垂者，常引申为“厚”。不腆犹言穷匮，底子薄。**为从者之淹，**淹，滞，滞留。文六年：“出滞淹。”昭十四年：“举淹滞。”成二年：“无令舆师淹于君地。”宣十二年：“二三子无淹久。”**居则具一日之积，**杜预：“积，刍米菜薪。”**行则备一夕之卫。”**行，言仅从郑国经过，不作逗留。一夕之卫，客师过己国，己为地主自当效护卫之责。**且使遽告于郑。**杜预："遽，传车。"此若用"遽"字之本义亦通，遽，急也。

郑穆公使视客馆，视秦三大夫之舍。**则束载、厉兵、秣马矣。**束载，欲携去之物皆已捆束装载于车。厉兵，兵皆磨利。秣马，马喂饱。**使皇武子辞焉，**辞谢弗宾（待客不周）。**曰："吾子淹久于敝邑，唯是脯资饩牵竭矣。**淹，同上。脯，干肉也。杜预："资，粮也。生曰饩。牵，牛、羊、豕。"陆德明："牲腥曰饩，牲生曰牵。"杨伯峻："句意谓食物罄竭也。"**为吾子之将行也，**杜预："示知其情。"**郑之有原圃，犹秦之有具囿也，吾子取其麋鹿以间敝邑，若何？"**间，间暇也。或本"间"作"閒"。杜预："使秦戍自取麋鹿，以为行资，令敝邑得閒暇。若何，犹如何。"以间敝邑者，有施于人，惧人不纳，故常自贬损，欲使对方因而受之也。曰"以间敝邑"意在告之不必客气。**杞子奔齐，逢孙、扬孙奔宋。**杨伯峻："向东逃者，恐晋、郑防西兵，惧已被截获。"**孟明曰："郑有备矣，不可冀也。**冀，冀图，冀望。**攻之不克，围之不继，**杨伯峻："无继续支援之师。"**吾其还也。"灭滑而还。**

齐国庄子来聘，自郊劳至于赠贿，郊劳，迎使者于郊外而犒劳之也。赠贿，聘毕，客将行，致送客人之礼物。杨伯峻："句犹言自始至终。"**礼成而加之以敏。**杜预："敏，审当于事。"**臧文仲言于公曰："国子为政，齐犹有礼，君其朝焉。臣闻之，服于有礼，社稷之卫也。"**

晋原轸曰："秦违蹇叔，而以贪勤民，天奉我也。勤，劳也。杜预："奉，与也。"梁履绳、刘文淇："奉，助也。"**奉不可失，敌不可纵。纵敌患生，违天不祥。**杨伯峻："天与不取，则为违天。"**必伐秦师。"栾枝曰："未报秦施而伐其师，其为死君乎？"**为，以也，因也。言其因死君之故乎。杜预："言以君死故忘秦施。"**先轸曰："秦不哀吾丧而伐吾同姓，**滑，姬姓国，与晋同姓。**秦则无礼，何施之为？**杨伯峻："言何足以为施也。"**吾闻之，一日纵敌，数世之患也。谋及子孙，可谓死君乎？"**言实为子孙谋，怎能说是因为死君的缘故呢？谓，言，说也。**遂发命，遽兴姜戎。子墨衰绖，**子，晋襄公，父在柩，故曰子。衰音崔，丧服之主服也。绖，丧服之属，戴于头者为首绖，系于腰者为腰绖。丧服为白色，不宜服之从戎事，故墨为黑色，黑色本戎服之色。墨为动词。**梁弘御戎，莱驹为右。**二者为襄公之御、右。

夏四月辛巳，十三日。**败秦师于殽，获百里孟明视、西乞术、白乙丙以归，遂墨以葬文公。**襄公本服染黑之丧服从戎，今就其服葬文公，国人皆从之（墨丧服）。**晋于是始墨。**晋自此始以黑色为丧服。

文嬴请三帅，文嬴，晋文公夫人，襄公嫡母（非襄公生母）。**曰："彼实构吾二君，**构，构陷，构怨。**寡君若得而食之，不厌，**不厌，不满足。言杀之而食其肉且不解恨。**君何辱讨焉？使归就戮于秦，以逞寡君之志，**言使寡君得逞其欲。**若何？"公许之，先轸朝。**盖闻讯后遽朝。**问秦囚。公曰："夫人请之，吾舍之矣。"先轸怒曰："武夫力而拘诸原，**原指战场。**妇人暂而免诸国。**暂，今义谓时间短。杜预："暂，犹卒（猝）也。"从之。杨伯峻从章炳麟谓暂借为渐，诈也，不从。《书·盘庚》："暂遇奸宄。"遇者，际也，接也。暂遇犹言短暂接触。**堕军实而长寇雠，**堕，毁也。军实，泛指军队之软实力与硬实力，俘虏自然包括在内。**亡无日矣。"不顾而唾。**不侧转头，直面襄公而唾。顾，侧转头向旁边看或扭头向后看皆曰顾。宣十二年："谓其二子无顾，顾，曰：'赵叟在后。'"**公使阳处父追之，及诸河，**及之于河。**则在舟中矣。**已乘舟于河中。**释左骖，**释，解也。骖，一乘四马，中间二马曰服马，两边之二马曰骖马。左骖，左边之骖马。**以公命赠孟明。**伪以公命赠之，欲诱其复上岸，因而执之。**孟明稽首曰：**襄公命赠，故稽首。**"君之惠，不以累**

臣衅鼓，杜预："累，囚系也。杀人以血涂鼓，谓之衅鼓。"鼓为军器，古人杀敌以血涂鼓者，其意可知。杨伯峻："此言'衅鼓'，犹言杀戮，未必为真祭鼓。"**使归就戮于秦，寡君之以为戮，死且不朽。**不朽，古今同义。朽，腐也，烂也。《诗·周颂·良耜》："以薅荼蓼，荼蓼朽止。"薅 hāo，用手拔草、拔苗曰薅。襄二十四年，范宣子问"不朽"，穆叔答曰"大上有立德，其次有立功，其次有立言，虽久不废，此之谓不朽"，尸虽没，然名长存，故亦曰不朽。**若从君惠而免之，三年，将拜君赐。"**言三年将报赐，即伐晋。

秦伯素服郊次，素服，凶服。衣服之料不经染色为素，即白色或麻色。次，在外宿于某地，宿三日及以上为"次"。**乡师而哭曰：**乡同向。**"孤违蹇叔以辱二三子，孤之罪也。"不替孟明，**替，废也。**曰："孤之过也。大夫何罪？且吾不以一眚掩大德。"**眚，人为之过，人祸。

狄侵齐，因晋丧也。

公伐邾，取訾娄，以报升陉之役。升陉役在二十二年。**邾人不设备。秋，襄仲复伐邾。**

狄伐晋，及箕。八月戊子，二十二日。**晋侯败狄于箕。郤缺获白狄子。**白狄子，白狄之君也。**先轸曰："匹夫逞志于君而无讨，**逞志犹得志，指不顾而唾之事。**敢不自讨乎？"免胄入狄师，死焉。狄人归其元，面如生。**元，首也。

初，臼季使，杨伯峻："臼季即胥臣，臼其食邑，季其字也。"**过冀，见冀缺耨，其妻馌之。**耨 nòu，锄也。馌 yè，为田间耕作者送饭。**敬，相待如宾。与之归，言诸文公曰："敬，德之聚也。**杨伯峻："聚德成敬。"《传》"树德莫如滋"，先有德之积累，然后能敬。**能敬必有德，德以治民，君请用之！臣闻之，出门如宾，承事如祭，**奉事如祭祀之恭敬。**仁之则也。"公曰："其父有罪，可乎？"**杜预："缺父冀芮欲杀文公，在二十四年。"**对曰：**

“舜之罪也殛鲧，罪，动词，治罪也。鲧 gǔn，禹之父。鲧治水不力，故殛之。**其举也兴禹。**不因其父有罪而废其子。**管敬仲，桓之贼也，**管仲奉子纠而射桓公，中带钩，桓公仍举用之。**实相以济。**辅相桓公成霸业。**《康诰》曰：‘父不慈，子不祇，兄不友，弟不共，不相及也。’**言惠不相及，罪不相及。**《诗》曰：‘采葑采菲，无以下体。’**据杨伯峻，葑，蔓菁也；菲，萝卜也。不以其为下体而弃之。**君取节焉可也。”**杨伯峻：“取节犹言节取其善，勿因其为罪人之子而弃之。”**文公以为下军大夫。反自箕，襄公以三命命先且居将中军，**杜预：“且居，先轸之子；其父死敌，故进之。”杨伯峻：“春秋诸侯之卿，有‘一命’、‘再命’、‘三命’之别，以命数多为贵，车服之制亦随之。”**以再命命先茅之县赏胥臣，**杜预：“先茅绝后，故取其县以赏胥臣。”**曰：“举郤缺，子之功也。”以一命命郤缺为卿，复与之冀，**杜预：“还其父故邑。”**亦未有军行。**杜预：“虽登卿位，未有军列。”沈钦韩：“以五军帅现有人故。”

冬，公如齐，朝，且吊有狄师也。反，薨于小寝，即安也。即安，就安也，不拘礼节，将就而安也。昭二十八年“有求于人，而即其安”，“即安于甥舅”、定四年“下臣何敢即安”。

晋、陈、郑伐许，讨其贰于楚也。

楚令尹子上侵陈、蔡。陈、蔡成，遂伐郑，将纳公子瑕，郑文公恶公子瑕，故公子瑕出奔楚，事在三十一年。文公既卒，穆公初立，故楚欲出穆公而纳瑕。**门于桔柣之门。**门，攻其城门也。**瑕覆于周氏之汪，**瑕之车倾覆于周氏水汪之中。**外仆髡屯禽之以献。**髡 kūn。外仆，贱官，辅佐国君日常政务之细节问题，职责范围极广。杜预：“杀瑕以献郑伯（穆公）。”杨伯峻：“若谓生擒而郑伯杀之，亦未尝不可。”**文夫人敛而葬之郐城之下。**郐 kuài。杨伯峻疑此文夫人当即瑕之生母，郑文公娶于苏者所生。

晋阳处父侵蔡，楚子上救之，与晋师夹泜而军。泜

zhì，水名。**阳子患之，**不欲战。**使谓子上曰：“吾闻之：‘文不犯顺，**犯，干犯。顺，言辞有理即谓顺，此指己致子上之提议。言辞者，所以为文治也，故曰文。**武不违敌。’**武以逃避为耻。此所以诈楚，谓晋绝不逃避。违，避也，逃避。**子若欲战，则吾退舍，**舍，一舍三十里。**子济而陈，迟速唯命。不然，纾我。**杨伯峻：“纾，缓也。缓我者，楚军退舍，使我得济而陈也。”**老师费财，亦无益也。”**言彼此僵持是老师费财。老，师久为老。**乃驾以待。**驾，套车也，套马于车，与今义不同。**子上欲涉，大孙伯曰：**大孙伯，子玉之子大心也。**“不可。晋人无信，半涉而薄我，**薄，迫也，逼迫而攻击。**悔败何及？不如纾之。”乃退舍。**待晋军渡。**阳子宣言曰：“楚师遁矣。”遂归。**阳处父不欲战，又惧负避敌退师之名，故为此计。**楚师亦归。**

大子商臣谮子上曰：“受晋赂而辟之，楚之耻也，罪莫大焉。”王杀子上。杜预：“商臣怨子上止王立己，故谮之。”

葬僖公，缓作主，杨伯峻：“依礼，祔而作主，然僖公主作于文二年二月，过葬十月，故云缓作主。”**非礼也。凡君薨，卒哭而祔，**据杨伯峻，卒哭，止无时之哭也，朝夕之间哀至则哭，故曰无时之哭，卒哭止于葬后第十四日。祔者，以新死者牌位祔于祖庙。**祔而作主，**盖因祔而作主。主，死者之牌位。**特祀于主，**既祔新死者之主于庙，特向新主祭祀，故主则不祭。**烝、尝、禘于庙。**新主虽未序列昭穆，然于常祭，如烝、尝、禘者，与故主一同受祭。

文公

文公名兴，僖公子，母声姜。

文公元年

【经】

元年春王正月，公即位。礼，无论先君既葬与否，嗣君逾年即位，不可旷年无君。

二月癸亥，日有食之。

天王使叔服来会葬。叔服当即叔兴父。

夏四月丁巳，二十六日。**葬我君僖公。**

天王使毛伯来锡公命。锡同赐，赐文公命。

晋侯伐卫。

叔孙得臣如京师。叔孙得臣，桓公子叔牙之孙，谥庄，字叔，曰庄叔，其父为公孙兹（戴伯）。

卫人伐晋。

秋，公孙敖会晋侯于戚。公孙敖，桓公之孙，庆父之子穆伯也。戚，卫邑。

冬十月丁未，十八日。**楚世子商臣弑其君頵。**商臣，楚穆王。頵 qún，楚成王。

公孙敖如齐。

【传】

元年春，王使内史叔服来会葬。公孙敖闻其能相人也，公孙敖，穆伯。相 xiàng，今相面、麻衣神相之相。**见其二子焉。**见，以其二子见叔服。“见”字此用法多见于《传》，故不举例。二子，长子名穀，次子名难。**叔服曰：“穀也食子，难也收子。**穀，文伯；难，惠叔。杨伯峻：“食子，奉祭祀供养也；收子，葬其身也。惠叔收葬，见十五年《传》。”**穀也丰下，**丰下，地阁饱满。**必有后于鲁国。”**有后，言祭祀不绝。

于是闰三月，非礼也。先王之正时也，先王者，明别于夏、商二代也。**履端于始，举正于中，**始，冬至也。周历冬至必在正月，履端于始，言以冬至作为岁首之月。并非是以冬至作为正月之初一，冬至之日在正月中作为第几日，可以上下调整，以使春分、夏至、秋分与月份保持协调与相称，此谓举正于中也。**归余于终。**置闰月或三年或二年，当置于岁终也。今置之三月，故曰非礼。**履端于始，序则不愆；**端始不乱，后之序则不致愆过。**举正于中，民则不惑；**历法与天道合，故民不惑。**归余于终，事则不悖。**杜预：“四时得所，则事无悖乱。”

夏四月丁巳，葬僖公。

王使毛伯卫来锡公命。叔孙得臣如周拜。答谢赐文公命。

晋文公之季年，季年，末年。**诸侯朝晋。卫成公不朝，使孔达侵郑，**孔达，卫大夫。杨伯峻据梁履绳，孔氏为姞姓，是也。**伐绵、訾及匡。晋襄公既祥，**杨伯峻：“古丧礼，父母之丧，自祔以后，十三月小祥。晋文以僖三十二年十二月卒，则三十三年十二月为小祥。既祥者，小祥之祭已行之也。”**使告于诸侯而伐卫，及南阳。**

先且居曰：“效尤，祸也。祸谓取祸之道。庄二十一年《传》“郑伯效尤，其亦将有咎”，咎，祸殃也。于鬯谓“祸当读为过”，误。**请君朝王，臣从师。”**谓若责卫不朝己而伐之，则己亦有不朝王之罪，是效卫侯之尤也，故使晋侯先朝王。**晋侯朝王于温，先且居、胥臣伐卫。五月辛酉朔，晋师围戚。六月戊戌，**八日。**取之，获孙昭子。**杨伯峻：“戚世为孙氏采邑，故取戚而获孙昭子。”

卫人使告于陈。陈共公曰：“更伐之，我辞之。”更，更替也，此犹“反”也。辞之，以理辞解释调和晋、卫。**卫孔达帅师伐晋，君子以为古。古者，越国而谋。**杨伯峻：古字当与沽通，沽，粗略之甚也。不从。杜预：“合古之道，而失今事霸主之礼，故国失其邑，身见执辱。”卫、陈相睦，告难于陈，陈人为之谋，卫采纳之，本合情合理，莫言春秋，纵于今世，亦不足为奇。桓六年“会于成，纪来咨谋齐难也”，“冬，纪侯来朝，请王命以求成于齐。公告不能”，皆此例。君子所以责之者，盖认为卫当裁量而行，不能一味听从他人而与霸主为敌。

秋，晋侯疆戚田，故公孙敖会之。杜预：“晋取卫田，正其疆界也。”

初，楚子将以商臣为大子，访诸令尹子上。据杨伯峻，访子上在子上未为令尹之前。**子上曰：“君之齿未也。**杜预：“齿，年也。言尚少。”**而又多爱，**多爱，多内宠。**黜乃乱也。**若日后宠幸有变，而欲废黜改立，将生乱。**楚国之举，恒在少者。**昭十三年“芈姓有乱，必季实立”，与此同意。襄十四年“君，义嗣也”，楚之立嗣，亦同中原国家，常以嫡长子为太子，嗣君承祀；然若无嫡子，则举立太子于众子之中，而楚常立其少者为太子。举，明非嗣也，此“举”与昭七年“建非嗣也”之“建”义近。楚子无適子，故谋举立。昭元年，楚王子围弑郏敖篡立，使赴于郑，适伍举聘在郑，问使者应为后之辞，使者曰“寡大夫围”，伍举更之曰“共王之子围为长”。昭二十六年，楚平王卒，令尹子常欲立子西，曰“子西长而好善，立长则顺，建善则治”，知楚所建亦以立长为礼，不过考之旧例，少季之立常是大概率事件而已。**且是人也，蠭目而豺声，忍人也，不可立也。”**蠭，大黄蜂。**弗听。既，又欲立王子职而黜大子商臣。**杜预：“职，商臣庶弟。”**商臣闻之而未察，**不能察其虚实。**告其师潘崇曰：“若之何而察之？”潘崇曰：“享江芈而勿敬也。”**杜预：“江芈，成王妹，嫁于江。”可信。**江芈怒曰：“呼！役夫！**呼，叹词。役夫，贱者之称。**宜君王之欲杀女而立职也。”告潘崇曰：“信矣。”潘崇曰：“能事诸乎？”**杜预：“问能事职不。”**曰：“不能。”“能行乎？”**行，亡也。**曰：“不能。”“能行大事乎？”**大事，谓弑成王。**曰：“能。”**

冬十月，以宫甲围成王。王请食熊蹯而死。宣二年：“宰夫胹熊蹯不熟。”杜预：“熊掌难熟，冀久将有外救。”**弗听。丁未，王缢。谥之曰“灵”，不瞑；曰“成”，乃瞑。**灵，恶谥也。杨伯峻：“古礼，葬乃加谥。”杜预：“言其（商臣）忍甚，未敛而加恶谥。”

穆王立，以其为大子之室与潘崇，使为大师，且掌环列之尹。杜预：“环列之尹，宫卫之官，列兵而环王宫。”

穆伯如齐，穆伯，公孙敖。**始聘焉，礼也。**始，谓文公立，初次访聘诸侯。**凡君即位，卿出并聘，**并，遍也。并聘，遍聘诸侯。**践修旧好，要结外援，**杜预：“践，犹履行也。”要，约也。**好事邻国，以卫社稷，忠、信、卑让之道也。忠，德之正也；信，德之固也；卑让，德之基也。**

殽之役，在僖三十三年。**晋人既归秦帅，秦大夫及左右皆言于秦伯曰：“是败也，孟明之罪也，必杀之。”秦伯曰：“是孤之罪也。周芮良夫之诗曰：**杨伯峻：“芮良夫，周厉王时卿士。”**‘大风有隧，贪人败类。**其上章言“大风有隧，有空大谷”。隧，道也。有隧即有道。风之行常循山谷、河道、街巷、隙穴等，皆风善行之路径也。《诗》言贪人是祸害及于善人之路径。风因隙穴而入室，祸因贪人而及类。类，善也。**听言则对，诵言如醉。**杜预："言昏乱之君不好典诵之言，闻之若醉；得道听涂说之言，则喜而答对。"**匪用其良，覆俾我悖。'**杜预："覆，反也。俾，使也。不用良臣之言，反使我为悖乱。"**是贪故也，孤之谓矣。孤实贪以祸夫子，夫子何罪？"复使为政。**

文公二年

【经】

二年春王二月甲子，七日。**晋侯及秦师战于彭衙，秦师败绩。**彭衙，秦邑。

丁丑，二十日。**作僖公主。**主，死者之牌位。

三月乙巳，十九日。**及晋处父盟。**及，公及也。列国之卿会公、侯者，虽非礼，亦常有之事，然皆不若此，专以大夫盟诸侯而耻之者，故处父去族。杜预："族去则非卿，故以微人常称为耦（比），以直压不直。不地者，盟晋都。"

夏六月，公孙敖会宋公、陈侯、郑伯、晋士縠盟于垂陇。公孙敖，穆伯。垂陇，郑地。

自十有二月不雨，至于秋七月。

八月丁卯，十三日。**大事于大庙，跻僖公。**大事，大祭也。跻，升也，登也。跻者言非以序也。

冬，晋人、宋人、陈人、郑人伐秦。

公子遂如齐纳币。公子遂，襄仲。

【传】

二年春，秦孟明视帅师伐晋，以报殽之役。二月，晋侯御之。先且居将中军，赵衰佐之。赵衰代郤溱。王官无地御戎，杨伯峻："王官，地名，其人或以采邑为氏。代梁弘。"狐鞫居为右。狐鞫居，续简伯。甲子，及秦师战于彭衙。秦师败绩。晋人谓秦"拜赐之师"。因孟明"三年将拜君赐"之言，故曰拜赐之师。

战于殽也，在僖三十三年。晋梁弘御戎，莱驹为右。战之明日，晋襄公缚秦囚，使莱驹以戈斩之。囚呼，莱驹失戈，惊惧失戈。狼瞫取戈以斩囚，瞫音审。禽之以从公乘，禽莱驹，以其失命故。从公乘，从公车而摄右。遂以为右。箕之役，在僖三十三年。先轸黜之而立续简伯。狼瞫怒。其友曰："盍死之？"盍，何不也。瞫曰："吾未获死所。"杜预："未得可死处。"其友曰："吾与女为难。"与，从也。为难，发难，作乱杀先轸也。瞫曰："《周志》有之，'勇则害上，不登于明堂。'有勇而用以害其上，则不能登列于明堂矣。死而不义，非勇也。非义之死不为勇。共用之谓勇。共同供。杨伯峻："共用，死于国用也。"吾以勇求右，无勇而黜，亦其所也。谓上不我知，黜而宜，乃知我矣。宜，合适、得当曰宜。因黜而作乱，是宜见黜耳，乃知我信无勇矣。上谓其不善，故黜之，因黜而作乱，则是信不善也，既不善，故黜之为合宜。子姑待之。"及彭衙，既陈，以其属驰秦师，死焉。晋师从之，大败秦师。

君子谓："狼瞫于是乎君子。《诗》曰：'君子如怒，乱庶遄沮。'杜预："言君子之怒，必以止乱。遄，疾也。沮（jǔ），止也。"又曰：'王赫斯怒，爰整其旅。'杨伯峻："爰，用法同焉，于是也。王赫然怒，于是整其师旅。"怒不作乱，而以从师，可谓君子矣。"

秦伯犹用孟明。孟明增修国政，重施于民。赵成子言于诸大夫曰：赵成子，赵衰也。**“秦师又至，**又，两次及两次以上皆可曰又。**将必辟之。惧而增德，不可当也。**当，敌也，匹敌。**《诗》曰：‘毋念尔祖，聿修厥德。’**杜预：“念其祖考，则宜述修其德以显之。毋念，念也。”杨伯峻谓，“毋”与“聿”皆无义发声词。**孟明念之矣，念德不怠，其可敌乎？”**怠，懈怠。

丁丑，作僖公主，书，不时也。《传》“卒哭而祔，祔而作主”。杨伯峻：“作主当于僖公葬后第十四日，今过葬十月始作主，故（僖）三十三年《传》云‘缓作主’，此《传》又云‘书不时也’。”

晋人以公不朝来讨，公如晋。夏四月己巳，十三日。**晋人使阳处父盟公以耻之。**以贱者盟诸侯。**书曰：“及晋处父盟。”以厌之也。**阳处父为晋正卿，今去族而称处父，《经》例以称族示尊，去族示讥。隐四年“故书曰‘翚帅师’，疾之也”。厌，《传》中“厌”多为“满足”之义，杨伯峻据《论语》“夫子时然后言，人不厌其言”，解此“厌”字为憎恶、厌弃之义，可信，其实《传》中即有其例，隐十一年“天而既厌周德矣”。**适晋不书，讳之也。**

公未至，六月，穆伯会诸侯及晋司空士縠盟于垂陇，晋讨卫故也。杜预：“讨元年卫人伐晋。士縠，士蔿子。”**书士縠，堪其事也。**堪其事者，能胜任其事也。

陈侯为卫请成于晋，杨伯峻：“此陈共公践上年‘我辞之’之言。”**执孔达以说。**杨伯峻：“解说于晋。”

秋八月丁卯，大事于大庙，跻僖公，逆祀也。跻，升也，登也，言不以次序也。逆祀，以僖公主列于闵公主之上，故曰逆祀。定八年“顺祀先公而祈焉”，复正其序列，仍使僖公居闵公下，正与此逆祀相对。或谓序列变，则昭穆亦变，谓隐公为穆，桓公为昭；庄公为穆，闵公为昭；僖公为穆，不从。孔颖达：“礼，父子异昭穆，兄弟昭穆同，故僖、闵不得为父子，同为穆耳。当闵在僖上，今升僖先闵，故云逆祀。二公位次之逆，非昭穆乱也。”从之。**于是夏父弗忌为宗伯，**于是，于是时也。杜预："宗伯，掌宗庙昭穆之礼。”**尊僖公，且明见曰：“吾见新鬼大，故鬼小。**杜预：“新鬼，僖公，既为兄，死时年又长。故鬼，闵公，死时年少。弗忌明言其所见。”**先大后小，顺也。跻圣贤，明也。**又以僖公当圣贤。**明、顺，礼也。”**

君子以为失礼。礼无不顺。祀，国之大事也，而逆之，可谓礼乎？子虽齐圣，齐qí，敏事达节，常能与大道保持一致而无过差。**不先父食久矣。**闵公为僖公弟，非僖公父，《传》曰“不先父食”，唯明礼而已，不必拘泥。**故禹不先鲧，汤不先契，**杜预：“鲧，禹父。契，汤十三世祖。”**文、武不先不窋。**杜预：“不窋（zhú），后稷子。”**宋祖帝乙，郑祖厉王，犹上祖也。**帝乙，微子父。厉王，郑始封君桓公之父。杜预：“二国不以帝乙、厉王不肖而犹尊尚之。”可信。杨伯峻以《尚书·多士》“自成汤至于帝乙，罔不明德恤祀”驳杜预，谓“帝乙未必不肖”，不从，其实《书》亦未必尽信。**是以《鲁颂》曰：“春秋匪解，享祀不忒。**解同懈。忒，差也。春秋，四时也，此特指四时之祭祀。杨伯峻：“谓四时之祭祀无有懈怠差忒也。”**皇皇后帝，皇祖后稷。”**杜预：“皇皇，美也。后帝，天也。”**君子曰礼，谓其后稷亲而先帝也。**言不因亲近即上之。**《诗》曰：“问我诸姑，遂及伯姊。”**姑，父之姊妹称姑。古礼，父母不方便亲教女子之事，皆由姑母代言教诲，故姑者，相当于女子之外母也。伯，盖伯叔之省；姊，姊妹之省。**君子曰礼，谓其姊亲而先姑也。**

仲尼曰：“臧文仲，其不仁者三，不知者三。知同智。**下展禽，**展禽，柳下惠。柳下惠能贤，文仲不用之而使居下位。**废六关，**六关，杜预以为凡六关，王肃以为一关之名。姑不论其为六为一，盖六关之征本为公室所得，文仲废之，故失其征。孔子者极守旧之代表人物，盖以为废六关，有失丰财之嫌，故斥不仁。此可参宣十五年“（鲁）初税亩，非礼也。谷出不过藉，以丰财也”；哀十一、十二年“（用田赋）季孙欲以田赋，使冉有访诸仲尼”，孔子则以“周公之典在”加以反对；昭二十九年晋铸刑鼎，仲尼曰“晋其亡乎！夫晋国将守唐叔之所受法度……且夫宣子之法，晋国之乱制也”云云，大陈不礼；昭六年郑铸刑书，叔向使诒子产书，曰“今吾子相郑国，作封洫，立谤政，制参辟，铸刑书”，继三代之乱辟也。此四例皆有其积极之历史意义，实社会变革必然之产物，而守旧者以为不可罢了。故废六关未必为不仁，孔子作为守旧之代表人物，以为不仁罢了。**妾织蒲，**妾织蒲贩卖，言与民争利。**三不仁也。作虚器，**杜预：“谓居蔡，山节藻棁也。有其器而无其位，故曰虚。”杨伯峻：“虚器指臧文仲私蓄大蔡之龟，作室以居之之事。”**纵逆祀，**杜预：“听夏父跻僖公。”**祀爰居，**杜预：“海鸟曰爰居，止于鲁东门外，文仲以为神，命国人祀之。”文仲祀爰居，详见《国语》。**三不知也。”**

冬，晋先且居、宋公子成、陈辕选、郑公子归生伐秦，郑公子归生，字子家。**取汪，及彭衙而还，以报彭衙之役。**彭衙之役即所谓“拜赐之师”，在今春。**卿不书，为穆公故，尊秦也，谓之崇德。**之，秦穆也。

襄仲如齐纳币，礼也。襄仲，公子遂，仲遂也。纳币，婚聘仪节之一。**凡君即位，好舅甥，修昏姻，娶元妃以奉粢盛，**此文公为初娶，故曰娶元妃。奉粢盛，供祭祀也。**孝也。孝，礼之始也。**

文公三年

【经】

三年春王正月，叔孙得臣会晋人、宋人、陈人、卫人、郑人伐沈。沈溃。得臣，叔牙之孙庄叔也。沈，国名。

夏五月，王子虎卒。

秦人伐晋。

秋，楚人围江。

雨螽于宋。雨，雨雪、雨雹之雨，下也。螽自天坠地而死，如雨、雹之下。

冬，公如晋。十有二月己巳，二十二日。**公及晋侯盟。**

晋阳处父帅师伐楚以救江。

【传】

三年春，庄叔会诸侯之师伐沈，以其服于楚也。沈溃。凡民逃其上曰溃，在上曰逃。杜预："溃，众散流移，若积水之溃，自坏之象也。国君轻走，群臣不知其谋，与匹夫逃窜无异，是以在众曰溃，在上曰逃，各以类言之。"

卫侯如陈，拜晋成也。二年，陈侯为卫请成于晋，今往拜谢之。

夏四月乙亥，王叔文公卒，来赴。吊如同盟，礼也。王子虎为周卿士，非诸侯，因数盟诸侯，故以同盟诸侯之礼往吊。

秦伯伐晋，济河焚舟，成语"破釜沉舟"，与此"焚舟"同义，欲死战也。**取王官及郊。**王官、郊，皆晋地。**晋人不出，遂自茅**

津济，济，济河。封殽尸而还。杨伯峻用贾逵谓，“封识之（秦尸）”，仅表识其地而已。遂霸西戎，用孟明也。君子是以知“秦穆公之为君也，举人之周也，杜预：“周，备也。不偏以一恶弃其善。”与人之壹也；杜预：“壹，无二心。”杨伯峻：“盖指信任专一，数败而仍用之。”孟明之臣也，其不解也，能惧思也；解同懈。子桑之忠也，其知人也，能举善也。子桑，公孙枝。《诗》曰：‘于以采蘩？于，犹何也。蘩，野菜。于沼于沚。于以用之？公侯之事。’事，祭事。秦穆有焉。杜预：“沼沚之繁至薄，犹采以共公侯，以喻秦穆不遗小善。”‘夙夜匪解，以事一人’，孟明有焉。解同懈。此以孟明比仲山甫；一人，此指秦穆。‘诒厥孙谋，以燕翼子’，子桑有焉。”诒，遗也。燕，安也。翼，翼覆之翼，本义为以羽翼庇护。子，子孙也。此言子桑能举善以泽后人。

秋，雨螽于宋，队而死也。队同坠。

楚师围江。晋先仆伐楚以救江。

冬，晋以江故告于周。王叔桓公、晋阳处父伐楚以救江，杜预：“桓公，周卿士，王叔文公之子。”门于方城，遇息公子朱而还。杜预：“子朱，楚大夫，伐江之帅也。闻晋师起而江兵解，故晋亦还。”

晋人惧其无礼于公也，请改盟。去年使阳处父盟鲁公以耻之。公如晋，及晋侯盟。晋侯飨公，赋《菁菁者莪》。杜预：“取其‘既见君子，乐且有仪’。”庄叔以公降、拜。杜预：“谢其以公比君子也。”《传》例曰“凡师，能左右之曰以”，其实不必师独可曰以，卑者相尊者，诸侯对诸侯，能左右引携之皆可曰“以”。曰：“小国受命于大国，敢不慎仪？君贶之以大礼，何乐如之？抑小国之乐，乐，古音 luò，今音 lè。抑，表转折，然也。大国之惠也。”晋侯降，辞。辞公降拜。言晋、鲁同侪，不宜降拜。登，成拜。两人皆升至堂上，遂行平拜之礼。公赋《嘉乐》。杜预：“义取其‘显显令德，宜民宜人，受禄于天’。”

文公四年

【经】

四年春，公至自晋。

夏，逆妇姜于齐。不以礼逆，故不称“夫人”。杜预：“称妇，有姑之辞。”姑，丈夫之母称姑。“有姑”言婆母尚在世。

狄侵齐。

秋，楚人灭江。

晋侯伐秦。

卫侯使甯俞来聘。

冬十有一月壬寅，初一。**夫人风氏薨。**风氏，成风也，庄公妾，僖公母。杜预：“赴同（同盟）祔姑，故称夫人。”为妾而用夫人礼，尊僖公也。

【传】

四年春，晋人归孔达于卫，以为卫之良也，故免之。二年，卫执孔达畀晋以说之。

夏，卫侯如晋拜。谢归孔达。

曹伯如晋会正。杜预：“会受贡赋之政也。”庄二十三年“会以训上下之责，制财用之节”，制财用之节即制定贡赋之标准。

逆妇姜于齐，卿不行，非礼也。君娶夫人以卿逆为礼，今以贱者逆。**君子是以知出姜之不允于鲁也。**允，信也。古人善取字之引申义而用之，所用字之本义往往有不当于句意者，故不可刻意以句意解字义。章炳麟："允，当借为遂，终也。"杨伯峻："允又与骏通，不骏（茂盛）于鲁。"皆非。不允于鲁，言鲁人不视之为君也。**曰："贵聘而贱逆之，**杜预："公子遂纳币，是贵聘也。"**君而卑之，**君夫人实为一国之君，葬称小君，今贱者逆，是卑之也。**立而废之，**欲立为夫人，而不以礼节之，犹夫人薨，若不以君丧之礼处之，《经》尚或不称夫人，不书薨，不书葬，故曰立而废之。**弃信而坏其主，**弃信，不以礼逆是不信也。不以礼逆是卑之废之也，故曰坏其主。杜预："主，内主也。"**在国必乱，在家必亡。**卿大夫曰家，家即卿大夫。**不允宜哉！《诗》曰：'畏天之威，于时保之。'敬主之谓也。"**杜预："言畏天威，于是保福禄。"杨伯峻："保之"之"之"，在此指内主也。

秋，晋侯伐秦，围邧、新城，以报王官之役。邧音元。王官役在去年。

楚人灭江，秦伯为之降服、出次、不举，过数。杜预："降服，素服也。出次，辟正寝。不举，去盛馔。"襄二十三年："礼，为邻国阙。"春秋时一国有凶祸，其邻国有自降礼节以示忧悯之礼。哀邻国之礼有数，今秦伯为江灭降礼过数。**大夫谏，公曰："同盟灭，**江，嬴姓国，又与秦同盟。**虽不能救，敢不矜乎？**矜，哀怜也。**吾自惧也。"**

君子曰："《诗》云：'惟彼二国，其政不获。二国，夏、殷也。不获，不得民心。**惟此四国，爰究爰度。'**四国，四方之国。杨伯峻："爰，用法同焉，于是也。"《诗》谓四方之国鉴夏、殷无道而灭，于是推究之谋度之，惧而思政也。**其秦穆之谓矣。"**

卫甯武子来聘，公与之宴，为赋《湛露》及《彤弓》。不辞，又不答赋。不以言语辞谢，又不赋诗以答对鲁赋。**使行人私焉。**私问其故。**对曰："臣以为肄业及之也。**杜预："肄（yì），习也。鲁人失所赋，甯武子佯不知，此其愚不可及。"杨伯峻又引《论语》补充，"甯武子邦有道则知；邦无道则愚。其知可及也，其愚不可及也"。**昔诸侯朝正于王，**杨伯峻："谓以正月朝贺京师也。"**王宴乐之，于**

是乎赋《湛露》，则天子当阳，诸侯用命也。《湛露》曰：“湛湛露斯，匪阳不晞。”晞，干也。天子南面，故曰当阳。天子当日，露喻臣子，露非日照不干。杜预：“言露见日而干，犹诸侯禀天子命而行。”**诸侯敌王所忾，而献其功，**杜预：“敌，犹当也。忾，恨怒也。”杨伯峻：“王之所恨怒者，诸侯亦以之为仇敌而伐之，故曰敌王所忾。”**王于是乎赐之彤弓一，彤矢百，玈弓矢千，以觉报宴。**杜预：“觉，明也。谓诸侯有四夷之功，王赐之弓矢，又为歌《彤弓》，以明报功宴乐。”觉，成十年“公觉，召桑田巫”，觉本义指觉（jiào）醒、酒醒，引申为清醒，清明也，与昏、醉相对。杨伯峻据冯登府谓觉借为校，不从。**今陪臣来继旧好，**杜预：“方论天子之乐，故自称陪臣。”**君辱贶之，其敢干大礼以自取戾？”**贶，赐也。干，犯也。戾，罪也。

冬，成风薨。

文公五年

【经】

五年春王正月，王使荣叔归含，且赗。含，指珠玉，小敛时以珠玉纳于死者之口曰含。赗，助丧之物，杜预“车马曰赗”。

三月辛亥，十二日。**葬我小君成风。**杜预：“反哭成丧，故曰葬我小君。”

王使召伯来会葬。召 shào 伯，天子卿也。

夏，公孙敖如晋。公孙敖，庆父之子穆伯。

秦人入鄀。

秋，楚人灭六。六，国名，皋陶之后。

冬十月甲申，十八日。**许男业卒。**

【传】

五年春，王使荣叔来含且赗，召昭公来会葬，礼也。杜预："成风，庄公之妾，天子以夫人礼赗之，明母以子贵，故曰礼。"

初，鄀叛楚即秦，又贰于楚。夏，秦人入鄀。

六人叛楚即东夷。即，就也，从也。**秋，楚成大心、仲归帅师灭六。**成大心，成得臣子玉之子。仲归字子家。杨伯峻据王引之谓："古人名'归'者，多以'家'为字。"

冬，楚公子燮灭蓼，燮 xiè。杨伯峻："蓼音了，国名，但与桓十一年《传》之蓼同名而异国。据《传》，此蓼国为庭坚之后。"**臧文仲闻六与蓼灭，曰："皋陶、庭坚不祀忽诸。**庄十一年："其亡也忽焉。"忽者，言意外且突然。**德之不建，民之无援，哀哉！"**

晋阳处父聘于卫，反，过甯，甯嬴从之，嬴欲臣事阳处父，故从之而去。杜预："甯，晋邑。嬴，逆旅大夫。"嬴盖甯邑之贤人，若为逆旅大夫，岂可轻弃职守而从阳处父？**及温而还。其妻问之，嬴曰："以刚。**以，太也。**《商书》曰：'沈渐刚克，高明柔克。'**《书·洪范》："强弗友刚克，燮友柔克；沈潜刚克，高明柔克。"今"沈渐"作"沈潜"。强弗友刚克，强横暴戾之徒性刚，则当以刚制其恶。燮友柔克，协从友善者性柔，当以德礼服之。强弗友与燮友指恶人与善人而言，此二者当以刚克刚，以柔制柔。沈渐与高明当指人性而言，非善恶之谓。杜预："沈渐，犹滞溺也。高明，犹亢爽也。言各当以刚柔胜己本性，乃能成全也。"《书》所举四者，本指人而言，《传》引之，则指人之本性而言，故杜预亦以人之本性解之。**夫子壹之，其不没乎！**杜预："阳子性纯刚。"没，善终也。**天为刚德，犹不干时，**言天虽有寒暑、风雨震电，犹不敢违四时而行。干，犯也。**况在人乎？且华而不实，**杜预："言过其行。"华，花也。**怨之所聚也。犯而聚怨，**刚则犯人，怨之所聚也。**不可以定身。**杜预："为六年晋杀处父传。"**余惧不获其利而离其难，是以去之。"**离同罹。

晋赵成子、栾贞子、霍伯、臼季皆卒。成子，赵衰。杨伯峻："赵衰先为新上军帅，继为中军佐。"杜预："贞子，栾枝，下军帅也。霍伯，先且居，中军帅也。臼季，胥臣，下军佐也。为六年蒐于夷传。"

文公六年

【经】

六年春，葬许僖公。

夏，季孙行父如陈。行父，季友之孙。

秋，季孙行父如晋。

八月乙亥，十四日。**晋侯驩卒。**驩音欢，襄公也。

冬十月，公子遂如晋。公子遂，东门襄仲，仲遂。**葬晋襄公。**三月而葬。

晋杀其大夫阳处父。侵官也。

晋狐射姑出奔狄。狐射姑，狐偃（子犯）之子，食邑于贾，字季，故又称贾季。

闰月，不告月，犹朝于庙。告月即告朔。杜预："诸侯每月必告朔听政，因朝宗庙。文公以闰非常月，故阙不告朔，怠慢政事，虽朝于庙，则如勿朝，故曰犹。犹者，可止之辞。"杨伯峻解此甚详，可参看。

【传】

六年春，晋蒐于夷，舍二军。夷，晋地。僖三十一年，晋蒐清原，作五军，今舍新上军、新下军复三军之制。于是晋军故将佐多死，故蒐以谋军帅。**使狐射姑将中军，**代先且居。**赵盾佐之。**代赵衰。盾，赵衰之子。**阳处父至自温，**杜预："往年聘卫过温，今始至。"

改蒐于董，易中军。易，改易，易换。改使赵盾将中军，狐射姑佐之。**阳子，成季之属也，**杜预："处父尝为赵衰属大夫。"**故党于赵氏，且谓赵盾能，曰："使能，国之利也。"是以上之。宣子于是乎始为国政，**宣，赵盾谥。赵盾以中军将知国政。国政，犹国相，总揽国之大政。**制事典，**杨伯峻："事典犹言办事章程或条例。制，制定。"**正法罪，**杜预："轻重当。"孔颖达："正法罪者，准所犯轻重，豫为之法，使在后依用之也。"**辟狱刑，**杜预："辟犹理也。"孔颖达："辟狱刑谓有狱未决断当时之罪，若昭十四年韩宣子命断旧狱之类是也。"杨伯峻："辟狱刑若后代之清理诉讼积案。"**董逋逃，**杜预："董，督也。"孔颖达："董逋逃者，旧有逋逃负罪播越者，督察追逋之也。"**由质要，**由，用也，因也，以也。要，约也。质要，契约，契券也。**治旧洿，**孔颖达："法有不便于民，事有不利于国，是为政之洿秽也，治理改正使洁清也。"**本秩礼，**杜预："贵贱不失其本。"孔颖达："时有僭逾，贵贱相滥，本其次秩使如旧也。"**续常职，**杜预："修废官。"孔颖达："职有废阙，任贤使能，令续故常也。"**出滞淹。**孔颖达："贤能之人沈滞田里，拔出而官爵之也。"**既成，以授大傅阳子与大师贾佗，**阳子，阳处父。据昭十三年，贾佗本文公旧臣。**使行诸晋国，以为常法。**

臧文仲以陈、卫之睦也，欲求好于陈。夏，季文子聘于陈，且娶焉。

秦伯任好卒。任好，秦穆公名。**以子车氏之三子奄息、仲行、鍼虎为殉。**杜预："子车，秦大夫氏也。以人从葬为殉。"**皆秦之良也。国人哀之，为之赋《黄鸟》。**杜预："义取黄鸟止于棘、桑，往来得其所，伤三良不然。"**君子曰："秦穆之不为盟主也宜哉！死而弃民。先王违世，**违，去也。杨伯峻："违，离也。违世犹言死。"**犹诒之法，**诒，遗也。**而况夺之善人乎？**杨伯峻："之作其用。"**《诗》曰：'人之云亡，邦国殄瘁。'**人指善人。亡，《诗》义指奔亡，《传》引《诗》者，常断章取义，故不必拘泥。殄，多作尽、绝之义，杜预解此“殄”为“病”，杨伯峻亦主之，谓殄瘁为同义词连用。**无善人之谓。若之何夺之？古之王者知命之不长，**孔颖达：“知其必将有死，不得长生久视。”**是以并建圣哲，**并，普也，遍也。**树之风声，**杨伯峻：“为其树立风化声教。”**分之采物，**采物为人身份地位之象征。孔颖达：“采物谓采章物色、旌旗衣服，尊卑不同，名位高下，各有品制，天子所有分而与之。定四年《传》称‘分鲁公以大路大旂’之类是也。”**著之话言，**孔颖达：“为作善言遗戒，著于竹帛，故言‘著之’也。”杜预：“话，善也。”**为之律度，**律，音律、律度量衡之律，本为审定乐音高低标准者，此引申为标准、法度。**陈之艺极，**杜预：“艺，准也。极，中也。”杨伯峻：“犹言制定各种标准而公用之。”**引之表仪，**表，被立作标识或效法对象之物曰表。杨伯峻引王念孙：“立木以示人谓之表。”仪，亦表也。如今之仪表盘，以指针指示刻度作为行动操作之依据，其器称表，亦可称仪。表仪亦法度也。**予之法制，**杨伯峻：“此四句‘律度’‘艺极’‘表仪’‘法制’义皆相近，唯‘为’‘陈’‘引’‘予’诸动词不同。为者，制定之也；陈者，公开之也；引者，引导之也；予者，使之用之也。”**告之训典，**杜预：“训典，先王之书。”训典盖训诲之书，犹《尚书》，尤“诰”之类。**教之防利，**杨伯峻：“防为堤防之防，防利犹襄二十八年《传》之‘幅利’，谓知足而不贪多也。”杜预：“防恶兴利。”杨是，杜误。防恶兴利是相对之两事，据上下文“圣哲”“风声”“采物”“话言”“律度”“艺极”“表仪”“法制”“训典”“常秩”“礼则”皆指一事而言。**委之常秩，**杜预：“委，任也。常秩，官司之常职。”**道之礼则，**杨伯峻：“‘道’谓教导之。”**使无失其土宜，**杨伯峻：“因地制宜之意。”**众隶赖之，而后即命。**定四年“以法则周公，用即命于周”，与此“即命”同义。即，就，从，奉也，犹接受且行之也。杨伯峻谓“即命”犹成十三年之“即世”，皆死之异称，误。**圣王同之。今纵无法以遗后嗣，而又收其良以死，难以在上矣。”**难以居上位，此盖谓难以居诸侯之上为霸主。**君子是以知秦之不复东征也。**

秋，季文子将聘于晋，使求遭丧之礼以行。据哀十五年“是遭丧而还也”，遭丧，遭遇所聘国死丧之事。**其人曰：**其人，文子之从者。**“将焉用之？”文子曰：“备豫不虞，**豫，预也。杨伯峻用韦昭：“豫，备也。”虞，料也，察也。不虞，不测也。**古之善教也。求而无之，实难，**杨伯峻：“求而无之，谓临事急而求之，则无有也。实处困境。”**过求，何害？”**

八月乙亥，晋襄公卒。灵公少，杨伯峻：“此时当在襁褓中。”**晋人以难故，**杨伯峻引顾炎武：“谓连年有秦、狄之师，楚伐与国。”**欲立长君。**废太子，立年长者为君。**赵孟曰：**赵孟，赵盾也。**“立公子雍。好善而长，先君爱之，**公子雍，文公与杜祁所生，襄公庶弟。先君，文公也。**且近于秦。秦，旧好也。置善则固，事长则顺，**“公子雍好善而长”。**立爱则孝，**“先君爱之”。**结旧则安。**秦、晋有旧好。**为难故，故欲立长君。有此四德者，难必抒矣。”**杨伯峻：“四德谓固、顺、孝、安。抒同纾。《说文》：‘纾，缓也。’”

贾季曰：贾季，狐射姑。**“不如立公子乐。**公子乐，文公与辰嬴所生。**辰嬴嬖于二君，**辰嬴即僖二十三年之怀嬴，子圉（怀公）质秦时之妻。子圉弃妻逃归，后秦穆公又纳怀嬴于重耳，改称辰嬴。二君，怀公、文公。**立其子，民必安之。”赵孟曰：“辰嬴贱，班在九人，**杨伯峻：“班，位次也。谓在文公妃妾中，其位次为第九。”**其子何震之有？**震，威也。**且为二君嬖，淫也。为先君子，不能求大，而出在小国，辟也。**辟同僻，僻陋也。**母淫子辟，无威；陈小而远，无援。将何安焉？杜祁以君故，让偪姞而上之；**杜祁，公子雍之母。杜，祁姓国。君，晋襄公也。偪姞，文公妾，襄公生母。偪，姞姓国。文嬴为文公之嫡夫人，盖无子；杜祁次文嬴，位在二；偪姞位在三，襄公既立，母凭子贵，故杜祁让偪姞，使居己上。**以狄故，让季隗而己次之，**季隗，文公娶于狄者。季隗为文公生二子于狄，伯鯈、叔刘也，因狄请，遂未得返晋。杨伯峻谓，狄为晋之强邻，让季隗者，盖有政治作用。**故班在四**。此言杜祁所以班在四也，谓其贤且有卑让之德。**先君是以爱其子而仕诸秦，为亚卿焉**。杜预："亚，次也。言其贤，故位尊。"**秦大而近，**秦、晋毗邻。**足以为援，母义子爱，**爱，宠贵也。文公爱之，故宠贵。**足以威民，立之不亦可乎？"**

使先蔑、士会如秦，逆公子雍。先蔑，士伯也。士会，士季，随会，范会也。**贾季亦使召公子乐于陈。赵孟使杀诸郫**。郫，晋地。

贾季怨阳子之易其班也，本已受命为中军帅，阳子改蒐，易之为中军佐。班，班次也。**而知其无援于晋也**。杜预："少族（族小）多怨。"**九月，贾季使续鞫居杀阳处父**。杨伯峻："续鞫居即狐鞫居，狐氏之族也。"**书曰："晋杀其大夫。"侵官也**。杜预："君已命帅，处父易之，故曰'侵官'。"

冬十月，襄仲如晋。葬襄公。襄仲，公子遂。

十一月丙寅，晋杀续简伯。续简伯，续鞫居。**贾季奔狄。宣子使臾骈送其帑**。宣子，赵盾也。臾骈，宣子臣。帑，妻子也。**夷之蒐，贾季戮臾骈，**戮，刑之通名也。轻者鞭抶可曰戮，重者杀醢亦曰戮。**臾骈之人欲尽杀贾氏以报焉。臾骈曰："不可。吾闻《前志》有之曰'敌惠敌怨，不在后嗣'，**杜预："敌犹对也。若及子孙，则为非对，非对则为迁怒。"**忠之道也。夫子礼于贾季，**夫子，谓赵盾。**我以其宠报私怨，无乃不可乎！介人之宠，**介，附也，依附，附恃。**非勇也。损怨益雠，**损怨犹释憾。为释己之憾，而使仇恨激化。**非知也。以私害公，**私，私怨。**非忠也。释此三者，**释，舍弃也。**何以事夫子？"尽具其帑，与其器用财贿，亲帅扞之，送致诸竟**。杜预："扞，卫也。"《说文》："致，送诣也。"致，犹交付也。竟同境。

闰月不告朔，非礼也。杜预："《经》称告月，《传》称告朔，明告月必以朔。"**闰以正时，**地球公转一周约为三百六十五日，月球绕地球运转，每年圆缺十二次，则为三百五十四日或三百五十五日，与一年三百六十五日仍差近十一日，故两到三年即须置一闰月，《传》所谓“正时”。杜预：“四时渐差，则致闰以正之。”**时以作事，**杜预：“顺时命事。”**事以厚生，**厚，犹益也。生，民生，即“民怀生矣”之生。事以度功，功以食民，故曰厚生。**生民之道，于是乎在矣。不告闰朔，弃时政也，何以为民？**为，治也。

文公七年

【经】

七年春，公伐邾。

三月甲戌，十七日。**取须句。**杜预：“须句，鲁之封内属国也。僖公反其君之后，邾复灭之。书取，易也。”**遂城郚。**杜预：“因伐邾师以城郚。郚，鲁邑。备邾难。”

夏四月，宋公王臣卒。

宋人杀其大夫。杀者众，故称人以杀；大夫无罪被杀，故不书名。

戊子，四月一日。**晋人及秦人战于令狐。**令狐，晋地。**晋先蔑奔秦。**杜预：“不言出，在外奔。”

狄侵我西鄙。

秋八月，公会诸侯、晋大夫盟于扈。扈，郑地。公后期至，故不显书与会诸侯、大夫，而总言之曰“会诸侯，晋大夫”。

冬，徐伐莒。

公孙敖如莒莅盟。

【传】

七年春，公伐邾。间晋难也。晋为霸主，霸主于诸侯有救患、讨罪之义务；今晋国内有争立之祸，于是乘其无暇他顾之间隙伐邾。

三月甲戌，取须句，寘文公子焉，非礼也。杜预：“邾文公子叛在鲁，故公使为守须句大夫也。绝大皞之祀以与邻国叛臣，故曰非礼。”

夏四月，宋成公卒。于是公子成为右师，庄公子。**公孙友为左师，**目夷子。**乐豫为司马，**戴公玄孙。**鳞矔为司徒，**桓公孙。**公子荡为司城，**公子荡，桓公子。司城，司空也。宋武公名司空，讳其名，故宋国改司空之官为司城。**华御事为司寇。**华御事，华父督之孙，华元之父。

昭公将去群公子，杨伯峻：“考之文十六年《传》，宋昭公称襄公夫人为‘君祖母’，则是成公之子，襄公之孙，无疑也。”《传》云“去”，不曰“尽去”，杨伯峻“盖昭公之欲去者，其不从己之公族也”。**乐豫曰：“不可。公族，公室之枝叶也，若去之则本根无所庇荫矣。葛藟犹能庇其本根，**葛藟，盖即今之野葡萄，其藤向四周蔓生能达十数米，且其根藏于枝叶之下，不易发现，故曰能庇其本根。**故君子以为比，况国君乎？此谚所谓‘庇焉而纵寻斧焉’者也。**言本为己之庇荫，却以斧柯相向。杨伯峻引章炳麟：“《诗·郑风·大叔于田》，‘抑纵送忌’，《传》曰：‘发矢曰纵。’由此引申，则凡发动兵器皆得曰纵。”**必不可，君其图之。亲之以德，皆股肱也，谁敢携贰？**携，离也。**若之何去之？”不听。穆、襄之族率国人以攻公，杀公孙固、公孙郑于公宫。六卿和公室，乐豫舍司马以让公子卬。**公子卬，昭公弟，昭公之党。**昭公即位而葬。**国乱，盖未逾年而先即位，而后葬成公。**书曰：“宋人杀其大夫。”不称名，众也，且言非其罪也。**杜预：“不称杀者及死者名，故名不可知；死者无罪，则例不称名。”

秦康公送公子雍于晋，曰："文公之入也无卫，故有吕、郤之难。"事皆在僖二十四年。**乃多与之徒卫。**备不虞。**穆嬴日抱大子以啼于朝，**穆嬴，襄公夫人。大子，夷皋，灵公也。**曰："先君何罪？**先君，襄公也。**其嗣亦何罪？舍適嗣不立而外求君，将焉寘此？"**寘同置。此，指太子夷皋。**出朝，则抱以适赵氏，顿首于宣子曰：**顿首，跪而磕头也。夫人顿首于国卿，非礼之正，急难而有求于宣子也。**"先君奉此子也而属诸子，**杨伯峻："属音嘱，托付也。"**曰：'此子也才，吾受子之赐；不才，吾唯子之怨。'**杨伯峻："唯子是怨也。"**今君虽终，言犹在耳，而弃之，若何？"**若先君何。**宣子与诸大夫皆患穆嬴，且畏偪，**杜预："畏国人以大义来偪己。"**乃背先蔑而立灵公，以御秦师。**逆公子雍虽为赵盾之谋，然先蔑实以晋正卿之身份奉其使，故曰背先蔑。御秦师，抵抗送公子雍返国之秦师。**箕郑居守。赵盾将中军，先克佐之。**杜预："克，先且居子，代狐射姑。"**荀林父佐上军。**杜预："箕郑将上军居守，故佐独行。"**先蔑将下军，**先蔑逆公子雍在去年，盖既致迎逆之命，行交割之礼，随即返国，故此能将下军。**先都佐之。步招御戎，戎津为右。**二人为赵盾之御、右，无疑也。国君不出战，则元帅制戎车，或于此有疑问，大可不必。**及堇阴，**堇阴，晋地。**宣子曰："我若受秦，秦则宾也；**若接受秦师送公子雍，则秦实晋之宾客。**不受，寇也。**若不接受，则秦师乃晋之敌寇矣。**既不受矣，而复缓师，秦将生心。**生心，生猜疑之心。生心，惧将以武力纳公子雍。**先人有夺人之心，**杜预："夺敌之战心也。"**军之善谋也。逐寇如追逃，军之善政也。"训卒利兵，秣马蓐食，**训卒，战前训诫也。秣马，喂马也。杨伯峻："《方言》：'蓐，厚也。'蓐食谓厚食，战前必令士卒饱餐。"是也。杜预："蓐食，早食于寝蓐也。"不从。**潜师夜起。戊子，**四月一日。**败秦师于令狐，至于刳首。**刳 kū。

己丑，四月二日。**先蔑奔秦。士会从之。**杜预："从刳首去也。"

先蔑之使也，荀林父止之，曰："夫人、大子犹在，而外求君，言不义。此必不行。子以疾辞，疾，疾病之疾。若何？不然，将及。将及祸。摄卿以往，可也，何必子？杨伯峻："摄卿，谓以大夫而暂代卿职。"同官为寮，吾尝同寮，敢不尽心乎？"杨伯峻："僖二十八年，林父将中行，先蔑将左行，故云同寮。"弗听。为赋《板》之三章，又弗听。杜预："其三章义取刍荛之言，犹不可忽，况同寮乎？"及亡，荀伯尽送其帑及其器用财贿于秦，曰："为同寮故也。"荀伯，林父。

士会在秦三年，不见士伯。士伯，先蔑。其人曰：其人，士会之从者。"能亡人于国，言士会、先蔑皆能亡其人于晋国。杜预："言能与人俱亡于晋国。"不能见于此，焉用之？"杜预："何用如此。"士季曰："吾与之同罪，非义之也，将何见焉？"二人皆有逆公子雍之罪。士会意谓：我虽有罪，吾亦知之，彼与我同罪，若见之，则是义彼此之罪也。杨伯峻："士会素不义先蔑之为人。"误。及归，遂不见。杜预："责先蔑为正卿而不匡谏，且俱出奔，恶有党也。"

狄侵我西鄙，公使告于晋。赵宣子使因贾季问酆舒，问，问候之问。酆舒，狄相。且让之。让，责让。酆舒问于贾季曰："赵衰、赵盾孰贤？"对曰："赵衰，冬日之日也；赵盾，夏日之日也。"杜预："冬日可爱，夏日可畏。"

秋八月，齐侯、宋公、卫侯、郑伯、许男、曹伯会晋赵盾盟于扈，晋侯立故也。公后至，故不书所会。杨伯峻："不书所会者，不具列诸国及卿大夫也。"凡会诸侯，不书所会，不详书与会诸侯。后也。后至，不书其国，辟不敏也。所以不详书与会诸国，避免因不审而误书也，如实参与会盟之国为谁，及其班次。

穆伯娶于莒，穆伯，公孙敖。曰戴己，生文伯，其娣声己生惠叔。戴、声皆谥。文伯，穀；惠叔，难。戴己卒，又聘于莒，聘，媒聘之聘。莒人以声己辞，春秋之礼，不聘则不可为妻，声己为戴己之媵，故不可立为正妻。或莒人不欲再嫁女于穆伯，故以声己可为继室辞谢。**则为襄仲聘焉。**既不得请，故改为襄仲聘。襄仲，公子遂，公孙敖从父昆弟。公子遂为庄公之子，公孙敖乃桓公之孙，庆父之子。庆父为庄公弟，公孙敖乃庄公之侄，与公子遂为从父兄弟。

冬，徐伐莒。莒人来请盟。杜预："见伐，故欲结援。"**穆伯如莒莅盟，且为仲逆。**杨伯峻："仲即襄仲，单言其字。为之迎莒女也。"**及鄢陵。**鄢陵，莒邑。**登城，见之，**此盖无意而窥见莒女。**美，自为娶之。仲请攻之，公将许之。叔仲惠伯谏曰：**杜预："惠伯，叔牙孙。"**"臣闻之，兵作于内为乱，于外为寇。寇犹及人，乱自及也。**言非祸乱及己，己往就之也。隐六年："长恶不悛，从自及也。"**今臣作乱而君不禁，以启寇雠，**言国有内乱，实开启仇敌侵伐之心。**若之何？"**言寇雠至，将如之何。**公止之，惠伯成之。**成，和解也。**使仲舍之，**舍莒女不娶。**公孙敖反之，**返莒女于莒，亦不娶之。**复为兄弟如初。从之。**

晋郤缺言于赵宣子曰：郤缺，冀缺。**"日卫不睦，**日，往日也。杨伯峻："不睦者，意即不服于晋。"**故取其地。**取卫地在元年。**今已睦矣，可以归之。**归还所取卫地。**叛而不讨，何以示威？服而不柔，何以示怀？**柔，抚柔。怀，恩恤也。**非威非怀，何以示德？无德，何以主盟？子为正卿，以主诸侯，**杨伯峻："晋为霸主，而赵盾专政，故云'为正卿，主诸侯'。"**而不务德，将若之何？**之，诸侯也。**《夏书》曰：'戒之用休，**戒，劝也。休，美也，喜也，庆也。**董之用威，**董，督也。**劝之以《九歌》勿使坏。'九功之德皆可歌也，谓之九歌。六府、三事，谓之九功。水、火、金、木、土、谷，谓之六府。正德、利用、厚生，谓之三事。义而行之，**杨伯峻："行之，行六府三事也。"**谓之德、礼。无礼、不乐，所由叛也。**乐 yuè。"无礼"、"不乐"为平列关系，"无礼"承"礼"字，"不乐"承"德"字。不乐，谓无九功之德，故不可乐（歌）。

若吾子之德莫可歌也，其谁来之？杜预：“来，犹归也。”**盍使睦者歌吾子乎？”宣子说之。**杜预：“为明年晋归郑、卫田张本。”

文公八年

【经】

八年春王正月。

夏四月。

秋八月戊申，二十八日。**天王崩。**

冬十月壬午，三日。**公子遂会晋赵盾盟于衡雍。**公子遂，襄仲。杜预：“衡雍，郑地。”

乙酉，六日。**公子遂会雒戎盟于暴。**暴，郑地。

公孙敖如京师，吊丧。敖，穆伯。**不至而复。**复，返也。**丙戌，**七日。**奔莒。**杜预：“不言出，受命而出，自外行。”

螽。

宋人杀其大夫司马。宋司城来奔。杜预：“司马死不舍节，司城奉身而退，故皆书官而不名，贵之。”

【传】

八年春，晋侯使解扬归匡、戚之田于卫，郑取卫匡邑，晋取卫戚邑，今令郑还卫匡邑，己亦以戚一并还卫。**且复致公婿池之封，**复，返也，归其本所曰复。公婿池之封，公婿池疆定之封界也。杜预以公婿池为晋侯女婿，杨伯峻以公婿为姓。**自申至于虎牢之竟。**申至于虎牢本郑地，与晋交界，后晋侵取之，公婿池疆其界，以申至虎牢划归晋。今赵盾悦郤缺之言，皆返晋取诸侯（睦己者）之地，故晋旧取郑之地亦一并还郑。杜预意谓以取郑之地“申至虎牢”赐卫，非也。若以郑地与卫，是得卫而反失郑，不合郤缺所言之意，且非德、礼之宜，郑必恶晋。

夏，秦人伐晋，取武城，武城，晋邑。**以报令狐之役。**令狐役在去年。

秋，襄王崩。

晋人以扈之盟来讨。杨伯峻：“去年扈盟，鲁文后至。”**冬，襄仲会晋赵孟盟于衡雍，报扈之盟也。**杨伯峻：“报犹补偿也。”**遂会伊雒之戎。书曰“公子遂”，**会伊雒之戎本非公命，《经》不去族，仍称“公子遂”。**珍之也。**杜预：“珍，贵也。大夫出竟，有可以安社稷、利国家者，专之可。”

穆伯如周吊丧，不至，以币奔莒，从己氏焉。币，吊丧之币财。己氏，去年之莒女，本为襄仲迎娶者。

宋襄夫人，襄王之姊也，襄王姊，言其尊贵也。**昭公不礼焉。**襄夫人，昭公之嫡祖母，昭公不礼敬之。**夫人因戴氏之族，**杜预：“华、乐、皇皆戴族。”**以杀襄公之孙孔叔、公孙钟离及大司马公子卬，皆昭公之党也。司马握节以死，**节，符节。国有戎事，将帅受符节而出师，执符节则可以调动、号令军队；盖常时官员亦执符节而行政。杜预：“节，国之符信也，握之以死，示不废命。”**故书以官。司城荡意诸来奔，效节于府人而出。**意诸，公子荡之孙，公孙寿之子。效，致也。效节而出者，言交其职而出。**公以其官逆之，**不降其官阶，仍以其原官阶迎之，义之也。杨伯峻以昭七年“卿违，从大夫之位，罪人以其罪降”证此。**皆复之。**复与逆对，此探后言之也。十一年“襄仲聘于宋，且言司城荡意诸而复之”。**亦书以官，皆贵之也。**此解《经》之言，故序在后，不可因此而误解“皆复之”之意。

夷之蒐，在六年。**晋侯将登箕郑父、先都，而使士縠、**

梁益耳将中军。先克曰："狐、赵之勋，不可废也。"从之。狐偃、赵衰有大勋，若不恤其后，是弃其旧勋也。先克亦因此一言而得罪四人。**先克夺蒯得田于堇阴。**又得罪蒯得。**故箕郑父、先都、士縠、梁益耳、蒯得作乱。**

文公九年

【经】

九年春，毛伯来求金。杜预："求金以共葬事。虽逾年而未葬，故不称王使。"隐三年秋，天王崩，"武氏子来求赙"，金与赙同义，指助葬之财物。去年，穆伯如周吊丧，不至，以币奔莒。

夫人姜氏如齐。杜预："归宁。"

二月，叔孙得臣如京师。得臣谥庄，曰庄叔。**辛丑，**二十四日。**葬襄王。**

晋人杀其大夫先都。先都，下军佐。作乱，故书名。

三月，夫人姜氏至自齐。

晋人杀其大夫士縠及箕郑父。杜预："与先都同罪。"

楚人伐郑。弱晋也。杨伯峻据《传》"楚子师于狼渊以伐郑"，谓"楚人"，楚穆王也，是。

公子遂会晋人、宋人、卫人、许人救郑。

夏，狄侵齐。

秋八月，曹伯襄卒。

九月癸酉，地震。

冬，楚子使椒来聘。椒，斗椒，子越椒，伯棼也，令尹子文弟司马子良之子。

秦人来归僖公、成风之襚。成风，僖公母。襚，死人之衣服曰襚。《说文》："赠终者之衣被曰税。"税即襚。礼，致襚在未葬之前，今僖公卒已十年，成风卒亦五年，隐元年所谓"赠死不及尸"，此秦实欲借赠襚求好于鲁。秦、晋自僖三十三年殽师以来，交伐不断，鲁为晋与国之一，故来求好于鲁，盖欲广结诸侯，离散晋之同盟，于是又有十二年"秦伯使西乞术来聘，且言将伐晋"。

葬曹共公。

【传】

九年春，王正月己酉，二日。**使贼杀先克。**接去年《传》。杜预："乱，杀先克，不赴，故不书。"**乙丑，**十八日。**晋人杀先都、梁益耳。**

毛伯卫来求金，非礼也。杜预："天子不私求财，故曰非礼。"**不书王命，未葬也。**虽逾年，然王未葬，嗣王在丧称小童，故不书"天王使"。

二月，庄叔如周。葬襄王。

三月甲戌，二十八日。**晋人杀箕郑父、士縠、蒯得。**《经》不书杀梁益耳、蒯得，二人非卿。

范山言于楚子曰：杨伯峻："范山，楚大夫。范，楚邑。范山盖以邑为氏。"**"晋君少，不在诸侯，**杨伯峻："谓其心志不在称霸诸侯。"**北方可图也。"楚子师于狼渊以伐郑。囚公子坚、公子尨及乐耳。**杜预："三子，郑大夫。"**郑及楚平。公子遂会晋赵盾、宋华耦、卫孔达、许大夫救郑，**杜预："华耦，华父督曾孙。"**不及楚师。卿不书，缓也，**杨伯峻："出师迟缓，以致救郑不及。"**以惩不恪。**恪，敬也。

夏，楚侵陈，克壶丘，壶丘，陈邑。**以其服于晋也。**

秋，楚公子朱自东夷伐陈，杜预：“子朱，息公也。”**陈人败之，获公子伐。**公子伐，楚公子。**陈惧，乃及楚平。**杜预：“以小胜大，故惧而请平也。”

冬，楚子越椒来聘，执币傲。子越椒，令尹子文之侄。**叔仲惠伯曰：“是必灭若敖氏之宗。**杨伯峻：“宗，族也。”**傲其先君，神弗福也。”**杜预：“奉使皆告庙，故言傲其先君也。”昭元年“围布几筵，告于庄、共之庙而来”，使者不失使命，以奉社稷、固宗庙，故傲慢其使命，等于傲慢其先君。

秦人来归僖公、成风之禭，礼也。诸侯相吊贺也，虽不当事，杨伯峻：“不当事犹言不及时。”**苟有礼焉，书也，以无忘旧好。**

文公十年

【经】

十年春王三月辛卯，二十一日。**臧孙辰卒。**臧孙辰，臧文仲。

夏，秦伐晋。

楚杀其大夫宜申。宜申，斗宜申，子西也。谋弑王，故书名。

自正月不雨，至于秋七月。

及苏子盟于女栗。杨伯峻：“及苏子盟者，疑是鲁文公。”杜预：“苏子，周卿士。”苏为王畿内小国，僖十年被狄灭，盖又得复封。

冬，狄侵宋。

楚子、蔡侯次于厥貉。次，在外某地宿三日及以上为次。

【传】

十年春，晋人伐秦，取少梁。杨伯峻：“少梁即古梁国，僖十九年亡于秦。”

夏，秦伯伐晋，取北徵。北徵，晋邑。

初，楚范巫矞似谓成王与子玉、子西曰：杜预：“矞（yù）似，范邑之巫。”**“三君皆将强死。”**三君，成王、子玉、子西。强，刚也，横也。强死犹凶死。商臣（穆王）弑成王而立，在文元年。**城濮之役，**在僖二十八年。**王思之，**成王思矞似之言。**故使止子玉曰：“毋死。”不及。止子西，子西缢而县绝，**县同悬。**王使适至，遂止之，使为商公。**成王使子西为商公。商，楚邑。**沿汉泝江，**杨伯峻：“沿，顺流；顺汉水而下。泝（sù），逆流；然后向长江上游逆水而行。”**将入郢。**将入者，未入之辞也。郢，楚国都。杨伯峻引顾炎武谓“欲入郢为乱”。**王在渚宫，**渚宫，盖江上之别宫，不在国都内。杜预：“小洲曰渚。”**下，见之。**盖穆王游憩于渚宫，不期而遇子西。**惧，**子西本成王之党，今欲入郢为难，不期遭遇穆王，故惧。**而辞曰：**向穆王解释。**“臣免于死，又有谗言，谓臣将逃，臣归死于司败也。”**言所以至此，乃欲如司败处领死。司败，司寇也，陈、楚皆以司寇为司败。**王使为工尹，**王，穆王也。工尹，百工之总长。**又与子家谋弑穆王。穆王闻之。五月，杀斗宜申及仲归。**斗宜申，子西。仲归，子家。

秋七月，及苏子盟于女栗，顷王立故也。顷王，周顷王。

陈侯、郑伯会楚子于息。冬，遂及蔡侯次于厥貉。陈侯、郑伯、楚子及蔡侯也。据下文，麇子亦会于厥貉，而《经》书“楚子、蔡侯次于厥貉”，陈侯、郑伯不书者，失位也，杜预“苟免为楚仆”；麇子不书者，逃归也。**将以伐宋。宋华御事曰：**御事，华督之孙，华元之父。**“楚欲弱我也，先为之弱乎！**哀十四年：“鲁为齐弱久矣。”僖七年：“既不能强，又不能弱。”与此文“弱”皆屈下之义。言楚欲使我屈下之，先屈下之乎！**何必使诱我？**楚伐宋在争诸侯，非伐怨也，故其目的实欲宋降服；既知其志，则不必待其以行动暗示我，见伐而示弱，所丧必多。**我实不能，民何罪？”**不能，不能强也。宋弱于楚，此客观现实，故曰“不能”。**乃逆楚子，劳，且听命**。犒劳楚师且示服。**遂道以田孟诸**。遂引导诸侯之师田孟诸。孟诸，宋大薮也。**宋公为右盂，郑伯为左盂**。杜预：“盂，田猎陈（阵）名。”**期思公复遂为右司马，**期思，楚邑。复遂，期思公名。**子朱及文之无畏为左司马，**文之无畏，子舟，申舟。子朱，楚息公。杜预：“将猎，张两甄，故置二左司马，然则右司马人当中央。”**命夙驾载燧。宋公违命，**夙驾，早驾也。驾，套车马也。杜预：“燧，取火者（取火工具）。”杨伯峻亦主此义谓燧为木燧，钻木取火之具，不从，古者师出，由将佐申戒取火具者，未之闻也。师出必有专人负责取火炊爨之事，故师行必备取火之具，此常识也，完全不必将佐过问且号令其事。况且取火具乃极简易之工具，甚至可以就地取材，极易共命，何宋公之堕也？据定四年“王使执燧象以奔吴师”，燧当为火把也。若燧为火把，则所需数量较大，耗费人力物力，不能唾手而得，故宋公违命。载燧者，欲待早行、夜猎或晚归之用。**无畏抶其仆以徇**。抶，笞击也。仆，御也，今曰司机。徇，以宋公违命获刑儆戒师众。司马主法，有不用命者，司马所司也，故无畏抶宋公仆。

或谓子舟曰：“国君不可戮也。”戮，刑也。**子舟曰：“当官而行，**言己任司马之职，莅官行法。**何强之有？**强，强者，此指宋公。宋公为诸侯，非卑贱之属，故曰强。言己奉职而行，军法面前只有用命与不用命，没有强弱尊卑等级之差。也就是说，军法面前，不论其诸侯还是将卒，违命必究。杨伯峻谓强为刚强之强，“或人盖评子舟辱诸侯，太刚强，子舟答以有何强乎”，误，下文“是亦非辟强也”可证。**《诗》曰：‘刚亦不吐，柔亦不茹。’**不因其刚即吐之，不因其柔而食之，“不侮矜寡，不畏强御”之谓。**‘毋纵诡随，以谨罔极。’**纵，纵放，纵容也。诡，造谣惑众者。随，不明是非，好妄从人，而纵乱兴祸者。谨，犹儆也。罔，无也。极，中也。罔极，无常，无准则，无原则。**是亦**

非辟强也，是，此也，指扶宋公仆以徇之事。**敢爱死以乱官乎？”**爱，惜也，畏也。言不敢因畏惧得罪诸侯招致私祸而废弃公事（职守）。

厥貉之会，麇子逃归。麇，小国也。

文公十一年

【经】

十有一年春，楚子伐麇。

夏，叔彭生会晋郤缺于承筐。叔彭生即叔仲彭生，叔牙之后有立为叔仲氏者。杨伯峻“此时尚未立叔仲氏”。《传》书“叔仲彭生”者，《传》无此忌讳，《经》则不可。承筐，宋地。

秋，曹伯来朝。

公子遂如宋。公子遂，东门襄仲。

狄侵齐。

冬十月甲午，三日。**叔孙得臣败狄于咸。**得臣，庄叔。咸，鲁地。

【传】

十一年春，楚子伐麇，成大心败麇师于防渚。成大心，孙伯也，成得臣子玉之子。防渚，麇地。**潘崇复伐麇，至于钖穴。**潘崇，楚太师，穆王之师。钖 yáng 穴，麇地。

夏，叔仲惠伯会晋郤缺于承筐，谋诸侯之从于楚者。杨伯峻：“从楚者有陈、郑、宋诸国。”

秋，曹文公来朝，即位而来见也。

襄仲聘于宋，襄仲，公子遂。**且言司城荡意诸而复之，**意诸奔鲁在八年。**因贺楚师之不害也。**杨伯峻："夏叔仲惠伯会晋郤缺谋诸侯之从楚者，而襄仲反贺宋，其意可知矣。"

鄋瞒侵齐。杜预："鄋（sōu）瞒，狄国名，防风之后，漆姓。"杨伯峻引陶正靖"鄋瞒者，狄之种名，犹后世之部落云耳。侨如等则其酋长云耳"，又谓"盖春秋时所谓蛮夷戎狄，其文化较中原诸侯为落后，其国实即部落，但杜注《左氏》皆谓之为国云"。**遂伐我。公卜使叔孙得臣追之，吉。侯叔夏御庄叔，**庄叔，得臣。**绵房甥为右，富父终甥驷乘。**杨伯峻："古代兵车一般乘三人，此则四人共乘，其第四人曰驷乘，职则为车右之副手。"**冬十月甲午，败狄于咸，获长狄侨如。**杜预："鄋瞒国之君。"**富父终甥摏其喉以戈，杀之，**杜预："摏（chōng），犹冲也。"**埋其首于子驹之门，**杜预："子驹，鲁郭门。"**以命宣伯。**杜预："得臣待事而名其三子，因名宣伯曰侨如，以旌其功。"

初，宋武公之世，宋武公卒在春秋前二十六年，鲁惠公之二十一年。**鄋瞒伐宋，司徒皇父帅师御之，**杜预："皇父，戴公子。充石，皇父名。"**耏班御皇父充石，公子谷甥为右，司寇牛父驷乘，以败狄于长丘，**长丘，宋地。**获长狄缘斯。**杜预："缘斯，侨如之先。"**皇父之二子死焉。**子，对男子之尊称，非子女之子。二子，公子谷甥及司寇牛父也。二人皆公族，故尊称"二子"，所以称"二子"者，区别于耏班，耏班为外姓且卑。皇父为帅故独称字，谷甥、牛父则省称"二子"。"之"字，前人众说纷纭，皆未有可信者，"之"当解为"至"。成五年"之明日而亡"，成十三年"能者养以之福"，"之"固有"至"之义。之者，言自皇父至二子也。王引之："之犹与也。《书·立政》'惟有司之牧夫'，谓有司与牧夫也。"误。有司之牧夫，"之"亦"至"也，言自有司至牧夫，谓二者中间尚有人也。且《尚书》中"与"、"及"皆作"暨"，如"汝羲暨和"、"稷、契暨皋陶"、"蠙珠暨鱼"、"三事暨大夫"等，例证甚多，故“之”字不可训为“与”、“及”。**宋公于是以门赏耏班，**三人皆死，独耏班未死，故得赏。**使食其征，**城门及国之关卡皆向出入客商征税，故赏耏班以城门，使食其门之征税。**谓之耏门。晋之灭潞也，**潞，国名，赤狄之别种。晋灭潞在宣十五年，此探后言之。**获侨如之弟焚如。齐襄公之二年，鄋瞒伐齐，齐王子成父获其弟荣如。**杨伯峻：“齐襄公之二年，鲁桓公之十六年，下距宣十五年焚如之被获一百零三年。亦决无此理。《鲁世家》作‘齐惠公二年’，《齐世家》及《年表》同，则鲁宣公之二年，三兄弟之先后被获，相距不甚远，则合情理。此‘齐襄公’之‘襄’字，当从《史记》改作‘惠’。阮芝生亦主此说。”杜预：“王子成父，齐大夫。”诸侯之国多有以“王子”为氏者，不同于周、楚之王子。**埋其首于周首之北门。**周首，齐邑。**卫人获其季弟简如，**杜预：“伐齐退走，至卫见获。”**鄋瞒由是遂亡。**杜预：“长狄之种绝。”

郕大子朱儒自安于夫钟，言其小志。夫钟，郕邑。**国人弗徇。**据《左传》，太子出入于征伐、会同、访聘者，常有之事，国之祭祀亦有常位。故在国，或代君宣命致训，亦理所当然之事。国人弗徇者，谓未宣其教命于国人，犹不问国事也。

文公十二年

【经】

十有二年春王正月，郕伯来奔。郕伯，太子朱儒也。不得立而来奔，文公喜得地，因以诸侯之礼逆邻国叛臣，故《经》以诸侯书。

杞伯来朝。

二月庚子，十一日。**子叔姬卒。**子叔姬，来归于杞者。子，男子、女子统称子，又女子未嫁称女，此书“子”，明非女也，已适人故。书“子叔姬”，而不书“杞叔姬”，与杞绝也。既与杞绝，则归而为鲁人，不复为杞人，死亦不为杞鬼，故不称“杞叔姬”。《经》例，凡鲁女，非嫁于诸侯者，卒，一概不书；嫁为诸侯夫人者，卒，若书，必冠诸侯国号而书之，如“纪伯姬卒”等；不冠以国号者，僖九年“伯姬卒”，盖成婚于诸侯，未嫁而卒者。此则是见出来归书卒。

夏，楚人围巢。巢，国名。

秋，滕子来朝。

秦伯使术来聘。术，西乞术。

冬十有二月戊午，四日。**晋人、秦人战于河曲。**河曲，晋地。

季孙行父帅师城诸及郓。二邑皆与莒交界，时非有莒患，备豫不虞也。

【传】

十二年春，郕伯卒，郕人立君。太子朱儒自安于夫钟，国人弗信，遂废之而改立君。**大子以夫钟与郕邽来奔。**杜预以郕邽亦邑名；杨伯峻谓郕邽即郕圭，郕国之大宝圭也。**公以诸侯逆之，非礼也。**朱儒不得立而来奔，非诸侯也，文公喜得地，尊以诸侯而逆之。杜预：“非公宠叛人。”**故书曰：“郕伯来奔。”不书地，尊诸侯也。**杜预：“既尊以为诸侯，故不复见其窃邑之罪。”

杞桓公来朝，始朝公也。且请绝叔姬而无绝昏，与叔姬断绝夫妻关系，而不与鲁断绝婚姻关系。叔姬嫁杞必有媵，杜预“立其娣以为夫人”，此即绝叔姬而不绝婚。**公许之。**

二月，叔姬卒，不言“杞”，绝也。书“叔姬”，言非女也。

楚令尹大孙伯卒，孙伯，成大心。**成嘉为令尹。**成嘉，杜预“若敖曾孙子孔”，或谓成嘉为成大心之弟。**群舒叛楚。**杜预：“群舒，偃姓，舒庸、舒鸠之属。”**夏，子孔执舒子平及宗子，遂围巢。**宗，国名。宗子，宗国之君。杜预：“平，舒君名。宗、巢二国，群舒之属。”

秋，滕昭公来朝，亦始朝公也。

秦伯使西乞术来聘，且言将伐晋。襄仲辞玉曰：辞玉，辞西乞术所荐之玉。朝聘必献玉，于是有授受之礼，《传》多有记载，定十五年记之较详，“邾隐公来朝。子贡观焉。邾子执玉高，其容仰；公受玉卑，其容俯”。客主授受身份必当，故此襄仲接宾。所以辞玉者，杜预谓“不欲与秦好，故辞玉”，此乃取其大义，不误。杨伯峻据沈钦韩驳杜预，谓“辞玉为聘礼中应有之仪节”，此说虽有礼，然“三辞”者，过谦也，若非杜注，何必三辞？沈说不可取。其实鲁非不欲与秦好，只是迫于晋国，不愿因秦而恶晋罢了。是时秦、晋交恶，迭有战事，鲁虽未有坚事晋之心，然秦实不足为鲁惧，何必即秦而恶晋？故辞玉。**“君不忘先君之好，照临鲁国，镇抚其社稷，重之以大器，**重，亦镇也，引为安定，安固。**寡君敢辞玉。”对曰：“不腆敝器，**杜预：“腆，厚也。”敝，破旧也。**不足辞也。”主人三辞。**主人，襄仲。**宾答曰：**宾，西乞术。**“寡君愿徼福于周公、鲁公以事君，**寡君，秦康公。徼，求也。鲁公，鲁始封君伯禽也。杜预：“言愿事君以并蒙先君之福。”**不腆先君之敝器，**杜预：“出聘必告庙，故称先君之器。”**使下臣致诸执事以为瑞节，**瑞，玉之总名。瑞节，本为玉符，此指所献玉。在军有要符，在官有符节，皆此类也。符节所以示信（即证明持有者之权力），所谓“信以守器”。此瑞节则是质信之物。**要结好命，**要，约也。**所以藉寡君之命，**杨伯峻：“古人致送礼物必有藉，藉者，荐也，谓以物衬垫之也。执玉固有藉，然此乃言致玉者，用以藉寡君之命也，极言其意义重大，不得辞之。”**结二国之好，是以敢致之。”襄仲曰：“不有君子，其能国乎？**言国将不国。**国无陋矣。”**谓国不在陋，在有人与无。嘉西乞术为君子也。**厚贿之。**杜预："贿，赠送也。"

秦为令狐之役故，令狐役在七年。**冬，秦伯伐晋，取羁马。**羁马，晋邑。**晋人御之。赵盾将中军，荀林父佐之。**杜预："林父代先克。"**郤缺将上军，**杜预："代箕郑。"**臾骈佐之。**杜预："代林父。"**栾盾将下军，**杜预："栾枝子，代先蔑。"**胥甲佐之。**杜预："胥臣子，代先都。"**范无恤御戎，**杜预："代步招。"车右不书者，仍以戎津为右，参七年。**以从秦师于河曲。**

臾骈曰："秦不能久，请深垒固军以待之。"杨伯峻："深，高也。深垒，高其壁垒也。军营所处，筑土自卫，谓之垒也。"师出忌久，秦出师在晋，远离国土，必欲速战。臾骈因为深垒固军之计，以老秦师。**从之。**

秦人欲战，秦伯谓士会曰：杨伯峻："士会七年奔秦，此时为秦军谋士。"**"若何而战？"**言如何得战。晋固守不出，秦伯患晋师之计，欲速战。**对曰："赵氏新出其属曰臾骈，必实为此谋，将以老我师也。**杜预："臾骈，赵盾属大夫，新出佐上军。"**赵有侧室曰穿，**杜预："侧室，支子。穿，赵夙庶孙。"襄十四年："有君而为之贰，使师保之，勿使过度。故天子有公，诸侯有卿，卿置侧室，大夫有贰宗。"桓二年："天子建国，诸侯立家，卿置侧室，大夫有贰宗。"**晋君之婿也，有宠而弱，**杨伯峻："有宠，谓赵盾宠之。"弱，年少也。**不在军事，**襄二十六年："吾子独不在寡人。"昭三年："君若辱有寡君。""在"与"有"皆存念之义。此言赵穿童心尚存，志不在军事，故浅于军事。杜预："未尝涉知军事。"杨伯峻："《尚书·舜典》：'在璿玑玉衡，以齐七政。'注云：'在，察也。'"**好勇而狂，**狂，狂妄。**且恶臾骈之佐上军也，**盖贱其身份。**若使轻者肆焉，其可。"**肆，本恣放之义，此作凌犯，侮犯解。杨伯峻："隐九年《传》云'使勇而无刚者尝寇而速去之'，即此意。"杜预盖亦因隐九年《传》谓："肆，暂往而退也。"皆不从。隐九年与此战术实不同，隐九年北戎侵郑，非北戎不欲战，郑以勇而无刚者（不耻退者）诱之入伏击圈也，乃诱敌之计，故其《传》又云“先者见获必务进”；此文晋固守不战，故“肆”乃激战之法，若暂往而退不能怒晋。使轻者肆，言使轻弱者逼迫晋师而侮犯之，用激怒晋师以使出战。**秦伯以璧祈战于河**。祈战，祷求战。杜预：“祷求胜。”不确。

十二月戊午，秦军掩晋上军，掩，压也，侵逼迫犯，即上文所谓“肆”。此虽不知赵穿在何军，然秦独掩晋上军者，因臾骈在上军也。赵穿恶臾骈，此固欲以臾骈之不出战激赵穿也。**赵穿追之，**上军不动，赵穿怒，以私属追秦“轻肆”之师。**不及。反，怒曰：“裹粮坐甲，**杨伯峻据惠栋、沈钦韩谓，坐甲即着甲而坐也，从之。**固敌是求，敌至不击，将何俟焉？”军吏曰：“将有待也。”**杜预：“待可击。”**穿曰：“我不知谋，将独出。”乃以其属出。宣子曰：“秦获穿也，获一卿矣**。杜预谓赵穿乃以散位从在晋卿者，可信。**秦以胜归，我何以报？”**杨伯峻“报，回报国人”，则以报为复命之复，误。报乃报复之报，通《左传》未有复命曰报命者，报者，唯有报德、报怨、报使、报聘。此谓若获我人质，则我无以报复之。**乃皆出战，交绥**。杜预：“《司马法》曰：‘逐奔不远，从绥不及。逐奔不远则难诱，从绥不及则难陷。’然则古名退军为绥。秦、晋志未能坚战，短兵未至争而两退，故曰交绥。”**秦行人夜戒晋师曰：**戒，戒命，戒约。**“两君之士皆未慭也，**慭，愿也，拆字得犬、来、心，盖犬来为藩卫，得主人之心，愿也。昭二十八年“慭使吾君闻胜与臧之死也以为快”、哀十六年《传》引《诗》“不慭遗一老”。此盖谓两军之士皆未得愿。秦师欲遁，故戒晋曰“两军之士皆不过瘾”，大言以安晋，实乃为退军作掩护，欲退而反示进也，所谓欲张必合、欲擒故纵。**明日请相见也。”臾骈曰：“使者目动而言肆，惧我也，**杜预：“目动，心不安。”肆，大也，狂也，恣也。“两军之士皆未慭”是其言狂放也。此察言观意，如“币重而言甘”，欲取故与也。**将遁矣。薄诸河，**薄，迫也。**必败之。”**

胥甲、赵穿当军门呼曰：杨伯峻："军门，营门也。当军门，阻止晋军出追秦军。"**"死伤未收而弃之，不惠也；**两军虽未激战，然亦必有死伤，故曰死伤未收。**不待期而薄人于险，**险指河。**无勇也。"**不待期，谓不待明日之期而夜迫之。**乃止。秦师夜遁。**遁，古音 tùn，今音 dùn，今方言仍读 tùn。**复侵晋，入瑕。**

城诸及郓，书，时也。

文公十三年

【经】

十有三春王正月。

夏五月壬午，陈侯朔卒。

邾子蘧蒢卒。蘧蒢 qúchú。

自正月不雨，至于秋七月。

大室屋坏。大同太。杜预："大庙之室。"

冬，公如晋。卫侯会公于沓。杨伯峻引徐卓，沓盖卫邑。

狄侵卫。

十有二月己丑，公及晋侯盟。

公还自晋，郑伯会公于棐。杜预："棐（fēi），郑地。"

【传】

十三年春，晋侯使詹嘉处瑕，以守桃林之塞。杜预："詹嘉，晋大夫，赐其瑕邑，令帅众守桃林以备秦。"

晋人患秦之用士会也，夏，六卿相见于诸浮，孔颖达："六卿在朝，旦夕聚集，而特云'相见于诸浮'者，将欲密谋，虑其漏泄，故出就外野，屏人私议。诸浮当是城外之近地耳。”**赵宣子曰：“随会在秦，贾季在狄，**随会，士会也。贾季，狐偃（子犯）之子狐射姑，六年奔狄。**难日至矣，**“难”字一读，“日至矣”一读。言旦夕将至。**若之何？”中行桓子曰：**杜预：“中行桓子，荀林父也。僖二十八年始将中行，故以为氏。”**“请复贾季，能外事，**能，堪也，善也。外事，外疑即“外史”“外仆”之“外”，则外事指国之大政事务，又如内史、外史，（内）仆、外仆之职司即有明确分工。**且由旧勋。”**其父狐偃（子犯）有大勋于晋。**郤成子曰：**郤成子，郤缺，成，谥也。**“贾季乱，**赵盾为国政，不顺从之，而私逆公子乐。**且罪大，**专杀阳处父。**不如随会，能贱而有耻，**能即隐三年“骄而能降”“憾而能眕”之能，能接受也。能贱者，犹“君子固穷”“在约思纯”之类。有耻，知耻。**柔而不犯，**柔，顺也。不犯，不犯非义也。**其知足使也，**知同智。其智足任使命。**且无罪。”**

乃使魏寿馀伪以魏叛者，魏，故魏国，闵元年晋献公灭魏，以赐毕万。杜预：“魏寿馀，毕万之后。”**以诱士会。执其帑于晋，使夜逸。**晋使魏寿馀伪欲以魏叛，佯执其妻子于晋，使寿馀夜晚逃奔秦。**请自归于秦，**自愿以魏邑及其臣民归附于秦。**秦伯许之。**杜预：“许受其邑。”**履士会之足于朝。**暗履士会之足以示意之。**秦伯师于河西，**杨伯峻：“秦、晋此时以黄河为界，秦在黄河之西，帅军将取魏。”**魏人在东。**杨伯峻：“魏在黄河东，故魏人在东。”**寿馀曰：“请东人之能与夫二三有司言者，吾与之先。”**东人指晋人在秦者，先蔑、士会也。晋在河东，故曰东人。先蔑、士会因逆公子雍而奔秦，先蔑在秦盖不得用，故东人特指士会。杨伯峻“不明言士会者，恐启秦之疑也”。所以请东人者，盖因东人善知晋事，且通晋方言，可先如河东，与魏之有司交涉初步事宜。**使士会。**秦伯使士会往。**士会辞曰：“晋人，虎狼也，若背其言，臣死，妻子为戮，无益于君，不可悔也。”**杨伯峻：“士会已知魏寿馀之意，但恐归晋后，其妻子为秦杀戮，故作此言，示己无去意。”**秦伯曰：“若背其言，所不归尔帑者，有如河！”**有如河，指黄河为誓。**乃行。绕朝赠之以策，**绕朝，秦大夫。策，鞭策之策，马檛（zhuā）也，即用作击马之短棍，与鞭用处同，然鞭长可以触及马首之前，策短只能击马臀。襄十七年“左师为己短策，苟过华臣之门，必骋”，左师欲使马骋，又不欲人知己意，故舍鞭而用短策，虽策马，然不易为人见。绕朝赠策盖亦此意也，示士会必速行，且不要暴露马脚，使秦觉察而反悔。或谓策为策书，简策之策，然《传》既书“赠策”，所赠必是礼物，策命之书言赐不言赠，且绕朝无权致策命之书于士会；若以策为一般书信之书策，当直言“书”，不宜言“策”，《传》“策”皆指史策及书有赐命之策。**曰：“子无谓秦无人，吾谋适不用也。”**不用，不被采纳。绕朝已识破晋人之计，盖谏阻秦伯，秦伯不听，故赠士会策且为此言以抑之。**既济，魏人噪而还。**杜预：“喜得士会。”**秦人归其帑。**杨伯峻：“秦康公实践诺言。”**其处者为刘氏。**杨伯峻：“士会之子孙有未返晋而仍居秦者，以刘为氏。”杜预：“士会，尧后刘累之胤，别族复累之姓。”

邾文公卜迁于绎。欲迁国都于绎，故卜其吉凶。**史曰：“利于民而不利于君。”邾子曰：“苟利于民，孤之利也。天生民而树之君，以利之也。**树，杜预“立也”，杨伯峻谓置也。成二年“树德而济同欲焉”、哀元年“树德莫如滋”。文五年“德之不建，民之无援”，则“树”亦可解作“建”。桓二年：“天子建国，诸侯立家，卿置侧室。”“建”“立”“置”三字义近。**民既利矣，孤必与焉。”**与，从，即，就也。言将从利民而迁，非谓既利民，孤必及其利。**左右曰：“命可长也，君何弗为？”**命有二义，一为使命之命，如天命、君命；一为生命，性命之命。邾子之臣义取后者而言。**邾子曰：“命在养民。**邾子乃取前者，言天赐予有国之命，保有其命在于奉养人民，故曰命在养民。**死之短长，时也。**邾子既理解命为使命之命，故不曰“命之短长”，而曰“死之短长”。其实“死之短长”即“生命之短长”，言生命之短长只是时间迟早的问题。此乃邾子变通之辞也，与晏子“唯卿为大夫”，及闵二年狐突谏申生之言“孝而安民”同出一辙。**民苟利矣，迁也，吉莫如之！”遂迁于绎。**

五月，邾文公卒。君子曰：“知命。”

秋七月，大室之屋坏，书，不共也。共同恭。杜预：“简慢宗庙，使至倾颓，故书以见臣之不共。”

冬，公如晋，朝，且寻盟。卫侯会公于沓，请平于晋。公还，郑伯会公于棐，亦请平于晋。卫侯会公在公如晋之途中，郑伯会公在公返鲁之途中。**公皆成之。**成卫、郑于晋。

郑伯与公宴于棐。此乃补叙前事。郑伯与公宴于棐，事在上文“公皆成之”之前。**子家赋《鸿雁》。**子家，郑大夫公子归生。杨伯峻：“《鸿雁》之首章云：‘鸿雁于飞，肃肃其羽。之子于征，劬劳于野。爰及矜人，哀此鳏寡。’子家赋此者，郑国以鳏寡自比，欲鲁文怜惜之，为之道路奔波，再度去晋，而请和也。‘之子’‘劬劳’云云，盖指鲁侯。”**季文子曰：“寡君未免于此。”**杨伯峻：“言己亦鳏寡也，推诿之辞。”**文子赋《四月》。**《四月》首章云：“四月维夏，六月徂暑。先祖匪人，胡宁忍予？”孔颖达：“四月，大夫行役之怨诗也。大夫言己四月初夏而行，至六月徂暑矣。寒暑易节，尚不得归。我之先祖非人乎？王者何当施忍于我，不使得祭祀也。文子言己思归祭祀，不欲更复还晋。”**子家赋《载驰》之四章。**《载驰》今古分章不同，姑不论之。四章，取“控于大邦，谁因谁极”之句。《毛诗传》：“控，引也。极，至也。”《郑风·大叔于田》“抑磬控忌”，控为“制”之义，盖与《载驰》之“控”义不同。杨伯峻：“子家赋此，盖谓郑欲求援引于大国晋，望因鲁而至也。”**文子赋《采薇》之四章。**杨伯峻：“义取‘戎车既驾，四牡业业。岂敢定居？一月三捷’之‘岂敢定居’，盖许其不安居，折而复至晋，为之谋成也。”**郑伯拜。**杜预：“谢公为行。”**公答拜。**

文公十四年

【经】

十有四年春王正月，公至自晋。

邾人伐我南鄙，叔彭生帅师伐邾。叔彭生，叔仲惠伯。

夏五月乙亥，齐侯潘卒。齐昭公也。

六月，公会宋公、陈侯、卫侯、郑伯、许男、曹伯、晋赵盾。癸酉，二十七日。**同盟于新城。**杜预：“新城，宋地。”王夫之谓新城盖郑地。

秋七月，有星孛入于北斗。孛 pèi，昭十七年《经》“有星孛于大辰”，《传》曰“有星孛于大辰，西及汉。申须曰：‘彗所以除旧布新也。’”哀十三年《经》“有星孛于东方”、哀十四年《经》“有星孛”、昭二十六年《传》“齐有彗星”，盖《经》之“孛”即《传》之“彗”，彗星也。或以为“孛”与“彗”不尽同。

公至自会。

晋人纳捷菑于邾。菑 zī。邾文公去年卒，捷菑，晋外甥，故欲纳之。**弗克纳。**

九月甲申，十日。**公孙敖卒于齐。**公孙敖卒于齐，公不与小敛而书日者，从告而书也。出奔大夫卒不书，此理所当然之事，如庆父、臧孙纥；此公孙敖书卒者，杜预“既许复之，故从大夫例书卒”。

齐公子商人弑其君舍。齐昭公五月卒，公子商人七月杀舍，而《经》称“弑”称“君”者，舍未逾年而即位，则昭公必已先葬矣。

宋子哀来奔。杜预：“大夫奔，例书名氏。（此）贵之，故书字。”

冬，单伯如齐。单音善。杜预："单伯，周卿士。为鲁如齐，故书。"

齐人执单伯。

齐人执子叔姬。子叔姬，齐昭公夫人昭姬，舍之母，鲁女。此所以书"子叔姬"而不书"齐昭姬"者，绝姻亲也。齐人既不归昭姬，盖鲁单方与齐绝婚，故仍以绝婚例书"子叔姬"。

【传】

十四年春，顷王崩。周公阅与王孙苏争政，政，周朝之政权。**故不赴**。不以王崩赴告诸侯。**凡崩、薨，不赴，则不书；祸、福，不告，亦不书，惩不敬也**。不赴非礼，杜预"欲使怠慢者自戒"。

邾文公之卒也，公使吊焉，不敬。鲁吊丧之使不敬于邾。**邾人来讨，伐我南鄙，故惠伯伐邾**。惠伯，叔仲彭生。

子叔姬妃齐昭公，妃，嫡夫人也。**生舍。叔姬无宠，舍无威**。子凭母贵，母无宠，子失势。**公子商人骤施于国，**商人，桓公嬖人密姬之子。骤，频也。**而多聚士，尽其家，贷于公有司以继之**。家财尽，贷于公有司以施于国。杨伯峻："'公有司'为一词，谓掌公室之财物者。"**夏五月，昭公卒，舍即位**。未逾年而即位，惧不得立。

邾文公元妃齐姜生定公，二妃晋姬生捷菑。杨伯峻："二妃犹次妃。"**文公卒，邾人立定公，捷菑奔晋**。晋其舅，故奔晋。

六月，同盟于新城，从于楚者服，杜预："从楚者，陈、郑、宋。"**且谋邾也**。杜预："谋纳捷菑。"

秋七月乙卯夜，齐商人弑舍而让元。元，惠公，商人之兄，齐桓嬖人少卫姬之子。让，以君位让元。**元曰："尔求之久矣**。犹言汝觊觎君位久矣。**我能事尔，尔不可使多蓄憾**。蓄憾，积累遗憾。**将免我乎？**言我若使汝多蓄憾，汝亦将杀我。**尔为之！"**

有星孛入于北斗，周内史叔服曰："不出七年，宋、

齐、晋之君皆将死乱。”杜预：“后三年宋弑昭公，五年齐弑懿公，七年晋弑灵公。”

晋赵盾以诸侯之师八百乘纳捷菑于邾。八百乘，言志在必得也。**邾人辞曰：“齐出貜且长。”**齐出言齐女所生。貜jué。**宣子曰：“辞顺而弗从，不祥。”**杜预：“立適以长，故曰辞顺。”**乃还。**

周公将与王孙苏讼于晋，王叛王孙苏，叛本二义，一曰背叛，一曰叛于。一字含正反两义者不唯今，古文尤善用之，此文当作叛于解。言王初助周公，后又背周公而助王孙叔。王孙叔又见宣十五年、十六年。**而使尹氏与聃启讼周公于晋。**杜预：“尹氏，周卿士；聃启，周大夫。”**赵宣子平王室而复之。**杜预：“复使和亲。”

楚庄王立，子孔、潘崇将袭群舒，庄王，穆王子。令尹子孔，成嘉。潘崇，太师。**使公子燮与子仪守，**守，守国也。《楚语》：“昔庄王方弱，申公子仪父为师，王子燮为傅。”王子燮即公子燮；子仪父即子仪，斗克也。**而伐舒蓼。**舒蓼，盖群舒之一。**二子作乱，城郢，**二子，公子燮及子仪。杨伯峻：“拟拒子孔、潘崇之兵入郢也。”**而使贼杀子孔，不克而还。**杨伯峻：“贼杀子孔不得而返回郢。”**八月，二子以楚子出，**杨伯峻：“度其势不能敌子孔，乃挟持庄王而离郢都。”**将如商密。**僖二十五年，子仪戍商密，盖因此欲逃商密。**庐戢梨及叔麇诱之，**庐，楚邑。杜预：“戢梨，庐大夫。叔麇，其佐。”**遂杀斗克及公子燮。**

初，斗克囚于秦，僖二十五年商密之役被秦囚，秦、楚结怨。**秦有殽之败，**殽役在僖三十三年。**而使归求成，成而不得志。**不得志，不被重用。**公子燮求令尹而不得。故二子作乱。**

穆伯之从己氏也，穆伯，庆父子公孙敖。从己氏见八年。**鲁人立文伯。**文伯，名穀，穆伯长子。**穆伯生二子于莒而求复，**复，返回鲁国。**文伯以为请。**杨伯峻：“请于朝以求准。”**襄仲使无朝**

听命。襄仲乃穆伯之叔伯弟（堂弟）。无朝听命，不使参政也。**复而不出，**不出盖不得出入政事。杜预："终寝于家。"**三年而尽室以复适莒。**被屏蔽，不得志，故复出。**文伯疾，而请曰："穀之子弱，**子，己子仲孙蔑（孟献子）也。弱，年幼也。**请立难也。"**难，文伯穀之弟，穆伯次子惠叔也。参七年《传》。**许之。文伯卒，立惠叔。穆伯请重赂以求复，**再求返鲁，盖身体原因，欲归骨于鲁。**惠叔以为请，许之。将来，九月，卒于齐。告丧，**告丧于鲁。**请葬，**杜预："请以卿礼葬。"沈钦韩："此请归葬于鲁，尚不及望卿礼也。"古人对名号极其重视，故杜说善。**弗许。**

宋高哀为萧封人，以为卿，封人，封疆官司。杜预："萧，宋附庸。仕附庸，还升为（宋）卿。"**不义宋公而出，遂来奔。书曰："宋子哀来奔。"贵之也。**杜预："贵其不食污君之禄。"

齐人定懿公，定其君位。**使来告难，**杨伯峻："告舍被杀之难。"**故书以九月。**杜预："齐人不服，故三月而后定。书以九月，明《经》日月皆从赴。"**齐公子元不顺懿公之为政也，终不曰"公"，曰"夫己氏"。**杨伯峻据郑玄谓"夫己氏"犹《诗·王风·扬之水》"彼其之子"，亦即今之"那个人"。

襄仲使告于王，请以王宠求昭姬于齐。昭姬，齐昭公嫡夫人，故从昭公谥曰昭姬，即《经》之"子叔姬"。**曰："杀其子，**其子，舍也，被公子商人所杀。**焉用其母？请受而罪之。"**

冬，单伯如齐，请子叔姬，齐人执之。杜预："恨鲁恃王势以求女故。"**又执子叔姬。**杜预："欲以耻辱鲁。"

文公十五年

【经】

十有五年春，季孙行父如晋。

三月，宋司马华孙来盟。华孙，华耦。

夏，曹伯来朝。

齐人归公孙敖之丧。称“公孙敖”，是认可其为卿也。

六月辛丑朔，日有食之。鼓，用牲于社。书，非礼也。

单伯至自齐。至，言至鲁。

晋郤缺帅师伐蔡。戊申，六月八日。**入蔡。**

秋，齐人侵我西鄙。齐公子商人杀舍篡立，又执王使及子叔姬，因是与鲁交恶，故侵鲁。

季孙行父如晋。

冬十有一月，诸侯盟于扈。扈，郑地。杜预：“将伐齐，晋侯受赂而止，故总曰诸侯，言不足序列。”

十有二月，齐人来归子叔姬。不书“齐叔姬来归”，去年已绝齐婚也。

齐侯侵我西鄙，遂伐曹，入其郛。郛，郭也。

【传】

十五年春，季文子如晋，为单伯与子叔姬故也。

三月，宋华耦来盟，其官皆从之。书曰“宋司马华孙”，贵之也。杜预：“古之盟会，必备威仪，崇贽币，宾主以成礼为敬，故《传》

曰'卿行旅从'。春秋时率多不能备仪，华孙能率其属以从古典，所以敬事而自重。使重而事敬，则鲁尊而礼笃，故贵而不名。"

公与之宴，辞，曰："君之先臣督，得罪于宋殇公，名在诸侯之策。督，华父督，华耦之曾祖也。桓二年，华督弑其君殇公，宋使并告诸侯曰"宋督弑其君"。策，史策。**臣承其祀，其敢辱君，**言己为罪人之后，不敢与鲁公同宴。**请承命于亚旅。"**请使亚旅招待己。杜预："亚旅，上大夫也。"**鲁人以为敏。**敏，达事。

夏，曹伯来朝，礼也。诸侯五年再相朝，以修王命，古之制也。修，修固。

齐人或为孟氏谋，孟氏，在《经》皆称"仲孙氏"，在《传》则称"孟孙氏"。鲁桓公子共仲，谥共，字仲，名庆父，共仲之孙以共仲之字为氏，称仲孙氏。然仲孙氏又称孟氏或孟孙氏，而桓公子僖叔之后称叔孙氏，成季之后称季孙氏，何以独共仲之后又称孟孙氏？或以为共仲之后代恶共仲之罪，故又以孟孙为氏，不知信否。然所以称孟孙者，盖因共仲之谥而得。共仲为庄公之长弟，故称共，如郑庄公之弟称共叔段，又僖十七年，长卫姬又称卫共姬，则"共"、"长"与"伯"、"孟"义相通。"伯"、"孟"虽同在首位，然"伯"常特指承嗣之嫡长者，桓公四子唯庄公当此位，而"孟"则无此义，共仲之后盖因此取孟为氏。**曰："鲁，尔亲也。饰棺寘诸堂阜，**饰棺，装饰其棺之外表使其鲜明也。堂阜，齐之边邑，当与鲁之卞邑交界。置棺堂阜者，欲使卞人见而生舆论也。杜预："饰棺不殡，示无所归。"**鲁必取之。"从之。卞人以告。**卞为鲁公邑，故卞人以其事径告鲁。杜预："卞人，鲁卞邑大夫。"**惠叔犹毁以为请，**襄三十一年："（襄公薨）立胡女敬归之子子野，次于季氏。秋九月癸巳，卒，毁也。"居丧，过哀伤性、过哀灭性皆曰毁，即因过度悲痛使身体受到折损甚至死亡曰毁。沈钦韩："《丧服·小记》'久而不葬者，惟主丧者不除'。此犹毁者，未行卒哭变除之礼。"其说有礼，然春秋时虽有"卿丧自朝"之礼，但不知惠叔此时可否着丧服如朝？**立于朝以待命。**杨伯峻："不得允许不退。"**许之，取而殡之。齐人送之。书曰："齐人归公孙敖之丧。"**言所以不去族。**为孟氏，且国故也。**因孟氏之故，且公孙敖亦国之故卿。共仲之后，至文伯、惠叔始称孟氏，公孙敖尚称公孙。**葬视共仲。**杜预："制如庆父，皆以罪降。"葬视共仲者，盖降一级。

声己不视，公孙敖之正妻戴己已卒，见七年《传》。杨伯峻："声己，公孙敖之次妻，惠叔之母。视者，视其柩也。"**帷堂而哭。**此恐非哭丧之正礼。声己盖帷堂一格，哭于其中，不与众人同哭，不欲见穆伯之柩。杜预："怨敖从莒女，故帷堂。"**襄仲欲勿哭，**杜预："怨敖取其妻。"**惠伯曰：**惠伯，叔彭生。**"丧，亲之终也。**杨伯峻："意谓丧亡之事，治丧之礼，乃最后对待亲人者。"**虽不能始，**杨伯峻："指公孙敖与仲争莒女事。"**善终可也。史佚有言曰：'兄弟致美。'**兄弟相善，各致其美。**救乏、贺善、吊灾、祭敬、丧哀，情虽不同，毋绝其爱，亲之道也。子无失道，何怨于人？"**能自率道，何怨于人之失道。**襄仲说，**说同悦。**帅兄弟以哭之。**

他年，探后之事。**其二子来，**穆伯从莒女所生二子。**孟献子爱之，**爱二子。杨伯峻："献子，文伯穀之子仲孙蔑，此时尚少，宣九年始见《经》，其当政自在惠叔死后。"**闻于国。**国人皆知。**或谮之，**杨伯峻："进谗言于孟献子，欲以陷害二子。"**曰："将杀子。"献子以告季文子。二子曰："夫子以爱我闻，**杨伯峻："夫子指孟献子。孟献子于二子为侄，行辈小于二子，然为孟氏嫡嗣，且继承卿位，或其年长于二子，故二子以夫子称之。"**我以将杀子闻，不亦远于礼乎？远礼不如死。"一人门于句鼆，一人门于戾丘，皆死。**鼆 míng。门为动词，有正反两义，一曰攻门，一曰守门，此乃守门之义。杜预："句鼆、戾丘，鲁邑。有寇攻门，二子御之而死。"

六月辛丑朔，日有食之。鼓，用牲于社，非礼也。社本土神也，为土神所造之建筑物亦曰社。《传》例曰"凡天灾有币无牲"，故曰非礼。**日有食之，天子不举，**杜预："去盛馔。"**伐鼓于社；**杜预："责群阴。"**诸侯用币于社，**杜预："社尊于诸侯，故请救而不敢责之。"**伐鼓于朝，**杜预："退自责。"**以昭事神、训民、事君，**杜预："天子不举，诸侯用币，所以事神；尊卑异制，所以训民。"**示有等威，**杜预："等威，威仪之等差。"如鲁伐鼓于社是僭用天子礼，非其等也。**古之道也。**

齐人许单伯请而赦之，使来致命。书曰："单伯至自齐。"贵之也。单伯为鲁事奔波，见执于齐，既得请而来致命，故贵之。

新城之盟，讨诸侯之从于楚者，在去年。**蔡人不与。晋郤缺以上军、下军伐蔡，**杜预："兼帅二军。"**曰："君弱，不可以怠。"**晋灵公于文七年即位时，尚在怀抱，故曰弱。怠，懈怠。**戊申，入蔡，以城下之盟而还。**城下之盟于被伐者乃奇耻大辱。**凡胜国，曰灭之；**杜预："胜国，绝其社稷，有其土地。"**获大城焉，曰入之。**杨伯峻："有入而取其地者，有入而不取其地者。"此获大城，谓得而不取也。

秋，齐人侵我西鄙，故季文子告于晋。

冬十一月，晋侯、宋公、卫侯、蔡侯、郑伯、许男、曹伯盟于扈，寻新城之盟，且谋伐齐也。谋为鲁伐齐。**齐人赂晋侯，故不克而还。于是有齐难，是以公不会。**此盟虽亦兼谋鲁患，然鲁因备御齐难，公不能顾盟。**书曰："诸侯盟于扈。"无能为故也。**总称"诸侯"以讥之，非讳鲁公不与。襄三十年诸侯之大夫会，以谋归宋财，既而无归于宋，《经》皆贬其大夫为"人"，其《传》曰"澶渊之会，卿不书，不信也夫。诸侯之上卿，会而不信，宠名皆弃"，故义事必序列名位，所以旌功也。**凡诸侯会，公不与，不书，讳君恶也。**诸侯之会，公不与而《经》书者多见，或为从告而书，非有讳君恶之嫌；或即此文所言，公当与而不与，则讳恶不书。**与而不书，后也。**

杜预："谓后期也。今贬诸侯，似为讳公，故《传》发例以明之（非讳公，罪诸侯也）。"

齐人来归子叔姬，王故也。周使单伯如齐请故。

齐侯侵我西鄙，谓诸侯不能也。不能，盖不堪为诸侯。**遂伐曹，入其郛，讨其来朝也。**《经》"夏，曹伯来朝"，齐恶曹朝鲁，故伐之。**季文子曰："齐侯其不免乎！己则无礼，**杜预："执王使而伐无罪。"**而讨于有礼者，**朝聘乃继好息民，崇礼之事，故曰讨于有礼。**曰：'女何故行礼？'**孔颖达："言'曰'者，原齐侯之意而为之辞也。责曹曰'女何故行礼'，谓责于朝鲁也。"**礼以顺天，**天，天道，大自然之规律。**天之道也。己则反天，**礼本天道，反礼即反天。**而又以讨人，难以免矣。《诗》曰：'胡不相畏，不畏于天？'**相，互也。郑玄："何为上下不相畏乎？上下不相畏，是不畏于天。"**君子之不虐幼贱，畏于天也。在《周颂》曰：'畏天之威，于时保之。'**于时，于是也。杜预："言畏天威，于是保福禄。"刘文淇谓，"保"为保天命。**不畏于天，将何能保？以乱取国，**言弑君（舍）篡立。**奉礼以守，犹惧不终，多行无礼，弗能在矣。"**弗能在，言不能保其祚命。昭十五年"福祚之不登，叔父焉在"。

文公十六年

【经】

十有六年春，季孙行父会齐侯于阳穀，齐侯弗及盟。阳穀，齐地。杜预："及，与也。"晋失霸主之义，鲁不得救，屈下以求齐，求而不得，一者因季孙为臣故，一者齐不急于听鲁之好。

夏五月，公四不视朔。杨伯峻："诸侯于每月初一以特羊告庙，谓之告朔。告朔毕，因听治此月之政，谓之视朔，亦谓之听朔。"

六月戊辰，四日。**公子遂及齐侯盟于郪丘。**郪丘，齐地。

秋八月辛未，八日。**夫人姜氏薨。**杜预："僖公夫人，文公母也。"

毁泉台。泉台盖泉宫之台。毁，坏之也。

楚人、秦人、巴人灭庸。庸，国名。

冬十有一月，宋人弑其君杵臼。杜预："称君，君无道也。"

【传】

十六年春，王正月，及齐平。公有疾，使季文子会齐侯于阳穀。请盟，齐侯不肯，曰："请俟君间。"疾稍痊可曰间。杜预："间，疾瘳。"

夏五月，公四不视朔，疾也。公使襄仲纳赂于齐侯，故盟于郪丘。

有蛇自泉宫出，入于国，杨伯峻："泉宫在郎，郎在曲阜南郊，为近郊之邑。入于国者，入于鲁都曲阜也。"**如先君之数。**杜预："伯禽至僖公十七君。”则蛇十七条也。**秋八月辛未，声姜薨，毁泉台。**杜预：“鲁人以为蛇妖所出而声姜薨，故坏之。”

楚大饥，戎伐其西南，杜预：“戎，山夷也。”**至于阜山，师于大林。**师，戎师也。师伐大林。**又伐其东南，至于阳丘，以侵訾枝。**阜山、大林、阳丘、訾枝皆楚邑。

庸人帅群蛮以叛楚。麇人率百濮聚于选，皆踵戎而来。杜预：“选，楚地。百濮，夷也。”**将伐楚。于是申、息之北门不启。**惧北方诸侯亦乘机南下。

楚人谋徙于阪高。杜预：“楚险地。”**蔿贾曰：**蔿贾，伯嬴，孙叔敖之父。**“不可。我能往，寇亦能往。不如伐庸。夫麇与百濮，谓我饥不能师，故伐我也。若我出师，必惧而归。百濮离居，**杨伯峻：“离居犹散处。”**将各走其邑，**走，奔也。**谁暇谋人？”**杨伯峻：“谓楚若伐庸，百濮将自退。”**乃出师。旬有五日，百濮乃罢。**杨伯峻：“百濮见楚师出，果如蔿贾之言，各自罢归。”

自庐以往，振廪同食。杨伯峻：“楚由郢出师伐庸，必经庐，由郢至庐，尚自携粮。自庐出发以后，则开当地之仓廪散与将士食之。振读如《周书·克殷篇》‘振鹿台之财’之‘振’，犹散也。”杜预：“振，发也。”**次于句澨。**杜预：“楚西界也。”**使庐戢梨侵庸，及庸方城。**及，至也。杨伯峻：“言庸之方城者，别于楚之方城也。”**庸人逐之，囚子扬窗。**杜预：“窗，戢梨官属也。”**三宿而逸，曰：“庸师众，群蛮聚焉，不如复大师，**杨伯峻：“复大师谓复起楚之大师。”**且起王卒，**杨伯峻：“欲尽用楚众。”**合而后进。”师叔曰：**杜预：“师叔，楚大夫潘尪也。”**“不可。姑又与之遇以骄之。彼骄我怒，而后可克，先君蚡冒所以服陉隰也。”**据《楚世家》，蚡冒即楚武王之兄。孔颖达：“言服陉隰，则陉隰本是他国，蚡冒始服之也。”**又与之遇，七遇皆北，**北，窜逃也。此乃佯装败北。

唯裨、鯈、鱼人实逐之。以楚不足与战故。裨音币。鯈音妯。杨伯峻据马宗琏，谓裨、鯈、鱼为群蛮部落名。

庸人曰："楚不足与战矣。"遂不设备。楚子乘驲，驲音日，驲与传皆快车之名。杜预谓驲即传车，未必信。**会师于临品，分为二队，**杜预："队，部也。两道攻之。"**子越自石溪，子贝自仞以伐庸。**杜预："子越，斗椒也。石溪、仞，入庸道。"**秦人、巴人从楚师，**从，犹与助也。**群蛮从楚子盟。**杜预："蛮见楚强故。"**遂灭庸。**

宋公子鲍礼于国人，杜预："鲍，昭公庶弟文公也。"**宋饥，竭其粟而贷之。年自七十以上，无不馈诒也，**孔颖达："无有不馈遗以饮食也。"**时加羞珍异。**应时加献时鲜。羞，进，献，荐也。**无日不数于六卿之门。**数，频也。孔颖达："言参请不绝也。"**国之材人，无不事也；**公子鲍皆事之也。**亲自桓以下，无不恤也。**杜预："桓，鲍之曾祖。"孔颖达："其族亲，自桓公以下子孙，公子皆赈恤之也。"**公子鲍美而艳，襄夫人欲通之，**杜预："鲍适祖母。"杨伯峻："襄夫人当六十以上矣，此盖补叙前事。"可信。**而不可，**公子鲍不肯。**乃助之施。昭公无道，国人奉公子鲍以因夫人。**因，犹依附也。

于是华元为右师，于是，于是时。杜预："元，华督曾孙。代公子成。"**公孙友为左师，华耦为司马，**杜预："代公子卬。"**鳞鱹为司徒，荡意诸为司城，**荡意诸，公孙寿之子。**公子朝为司寇。**杜预："代华御事。"**初，司城荡卒，**荡，公子荡，公孙寿之父。**公孙寿辞司城，请使意诸为之。**父卒，本当由己嗣位，然公孙寿不受官，反使己之子意诸继司城之职。**既而告人曰："君无道，吾官近，**近，与君近。**惧及焉。**惧近君而及祸。**弃官则族无所庇。**言弃官而让于他族则己族将失势。**子，身之贰也，**言意诸本是己身之副贰。**姑纾死焉。**姑，姑且。纾，缓也。欲使意诸当祸，以缓己死。

虽亡子，犹不亡族。” 盖谓若己嗣司城而及祸，宋将无荡氏矣；若使意诸当此祸而纾己死，己仍可因公孙之身份支撑家族门面，荡氏仍将有后。

既，夫人将使公田孟诸而杀之。公知之，尽以宝行。 未有命而先闻夫人之谋，遂携宝出国都，欲他适而无所。**荡意诸曰：“盍适诸侯？”公曰：“不能其大夫至于君祖母以及国人，** 杨伯峻：“上文历叙六卿，惟荡意诸为其党，此所谓‘不能其大夫’也。不能即不得。” **诸侯谁纳我？且既为人君，而又为人臣，不如死。”尽以其宝赐左右而使行。**

夫人使谓司城去公， 去，离也，离开。夫人贤意诸，劝其离开昭公以避祸。**对曰：“臣之而逃其难，若后君何？”** 杜预：“言无以事后君。”

冬十一月甲寅， 二十二日。**宋昭公将田孟诸，** 受夫人之命。知难而往，将归死也。**未至，夫人王姬使帅甸攻而杀之。** 王姬，宋襄公夫人，周襄王之姊，故称王姬。帅甸，官职名。**荡意诸死之。书曰：“宋人弑其君杵臼。”君无道也。**

文公即位， 文公，公子鲍。**使母弟须为司城。** 代意诸。**华耦卒，而使荡虺为司马。** 杜预：“虺（huī），意诸之弟。”

文公十七年

【经】

十有七年春，晋人、卫人、陈人、郑人伐宋。

夏四月癸亥，四日。**葬我小君声姜。**去年八月卒。

齐侯伐我西鄙。《传》曰“齐侯伐我北鄙”，服虔谓齐两次来伐，一伐西鄙，一伐北鄙；西鄙书，北鄙不书，可信。

六月癸未，二十五日。**公及齐侯盟于穀。**

诸侯会于扈。

秋，公至自穀。

冬，公子遂如齐。公子遂，东门襄仲。

【传】

十七年春，晋荀林父、卫孔达、陈公孙宁、郑石楚伐宋，讨曰：“何故弑君？”君，昭公。**犹立文公而还。卿不书，失其所也。**所，位也。失其所，犹言失其官。

夏四月癸亥，葬声姜。有齐难，是以缓。去年八月卒，至今乃葬。

齐侯伐我北鄙，襄仲请盟。六月，盟于穀。杜预：“晋不能救鲁，故请服。”

晋侯蒐于黄父，杜预：“一名黑壤，晋地。”**遂复合诸侯于扈，平宋也。**杜预：“如上十五年会扈之诸侯。”**公不与会，齐难故也。**

书曰"诸侯"，无功也。杜预："刺欲平宋而复不能。"

于是，晋侯不见郑伯，以为贰于楚也。郑子家使执讯而与之书，以告赵宣子，子家，公子归生。杜预："执讯，通讯问之官。为书以与宣子。"**曰：**

寡君即位三年，郑穆三年，鲁文之二年也。**召蔡侯而与之事君。九月，蔡侯入于敝邑以行。**杜预："行朝晋。"**敝邑以侯宣多之难，**杜预："宣多既立穆公，恃宠专权。"**寡君是以不得与蔡侯偕。十一月，克减侯宣多，**杜预："减，损也。难未尽而行，言汲汲于朝晋。"杜注是也。昭十四年："三数叔鱼之恶，不为末减。"减，繁体作"減"，拆字得水从咸也，减本烹饪之法，昭二十年"齐之以味，济其不及，以洩其过"，若盐分过度，则当加水（稀释）以泄其过，此乃减之本义，故减又可解为"薄其鸩"之"薄"。**而随蔡侯以朝于执事。十二年六月，**当鲁文十一年也。**归生佐寡君之嫡夷，**夷，郑穆太子灵公也。**以请陈侯于楚，而朝诸君。十四年七月，寡君又朝，以蒇陈事。**蒇 chǎn，杨伯峻"完成之义"。据鲁文十三年《传》，郑伯会公于棐，请鲁平郑于晋亦在此年。**十五年五月，陈侯自敝邑往朝于君。往年正月，**往年，去年也，即郑穆十七年，鲁文十六年。**烛之武往，朝夷也。**朝夷，言奉夷朝晋也。僖五年"杞伯姬来朝其子"、襄五年"穆叔觌鄫世子巫于晋"、文元年"见其二子焉"、宣十四年"见犀而行"等，"朝"、"觌"、"见"皆与此文"朝"字用法同。**八月，寡君又往朝。以陈、蔡之密迩于楚而不敢贰焉，则敝邑之故也。**言皆郑撺掇之力。密迩，犹毗邻也。**虽敝邑之事君，何以不免？**虽，唯也，独也。例同昭九年"虽戎狄，其何有余一人"。言舍郑撺掇诸侯事晋之功劳不言，而独论郑国事晋之殷，其亦当免矣。**在位之中，一朝于襄，而再见于君。夷与孤之二三臣相及于绛，**孤，郑伯。二三臣，子家自谓己及郑卿也。绛，晋国都。**虽我小国，则蔑以过之矣**。虽，杨伯峻作“唯”解，不从，此仍当以其本义解。虽然郑国小，然诸侯之事晋无有出其右者。**今大国曰：“尔未逞吾志。”敝邑有亡，无以加焉**。言纵晋灭郑，然郑事晋之殷无以复加矣。

古人有言曰：“畏首畏尾，身其余几。”一味退缩，将无活动余地，言郑将抵御。**又曰：“鹿死不择音。”**杜预解“音”为“荫”，误。昭元年“赵孟视荫”，“音”与“荫”不通，不可勉强使通。《小雅·鹿鸣》“呦呦鹿鸣”、《伐木》“嘤其鸣矣，求其友声。相彼鸟矣，犹求友声”、《周易·中孚》“鸣鹤在阴，其子和之”，言禽兽善以声相召唤。此“音”据上下文，当指晋无极之命。**小国之事大国也，德，则其人也；不德，则其鹿也，**二“其”，皆小国自谓。杨伯峻：“小国于大国，若大国德，则小国乃人也；若不德，则小国乃鹿也。”**铤而走险，**铤，犹今“顶风作案”之“顶风”，言将顶着晋国责命之风头而犯险。**急何能择？**言将不受晋之“音”。**命之罔极，**杜预：“言晋命无极。”**亦知亡矣。将悉敝赋以待于鯈，**悉敝赋，尽其军力。杜预：“鯈，晋、郑之竟。言欲以兵距晋。”**唯执事命之。**

文公二年六月壬申，文公，郑文公。当鲁庄二十三年，彼时齐桓为霸。**朝于齐**。齐为霸主，故朝齐。**四年二月壬戌，为齐侵蔡，亦获成于楚。居大国之间而从于强令，岂其罪也？**沈钦韩：“齐桓之时，郑固从齐，而亦间成于楚。所以然者，介于两大也，以救急也。齐于尔时未尝见罪，晋胡为苛求乎？”**大国若弗图，无所逃命**。将不能逃避拒晋之命。

晋巩朔行成于郑，赵穿、公婿池为质焉。巩朔，巩伯，士庄伯。

秋，周甘歜败戎于邥垂，乘其饮酒也。甘歜 chù，周大夫，或谓甘昭公王子带之后。郱 shěn 垂，周地。

冬十月，郑大子夷、石楚为质于晋。夷，灵公也。石楚，郑大夫。

襄仲如齐，拜縠之盟。复曰：复，复文公命。**“臣闻齐人将食鲁之麦。**杨伯峻：“谓将伐鲁也。”**以臣观之，将不能。**将，表倾向于肯定判断之副词，犹恐、殆也，与宣二年“幸而有子，将不信”之“将”同。**齐君之语偷。**杜预：“偷，犹苟且。”**臧文仲有言曰：‘民主偷必死。’”**民主，君为民之主也。

文公十八年

【经】

十有八年春王二月丁丑，二十三日。**公薨于台下。**诸侯以卒于路寝为得所。

秦伯罃卒。罃 yīng。

夏五月戊戌，十五日。**齐人弑其君商人。**

六月癸酉，二十一日。**葬我君文公。**

秋，公子遂、叔孙得臣如齐。遂，襄仲。得臣，庄叔。杜预：“书二卿，以两事行，非相为介。”

冬十月，子卒。子，文公太子恶也。实为襄仲所弑，讳而书“卒”，卒本自死之义。文公既葬，而襄仲杀太子，《经》当书“东门遂弑其君”，所以书“子卒”者，太史惧襄仲，因讳之也。

夫人姜氏归于齐。姜氏，太子恶之母。归，大归也。

季孙行父如齐。

莒弑其君庶其。凡弑君称君（名），君无道也。

【传】

十八年春，齐侯戒师期，杜预：“戒，敕令也。”师期，伐鲁之期。而有疾。医曰：“不及秋，将死。”公闻之，卜曰：“尚无及期！”尚，希望也。惠伯令龟，惠伯，叔彭生。令龟，命龟也。杨伯峻：“临卜，以所卜之事告龟。”卜楚丘占之，曰：“齐侯不及期，非疾也。君亦不闻。杜预：“言君先齐侯终。”令龟有咎。”令龟，命龟者，惠伯也。咎，祸殃也。杜预：“言令龟者亦有凶咎，见于卜兆。”二月丁丑，公薨。

齐懿公之为公子也，与邴歜之父争田，弗胜。及即位，乃掘而刖之，其时邴歜父已死葬，故掘其墓而断其尸之足。而使歜仆。仆，御也，司机也。纳阎职之妻，纳，强纳也，即下文“夺女妻”。而使职骖乘。盖兵车曰御，曰车右；常车曰仆，曰骖乘。

夏五月，公游于申池。二人浴于池，二人，歜与职。二人为懿公之仆御与骖乘，故必从公。歜以扑挟职。杜预：“扑，箠也。挟（chì），击也。欲以相感激。”杨伯峻：“（扑）为驾车击马之竹鞭。”职怒。歜曰：“人夺女妻而不怒，一挟女，庸何伤？”职曰：“与刖其父而弗能病者何如？”乃谋弑懿公。纳诸竹中。纳懿公尸于竹林。归，舍爵而行。舍爵，置爵于家族祖庙，祭先人，告将行。杜预：“言齐人恶懿公，二人无所畏。”齐人立公子元。元，桓公子惠公，少卫姬所生。

六月，葬文公。

秋，襄仲、庄叔如齐，惠公立故，且拜葬也。杜预：“襄仲贺惠公立，庄叔谢齐来会葬。”

文公二妃敬嬴生宣公。二，其班次也。敬嬴嬖，而私事襄仲。私下事奉襄仲，以其强故。襄仲，公子遂。宣公长，而属诸襄仲，杨伯峻：“敬嬴以宣公托之襄仲也。”襄仲欲立之，叔仲不可。叔仲，叔彭生，惠伯也。仲见于齐侯而请之。欲借齐侯立宣公。齐侯

新立而欲亲鲁，许之。孔颖达："恶是齐甥，齐侯许废恶者，恶以世適嗣立，不受齐恩。宣公以非分得国，荷恩必厚。齐侯新立，欲亲鲁为援，故许之。"

冬十月，仲杀恶及视而立宣公。杜预："恶，大子；视，其母弟。杀视不书，贱。"**书曰"子卒"，讳之也**。

仲以君命召惠伯。杜预"诈以子恶命"，以君为太子恶，未必一定。哀二十六年宋公游于空泽，卒，大尹隐其尸及其死讯，暗中立启为君，三日国人始知，然亦不敢攻启，因其既立于庙也。上文《传》曰"杀恶及视而立宣公"，在此《传》之前，则襄仲杀恶立宣公，国人未必不知，故"君"或指宣公也。**其宰公冉务人止之，**公冉务人，惠伯家宰。**曰："入必死。"叔仲曰："死君命可也。"公冉务人曰："若君命可死，非君命何听？"**谓此必襄仲诈命，实欲杀惠伯也。**弗听，乃入。杀而埋之马矢之中**。马矢，或谓马粪，或谓地名。此"埋"为埋藏之义，非埋葬之义，且若以"马矢"为地名，则不宜有"之中"二字。杜预："惠伯死不书者，史畏襄仲，不敢书杀惠伯。"**公冉务人奉其帑以奔蔡，**帑，惠伯妻子也。**既而复叔仲氏**。盖复其子于蔡，立为叔仲氏。

夫人姜氏归于齐，姜氏，出姜，恶及视之母。**大归也。将行，哭而过市，曰："天乎！仲为不道，杀適立庶。"市人皆哭，鲁人谓之哀姜**。

莒纪公生大子仆，杜预："纪，号也。莒夷无谥，故有别号。"**又生季佗，爱季佗而黜仆，**黜，废也。**且多行无礼于国。仆因国人以弑纪公，以其宝玉来奔，纳诸宣公。公命与之邑，曰："今日必授！"季文子使司寇出诸竟，曰："今日必达！"**达，引申为落实也。**公问其故。季文子使大史克对曰：**

先大夫臧文仲教行父事君之礼，行父奉以周旋，弗敢失队。队同坠。**曰："见有礼于其君者，事之如**

孝子之养父母也；见无礼于其君者，诛之如鹰鹯之逐鸟雀也。”先君周公制《周礼》曰：“则以观德，杜预：“则，法也。”以，用也，下同。**德以处事，**杜预：“处犹制也。”杨伯峻：“处事犹言办事。”事，泛指各种事务。**事以度功，**杜预：“度，量也。”误。度乃《诗》“周爰咨谋”“周爰咨度”之度，谋也。事务属于劳动之范畴，故各种事务，或者说劳动之宗旨是为了图谋建立功业。功，劳动之成果、果实、收获曰功。**功以食民。”**文六年：“时以作事，事以厚生。”**作《誓命》曰：“毁则为贼，**杜预：“毁则，坏法也。”**掩贼为藏，**杜预：“掩，匿也。”**窃贿为盗，**孔颖达：“窃人财贿谓之为盗。”**盗器为奸。**器，大器，重器也。杨伯峻：“窃人一般财物为盗，盗人宝物为奸。”**主藏之名，**杜预：“以掩贼为名。”是也。主，犹戴，举，居也。**赖奸之用，**韦昭：“赖，利也。”杜预：“用，奸器也。”杨伯峻谓，用即“器用”之用，即“盗器为奸”之“器”也。赖奸之用者，赖盗器为己用也。**为大凶德，有常，无赦，**杨伯峻：“有常者，有常刑也。”**在《九刑》不忘。”行父还观莒仆，**杜预：“还，犹周旋。”还观者，周旋而观审之。**莫可则也。孝敬、忠信为吉德，盗贼、藏奸为凶德。夫莒仆，则其孝敬，则弑君父矣；则其忠信，则窃宝玉矣。其人，则盗贼也；其器，则奸兆也。**杜预：“兆，域也。”域，区域，范围，犹类也。章炳麟谓，上句盗贼平列，故奸兆亦当平列，故兆当读为佻，偷也。**保而利之，**保奸盗之器而利用之。**则主藏也。以训则昏，民无则焉。**以，用也。杨伯峻：“谓以此教训人民，则为迷乱，人民无所取法。”**不度于善，**杜预：“度，居也。”**而皆在于凶德，是以去之。**

“昔高阳氏有才子八人，杜预：“高阳氏，帝颛顼之号。八人，其苗裔。”**苍舒、隤敳、梼戭、大临、龙降、庭坚、**

仲容、叔达，杜预：“此即垂、益、禹、皋陶之伦。”**齐圣广渊，明允笃诚，**齐，敏达持中，与天齐平。圣，声教普施，王化天下。广，博也。渊，深也。允，信也。笃，厚也。**天下之民谓之八恺。**杜预：“恺，和也。”**高辛氏有才子八人，**杜预：“高辛，帝喾之号。”**伯奋、仲堪、叔献、季仲、伯虎、仲熊、叔豹、季狸，**杜预：“此即稷、契、朱虎、熊罴之伦。”**忠肃共懿，宣慈惠和，**肃，严，整，端庄也，引申为敬。共，恭也。杜预：“懿，美也。”宣，柔，婉顺也。慈，爱也。惠，能赞好施也。和，平济阴阳也。**天下之民谓之八元。**元，善之长也。“元”在《六十四卦图》中，表现为冬至点，元是天道之元本位，天道之出发点及归宿点。**此十六族也，世济其美，不陨其名。**济，成也。陨，坠也，败坏也。**以至于尧，尧不能举。舜臣尧，举八恺，使主后土，**杜预：“后土，地官。禹作司空，平水土，即主地之官。”**以揆百事，莫不时序，地平天成。**杜预：“揆（kuí），度也。”时，是也，在也。平，中也。成，和也。**举八元，使布五教于四方，**布，布陈。**父义、母慈、兄友、弟共、子孝，内平外成。**竹添光鸿：“此以一家言，则内谓家，外谓乡党。”善。杜预：“内，诸侯；外，夷狄。”

昔帝鸿氏有不才子，杜预：“帝鸿，黄帝。”**掩义隐贼，**杨伯峻：“掩蔽仁义，包庇奸贼。”**好行凶德，丑类恶物，**丑与恶同义。类与物同义，善也，善类。**顽嚚不友，**僖二十四年：“心不则德义之经为顽，口不道忠信之言为嚚。”**是与比周，**杜预：“周，密也。”言世有顽嚚不友者，帝鸿之不才子乃与之比恶之更甚。**天下之民谓之浑敦。**杜预：“谓讙兜。浑敦，不开通之貌。”**少皞氏有不才子，**杜预：“少皞，金天氏之号，次黄帝。”**毁信废忠，**毁、废义近；信、忠义近。**崇饰恶言，**崇，举也，尚也，好也。崇与恶相对。崇饰，好美化自己。言，善言也。**靖谮庸**

回，靖，安也。庸，用也。谮，谗陷也。回，邪也。靖、庸义近；谮、回义近。段玉裁谓“靖谮庸回”即《尧典》“静言庸违”。“庸回”即“庸违”，是也，然“靖谮”非“静言”，“静言”为褒义，“靖谮”乃贬义，无疑也。《尧典》“静言庸违，象恭滔天”，“静言”与“象恭”皆取褒义。**服谗蒐慝，**服，着也，戴也，用也。杜预：“行也。”蒐，聚也。慝，隐恶也。服、蒐义近；谗、慝义近。**以诬盛德，**盛德，杨伯峻“盛德之人”。**天下之民谓之穷奇。**杜预：“谓共工。其行穷，其好奇。”**颛顼氏有不才子，**颛顼氏即高阳氏。**不可教训，不知话言，**杨伯峻：“话言谓善言。”**告之则顽，舍之则嚚，**近之则狎侮不逊，远之则诽谤诋毁。嚚，此言构陷诋毁。**傲很明德，**傲，蔑也。很，毒也，犹狠。襄二十六年：“大子痤美而很。”**以乱天常，天下之民谓之梼杌。**杜预：“谓鲧。梼杌，顽凶无俦匹之貌。”**此三族也，世济其凶，**济，成也。**增其恶名，以至于尧，尧不能去。**杜预：“方以宣公比尧，行父比舜，故言尧亦不能去，须贤臣而除之。”**缙云氏有不才子，**杜预：“黄帝时官名。”**贪于饮食，冒于货贿，**冒，亦贪也。成十二年：“诸侯贪冒，侵欲不忌。”成十六年：“且侵官，冒也。”襄四年：“冒于原兽。”昭三十一年：“贪冒之民将寘力焉。”哀十一年：“贪冒无厌。”《书·秦誓》：“沈湎冒色。”**侵欲崇侈，**侵，犹纵犯。昭二十年：“纵欲厌私。”襄三年：“侵欲于小国。”襄五年：“由令尹子辛实侵欲焉。”昭二十六年：“侵欲无厌。”**不可盈厌，**盈，满也。厌，足也。**聚敛积实，不知纪极，**纪，纪纲之纪。极，中也，准则也。**不分孤寡，**分，以物分人曰分。**不恤穷匮，天下之民以比三凶，**杜预：“非帝子孙，故别以比三凶。”**谓之饕餮。**饕餮 tāotiè。贾逵、服虔及杜预并云：“贪财为饕，贪食为餮。”王念孙：“贪财贪食总谓饕餮。”**舜臣尧，宾于四门，**孔颖达：“郑玄以‘宾’为‘摈’，谓舜为上摈，以迎诸侯。”“宾”亦可作动词用，礼宾也，《传》例曰“凡伯弗宾”。杜预：“辟四门，达四聪，以宾礼众贤。”**流四凶族，**杜预：“案四凶罪状而流放之。”**浑敦、穷奇、梼杌、饕餮，投诸四裔，以御螭魅。**杜预：“投，弃也。裔，远也。放之四远，使当螭魅之灾。螭魅（chīmèi），山林异气所生，为人害者。”**是以尧崩而天下如一，同心戴舜，以为天子，以其举十六相，去四凶也。故《虞书》数舜之功，**据此，功与罪皆可曰“数”。数，犹罗列，列举也。**曰“慎徽五典，五典克从”，无违教也。**杜预：“徽，美也。此八元之功。”《小雅·角弓》：“君子有徽猷。”《大雅·思齐》：“大姒嗣徽音。”《周书·无逸》：“徽柔懿恭。”《立政》：“予旦已受人之徽言。”五典，父义、母慈、兄友、弟恭、子孝。**曰“纳于百揆，百揆时序”，**杨伯峻据阎若璩、孙星衍谓：“百揆非官名，犹百事也。”**无废事也。**杜预：“此八恺之功。”**曰“宾于四门，四门穆穆”，无凶人也。**杜预：“流四凶。”

舜有大功二十而为天子，杜预：“举十六相，去四凶也。”**今行父虽未获一吉人，去一凶矣。于舜之功，二十之一也，庶几免于戾乎！**戾，罪也。

宋武氏之族道昭公子，将奉司城须以作乱。武氏，宋武公之后，盖党昭公。司城须，文公母弟。道，导也。文公弑昭公，故武氏之族启昭公之子，奉助文公之母弟须作乱。“奉”者，言须为乱主，则公子须作乱盖欲自立为君。**十二月，宋公杀母弟须及昭公子，使戴、庄、桓之族攻武氏于司马子伯之馆。**杜预：“戴族，华、乐也。庄族，公孙师也。桓族，向、鱼、鳞、荡也。司马子伯，华耦也。”**遂出武、穆之族。**杜预：“穆族党于武氏故。”**使公孙师为司城。**杜预：“公孙师，庄公之孙。”**公子朝卒，使乐吕为司寇，**杜预：“乐吕，戴公之曾孙。”**以靖国人。**